普通高等院校“十三五”规划教材

旅游景区
模拟规划案例

Lüyou Jingqu Moni Guihua Anli

刘军林　于婷婷◎主编

西南交通大学出版社

图书在版编目（CIP）数据

旅游景区模拟规划案例 / 刘军林，于婷婷主编. —
成都：西南交通大学出版社，2018.8
ISBN 978-7-5643-6396-3

Ⅰ. ①旅… Ⅱ. ①刘… ②于… Ⅲ. ①旅游区－风景
区规划－案例－高等学校－教材 Ⅳ. ①F590.3

中国版本图书馆 CIP 数据核字（2018）第 206936 号

旅游景区模拟规划案例

刘军林　于婷婷　主编

责任编辑　孟秀芝
封面设计　辉汉文化

出版发行　西南交通大学出版社
（四川省成都市二环路北一段 111 号
西南交通大学创新大厦 21 楼）
邮政编码　610031
发行部电话　028-87600564　028-87600533
官网　http://www.xnjdcbs.com
印刷　四川森林印务有限责任公司

成品尺寸　185 mm × 260 mm
印张　16.5
字数　391 千
版次　2018 年 8 月第 1 版
印次　2018 年 8 月第 1 次
定价　45.00 元
书号　ISBN 978-7-5643-6396-3

课件咨询电话：028-87600533
图书如有印装质量问题　本社负责退换

前　言

《旅游景区模拟规划案例》是旅游管理专业“旅游资源规划与开发”课程实训的配套教材，是编者针对目前市场缺乏旅游实训教程的具体情况，依据多年实训指导经验和优秀学生作品辑刊而成。本书主要适用于应用型本科高校旅游管理专业学生实训教学，为学生或旅游规划初学者提供借鉴学习范本和具体规划技巧。本书编写参照了旅游规划通则，借鉴了本土和经典案例，能够系统展示景区规划的全要素，帮助学生顺利完成“旅游资源规划与开发”实训课程的学习。

本书主要开发学生的自主学习能力，适合野外调研的旅游管理实战化实训教学使用。具体而言，即以培养高素质旅游人才为中心，以培养地方旅游规划、策划人才为基石，以“文本撰写、图件制作和项目展示”为技术支撑，以资源评价能力、开发定位能力、产品设计能力和成果展示能力为能力体系，使学生具备旅游规划、策划方向的核心知识，掌握规划策划的原理和方法，具备旅游资源和旅游市场的调研、分析、评价、主题定位、产品设计和项目策划知识，具有旅游企业管理、旅游资源调研、旅游市场调研与营销设计、旅游项目策划、旅游地综合规划与开发、旅游地经营与管理等实践操作能力。

本书通过景区模拟规划案例，以技术应用为突破点培养本土旅游规划与旅游策划人才，以规划技术为旅游管理转型突破点培养适应地方需求的技术应用型人才，帮助学生构建由专业基本能力、专业核心能力和综合发展能力三方形成的能力体系。主要是通过构建基础课程体系、专业核心课程体系和专业拓展课程体系来形成基于专业能力体系。基础课程体系构建本着夯实基础、拓宽知识的原则；专业核心课程体系构建遵循理论够用、突出实践需求的原则，构建专业核心理论课程体系和实践课程体系；专业拓展课程体系构建遵循方法管用、突出专业技能培养的原则，以 Corel Draw、CAD 和 Arc GIS 为制图工具性课程。《旅游景区模拟规划案例》紧紧围绕上述学生能力体系的构建目的，充分展示了以旅游景观设计、旅游项目设计、旅游产品创意为核心的专业技能，是以实地勘测、现场教学、项目模拟为手段的实训技能性教程，引导学生学习案例作品中涉及的专业知识和技能并进行模拟创作，从而培养能力突出特色鲜明的旅游规划技术人才。

目　录

重庆涪陵·古今花海旅游景区总体规划
（2017—2025）

刘军林　杨娇梅　杨　红　丁　元　周　娅

第一章　总　则

第一条　规划目的

为丰富涪陵旅游休闲产业发展、促进马武全域旅游示范点建设，提升坪上地区休闲度假服务品质，结合涪陵坪上地区旅游综合发展战略定位制订本规划。以促进坪上地区旅游业与经济社会的全面、协调、可持续发展，增强古今花海旅游景区综合吸引力为目的，打造集四季赏花、水上娱乐、欢乐秀场、休闲度假功能于一体的精品国家 AAA 级景区。

为指导重庆涪陵 · 古今花海旅游景区（以下称“古今花海”）科学合理地发展，特编制《重庆涪陵 · 古今花海旅游景区总体发展规划》（以下简称本规划）。

第二条　规划范围

本次规划范围在涪陵马武惠民，以朝皇寺水库为核心，总面积 1200 亩[①]。另外，为美化提升项目的动线、视线，将规划周边的山林绿地纳入生态景观控制范围，共计 245 亩。

第三条　规划期限

本次规划期限为 2017—2025 年，近期 2017 年至 2018 年（建设Ⅰ期），中期 2019 年至 2020 年（建设Ⅱ期），远期 2021 年至 2025 年（建设Ⅲ期）。

第四条　发展规模

园区项目建设，采取滚动建设、不断新增的策略，总投资额 1.507 亿元，建设主体工程分为三期。

Ⅰ期（2016—2017）：用地 776 亩，预计年均客流量 8.5 万人次。

Ⅱ期（2018—2020）：用地 192 亩，预计年均客流量 16.5 万人次。

Ⅲ期（2021—2025）：用地 287 亩，预计年均客流量 35.6 万人次。

园区日游客容量为 0.21 万人次，最大年游客容量为 76.7 万人次；园区最佳年游人量为 36.2 万人次。

第五条　规划原则

1. 统筹规划，科学发展原则

本规划以“一核六区”为总格局，是综合运用景区的山地和森林资源，依托家庭休闲、

---

① 注：1 亩≈666.6667（m^2）。

培训和商务会奖市场策划的特色项目。其目标是把古今花海景区打造成集四季赏花、水上娱乐、欢乐秀场、休闲度假功能于一体的精品国家AAA级景区。

2. 市场导向，专业发展原则

本规划以市场为导向，满足休闲度假、团体培训和商务会奖的消费需求。景区围绕市场需要开发核心产品，同时应积极拓展产品线长度和纵深度，以满足消费者多元化的消费需求。景区在四季赏花和餐饮接待核心产品的基础上，积极丰富产品线，拓展产品的纵深度，开发水上娱乐、森林静养、夜间娱乐等特色项目。

3. 产业升级，主题发展原则

本规划将以不断升级的方式，以主题化发展的原则，打造成重庆都市休闲热点景区，使景区对重庆主城家庭休闲市场具有持续性、反复性消费吸引力，成为重庆主城和涪陵城市户外休闲的热点目的地。

4. 注重保护，可持续发展原则

本规划以可持续发展为根本，开发与保护并重。本规划充分考虑保护资源的需求，为防止资源环境被破坏，在处理旅游开发和生态保护时，将采取保护与发展并举原则。围绕重点项目、基础设施、景观绿化、生态保护、污水处理等方面做好可持续性开发规划。

5. 项目落地，阶段实施原则

本规划按照休闲度假区的思路设计，突出实用性、时尚性、市场性的定位，在有限的空间内进行叠加性布局。项目落地采取滚动发展的策略，以具有引爆点的项目迅速抢占并引领重庆都市和涪陵休闲市场。

第六条　规划依据

《中华人民共和国城乡土地法》（2008）

《重庆市城乡规划条例》（2009）

《重庆市城市规划管理技术规定》（2012）

《旅游规划通则》（GB/T18971—2003）

《旅游景区质量等级的划分与评定》（修订）（GB/T17775—2003）;

《城市用地分类规划建设用地标准》（GB50137—2001）

《“十三五”旅游业发展规划》（2016）

《国务院关于印发“十三五”旅游业发展规划的通知》（国办发〔2016〕70号）

《国务院办公厅关于印发国民旅游休闲纲要（2013—2020年）的通知》（国办发〔2013〕10号）

《关于加大改革创新力度加快农业现代化建设的若干意见》（国办发〔2015〕1号）

《重庆市城市总体规划》（2007—2020）

《重庆市国民经济和社会发展第十三个五年规划纲要》（2015）

《重庆市建设国际知名旅游目的地“十三五”规划》(2016)
《涪陵区国民经济和社会发展第十三个五年规划纲要》(2015)
《关于加快旅游产业发展的意见》(涪陵委发〔2014〕14号)
《重庆市涪陵区城市总体规划(2004—2020)2011年修改》
《重庆市涪陵区区域城镇体系规划》(2002—2020)
《重庆市涪陵区旅游业发展规划(修编)》(2011)
《重庆市涪陵区旅游业发展“十三五”规划》(2016)
《涪陵区综合交通规划修编》(2014)
《涪陵区总规修编用地地灾调查评价报告》(2005)
《涪陵区总规修改拓展区用地地质环境影响评估报告》(2011)
其他与规划相关的法律、法规和技术规范

第二章　发展条件分析

第七条　综合条件分析

1. 地理区位

涪陵区地处重庆市中东部，位于长江、乌江交汇处，有川东门户之称。东邻丰都县，南接南川区、武隆区，西连巴南区，北靠长寿区、垫江县。东西宽74.5千米，南北长70.8千米，面积2941.46平方千米。

马武镇位于涪陵区西南部24千米处，东临荔枝街道，南接武隆县，西连青羊镇，北与蔺市镇、龙桥街道接壤。全镇土地面积161.53平方千米，管辖17个村、2个社区居委、121个村(居)民小组，4万余人。城镇化率32.4%，森林覆盖率48.2%。

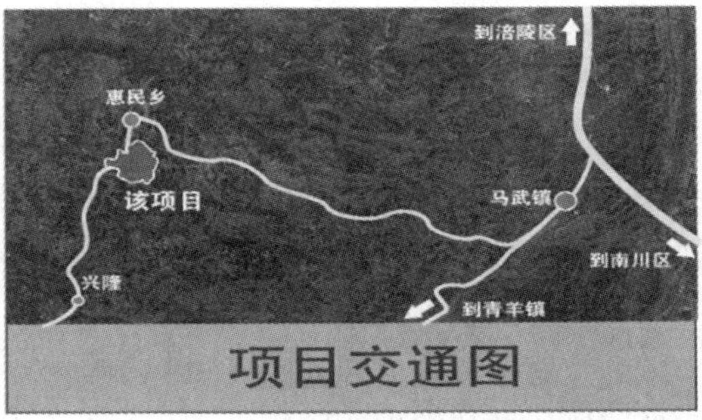

项目距离马武镇10千米，距离涪陵区25千米

2. 交通区位

涪陵区是重庆中部重要的交通枢纽。航空方面，涪陵距重庆江北机场仅80千米，距离正在修建的武隆仙女山机场100余千米。铁路方面，涪陵有涪陵火车站和涪陵北站两个站点，

有渝利高铁、渝怀二线、渝怀铁路等，高铁可直达北京、上海、青岛、厦门、杭州、广州、深圳等大城市及沿线城市，高铁交通网络完整。高速公路方面，古今花海位于南涪高速马武出口附近，涪陵有渝涪高速、渝沪高速南线、南涪高速等高速路网，自驾车交通便捷。

马武镇有南涪高速（重庆三环）贯穿，距涪陵火车站 15 千米；距重庆江北机场 80 千米；南涪高速公路在境内设有进出口，到涪陵城区 20 分钟，到重庆主城 60 分钟，到南川、丰都、武隆 40 分钟。马武至龙潭一级公路（在建），直达景区，有马武、蔺市两方向的乡村景观道，以及乡镇公交车直达，交通十分便利，可进入性强。

3. 经济区位

涪陵作为重庆经济强区，依托长江经济带，背靠重庆主城特大城市，有广阔的市场发展空间。涪陵位于重庆的都市功能拓展区，是重庆重点发展的城市组团，是三峡库区和乌江流域物资集散中心，在全市经济社会发展中具有重要地位。近年来涪陵加快推进工业化、城镇化、旅游业、统筹城乡一体化进程，经济社会发展成效显著，已经站在新的历史起点，具备了厚积薄发、乘势而上的基础和条件。

马武镇有区级延伸部门 17 个、企业 238 家。先后成功创建市级卫生镇、市文艺创作基地和市散文学会创作基地，经济实力进入全区前十位，连续五年获区红旗乡镇称号。2016 年，企业总产值 57.03 亿元、工业总产值 18.86 亿元、农民人均纯收入 13 300 元。

4. 旅游区位分析

涪陵位于长江黄金旅游带和乌江画廊旅游带发展轴的交汇处，是新长江生态文明的重要节点，乌江画廊旅游的起点。涪陵位于渝东北、渝东南旅游的交汇处，具有极佳的旅游地缘优势和产品组合优势。马武镇生态环境优美，海拔 400 ~ 1300 米，惠民片区海拔 500 ~ 800 米，森林覆盖率达 51%，生态环境优美，空气质量优，属天然休闲避暑之地。

在涪陵旅游“一核两带两区”的发展格局中，古今花海位于涪陵四季田园度假片区核心区，周边与之相竞争的景点少，发展优势强劲。景区依托山林而建，具有极强的餐饮接待能力。

第八条 旅游资源分析

1. 旅游资源分类

根据中华人民共和国标准《中国旅游资源分类、调查与评价》（GB/T18972—2003），马武镇的乡村旅游资源覆盖了 5 大主类、9 个亚类、19 个基本类型。如表 1 所示。

表 1 旅游资源单体分类统计

主类	亚类	基本类型	旅游资源点
A 乡村自然生态景观	AA 地文景观	AAA 山丘型旅游地	低矮浅丘
		ABB 鸟类栖息地	原生林地
	AC 天气与气候现象	ACA 避暑气候地	海拔 670 ~ 680 米
	AD 水域风光	ADB 水域湖面	朝皇寺水库

续表

主类	亚类	基本类型	旅游资源点
B 乡村田园景观	BA 农业生产景观	BAA 农业生产场景	种植园
		BBB 水田景观	稻田农事体验
	BC 林区风光景观	BCA 森林景观	原生森林
		BCB 种植园景观	生态梨园、花海
C 乡村遗产与建筑景观	CB 乡村建筑与设施	CBA 宗教与祭祀活动场所	朝皇寺
		CBB 文化活动场所	马武将军文化博览馆、马武农耕文化馆、古今书社
		CBC 传统与乡土建筑	郭家大院
		CBD 居住地与社区	方碑新村、五星级农家乐
		CBE 游憩场所	古今花海
		CBF 交通建筑	花轿、马车
		CBG 水工建筑	朝皇寺水库
D 乡村旅游商品	DA 乡村旅游商品	DAA 农林畜产品及制品	南方早熟梨
E 乡村人文活动与民俗文化	EA 人事记录	EAA 事件	马武将军
	EB 现代节庆	EBA 旅游节	马武梨花节
		EBB 商贸农事节	梨果节

2. 旅游资源评价

旅游资源共分为五个级别，四、三级资源为良好，二、一级资源为普通，古今花海景区有四级旅游资源 1 项（古今花海），三级旅游资源 2 项（梨花节、五星级农家乐）。二级旅游资源马武将军文化博览馆、马武农耕文化馆独具特色，具有一定的可观赏性。一级旅游资源朝皇寺、古今书社增加了景区的文化内涵。如表 2 所示。

表 2 旅游资源分析评价表

旅游资源等级	旅游资源单体
四级旅游资源	古今花海
三级旅游资源	梨花节、五星级农家乐
二级旅游资源	南方早熟梨、朝皇寺水库、马武将军文化博览馆、马武农耕文化馆
一级旅游资源	朝皇寺、古今书社

图件（图 1 ~ 图 12）如下：

图 1　低矮浅丘

图 2　朝皇寺水库

图 3　稻田农事体验

图 4　原生森林

图 5　园林花海

图 6　观光花廊

图 7　马武将军文化博览馆

图 8　马武农耕文化馆

图 9　郭家大院

图 10　五星级农家乐

图 11　马武梨花节

图 12　朝皇寺、方碑新村民俗活动

第三章　开发现状与市场分析

第九条　景区开发现状

目前景区占地面积 1200 亩，其中已开发面积 800 亩。以花卉游乐、休闲会议接待为主，其开发建设的景区景点将成为人们周末旅游、休闲度假、亲子游乐的目的地。以花卉观赏为根基，重点发展“花卉观赏 + 梨花节 + 餐饮接待 + 文化展示”的复合型产业业态。景区现可提供的消费有花卉观赏、特色餐饮、住宿娱乐，可举行户外拓展、草坪晚会、节庆演艺、婚纱摄影等活动。

第十条　景区开发定位分析

1. 发展优势

（1）餐饮接待优势。

景区拥有 5 星级农家乐，拥有超大型餐厅、超大包房、KTV 包房、茶艺室等，可容纳 2000 人同时就餐，有客房近 200 间。这是涪陵及周边区县同类景区所不具备的条件，拥有较大的竞争优势。

（2）湖岛山林优势。

古今花海依据独有的湖岛山林，打造了大型花卉观赏景区，其独特的山水地貌是其他同类景区难以比拟的。同时坪上地区民风民俗、田园风貌、山水风光、生态植被以及村落特色等农村特有的旅游资源可以带给旅游者回归自然的身心体验。

（3）对外交通优势。

在建青羊—马武一级公路紧邻景区，将成为直达重庆、涪陵、南川、长寿的关键通道，成为外围高速公路网的快捷通道，交通优势显著。

2. 自身劣势

（1）资源禀赋一般。

古今花海属于半资源依托型景区，在原有资源的基础上通过后天打造形成。四级旅游资源“古今花海”、三级旅游资源“梨花节”、五星级农家乐均属于后天打造而成的景观资源。景区发展仍需进一步强化人造旅游产品的开发，增强景区的核心吸引力，塑造独具魅力的景区形象。

（2）景区经营刚刚起步。

古今花海属于主题公园类景区，其发展状态与经营状态密切相关。但景区主体建设刚刚完成，经营亟待走向正规，经营团队不够健全，经营人员业务分工有待健全，专业素质有待提升。

3. 发展机遇

（1）重庆经济发展全国领跑。

经济发展是旅游消费增长的基础。近几年重庆经济发展速度全国领跑，涪陵经济增长在重庆各个区县处在前列，经济快速发展带来城镇居民个人财富的相应增加，相对富裕的生活使得本土居民具有更强的旅游消费能力。重庆旅游市场需求旺盛，人们对休闲花卉市场需求较大，这为古今花海景区发展提供了重要的市场机遇。

（2）涪陵旅游兴区的发展战略。

2016 年《重庆市涪陵区旅游业发展“十三五”规划》提出，以武陵山大裂谷打造国家 AAAAA 级景区为引领，推动 7 大引擎项目、7 大示范项目、17 个重点项目和 11 个储备项目，实现涪陵旅游产业规模化发展。涪陵区政府在 2017 年党代会上提出“旅游兴区”发展战略，并提出依托青羊、大顺、增福、同乐等乡镇的自然风光和历史资源，高起点规划坪上地区旅游开发，努力打造重庆大都市区后花园，成为重庆都市近郊休闲的核心区域。涪陵将成为继工业强区、经济强区之后的旅游强区，涪陵旅游迎来难得的发展机遇，古今花海景区可以搭上这班“顺风车”。

（3）周末乡村旅游市场快速增长。

近年来，我国的城市化进程在不断加快，居民消费水平进一步提升，城市居民对乡村旅游的需求迅速增加。乡村旅游可以使人们暂时脱离忙碌的城市生活，为身心提供一个宁静的栖息地，人们的旅游不再只是单纯的对观光与购物的需求，而是转向体验享受各种田园特色以及民俗风情。周末乡村休闲度假成为越来越多的城市居民日常消费的重要选择。

4. 面临挑战

（1）周边区县旅游发展迅速。

旅游业在全国范围内兴起，重庆周边区县也大力发展旅游业，武隆、南川、大足拥有世界文化自然遗产，渝西板块、云开万板块发展迅速，武隆、石柱全域旅游快速起步。重庆乡村旅游和花卉类景区发展迅猛，垫江、长寿、铜梁、璧山等地乡村旅游和花卉产业发展良好，并各具特色，有很强的竞争力。这对涪陵旅游区发展形成强大的挑战，进而影响古今花海的游客流量。

（2）同类旅游产品的竞争。

目前花卉观赏类景区丰富，花海景区竞争激烈。在涪陵坪上地区，坪上花溪规模较大，但建设进度缓慢；雪峰山景区以休闲度假为主；其他林果、度假景区相对单一，暂不构成威胁。涪陵区内，大木花谷四景区，市场知名度高，在重庆主城影响力大，属于武陵山旅游度假区核心景区，需要与其错位竞争。涪陵周边长寿、垫江、铜梁、璧山等区县具有名气较大的花卉类景观，市场定位相似，竞争激烈。

第十一条　客源市场分析

1. 现有市场格局

涪陵及重庆都市为核心市场，涪陵周边区县有一定市场，域外市场机会不多。

2. 市场需求分析

（1）出行以家庭自驾游为主。

随着近年来经济的快速发展和人民生活水平的不断提升，工作的忙碌导致旅游成为增进亲友关系的方式，旅游度假呈现集中性的“群体效应”。随着“家庭集体旅游”和“群体同行”旅游特征的加剧，旅游的经济消费还将获得较大程度的拉动。重庆市民具有极强的休闲消费意识，旅游需求旺盛，消费能力强，家庭自驾游成为其主流休闲方式。

（2）周边游成为市场主体。

随着近年来旅游区的大量开发、游客消费的日益成熟和消费偏好由传统观光向休闲度假的转变，旅游出行的近程化、散客化日益明显，周边游逐渐成为旅游出行方式的主体。

（3）餐饮、住宿、娱乐消费比重大。

餐饮：要满足“大众型”和“中高档”餐饮消费客群的需求。

住宿：主题客栈、农家乐是重庆游客最喜欢的两种居住类型。

娱乐：以茶楼、保健等休闲型为主，游乐等运动型为辅。

第四章　目标定位

第十二条　主体定位

以家庭休闲和商务会奖市场份额快速增长为依托，以乡村休闲娱乐快速发展为引领，以餐饮接待为核心，以打造涪陵坪上休闲度假标杆为目标，建设以湖、岛、山、林为特色富有江南园林情调的休闲赏花景区，建设集四季赏花、水上娱乐、欢乐秀场、休闲度假功能于一体的精品国家 AAA 级景区。

第十三条　形象定位

江南园林，古今花海。

第十四条　功能定位

四季赏花：以山水园林为基底，突出湖上有岛、岛上有山、山上有林、林下有花，打造富有江南园林情调的花草区域组团，形成富有变化的花园、花山、花池、花溪，随月份不同而变换观赏重点。

健身娱乐：以户外拓展、林间运动、欢乐秀场、花式垂钓、室内娱乐等项目满足家庭、商务客人户外健身娱乐需要。

休闲度假：以特色餐饮、花间漫步、郊野静思、湖上泛舟、林下书吧等项目，满足周末家庭亲子休闲度假需要。

会奖接待：以五星级农家乐、特色餐饮、农耕博物馆、马武将军展览馆、古今书社、郭家大院满足商务、游客接待需求。

第十五条　市场定位

总体市场定位：以涪陵和重庆主城区为核心市场，其他区县为潜力和机会市场。

细分市场定位：

商务会奖市场：以软硬配套过硬（五星级农家乐＋花海景区）、交通区位独特、会务组织服务过硬，满足涪陵区及周边区县单位培训、会议等市场需求。

赏花休闲市场：以山水、园林、花海为基点，打造重庆独具江南园林特色的赏花景区，满足重庆主城、涪陵及周边区县的赏花休闲市场需求。

精致乡村市场：以特色餐饮、五星级农家乐，以及湖中鱼鹰、湖上岛屿、岛上花海、花旁林间等满足精致乡村旅游需求。

教育拓展市场：以丛林拓展等满足释放情绪、舒缓压力的健康教育等需求。

第十六条　产业定位

以餐饮接待为核心，重点发展“四季赏花＋特色餐饮＋休闲度假＋教育拓展”的复合型产业。

第五章　空间布局

第十七条　总体布局

本项目以“一核六区”为空间总布局（图13）。

一核：以朝皇湖为核心。

六区：即餐饮接待区、桃梨山花区、花海景观区、拓展娱乐区、湖光山色区、林间静养区。

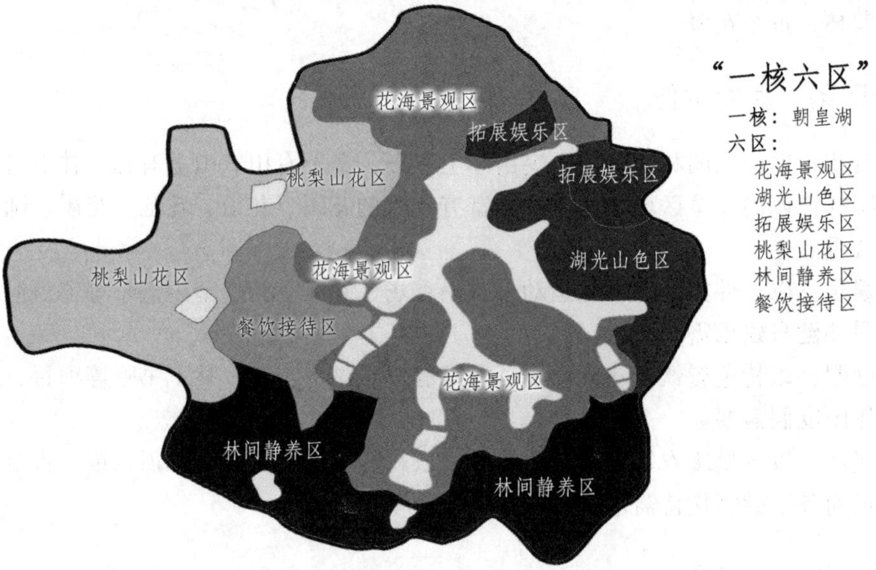

图 13 “一核六区”

第十八条 分区规划

1. 花海景观区——四季赏花区

规划思路：依托湖—岛的地形优势，营造江南山水园林风情花海，凸显它在重庆诸多花海中的独特性。

功能定位：四季赏花、插花展示培训、婚纱摄影、旅游商品销售。

占地面积：500 亩。

支撑项目：马武将军雕像、古今花塔、古今花廊、朝皇寺、山水廊桥、马武将军寨、荷塘月色、郁金香、墨西哥鼠尾草、阳光草莓、音乐草坪、朝皇湖大坝、花卉苗圃、月色亭、商业街。

2. 湖光山色区——山水园林休闲区

规划思路：依托景区内独特的湖面、半岛、山林等风光，打造竹筏鱼鹰体验、亲子水上娱乐、花式垂钓休闲等湖光山色休闲区，满足游客对水上娱乐休闲的消费需求。

功能定位：水面娱乐、鱼鹰体验。

占地面积：135 亩。

支撑项目：湖畔品茗、竹筏鱼鹰、水上运动码头、花式垂钓、傍晚泛舟。

3. 拓展娱乐区——运动娱乐区

规划思路：利用台地、山丘及植被特征，结合独特的自然风光，满足非炎热季节人们户外活动需求。

功能定位：拓展训练、户外健身、林地娱乐。

占地面积：85 亩。

支撑项目：拓展运动场、生态运动场、森林舞台。

4. 桃梨山花区——山地蔬果花卉区

规划思路：在梨园、桃园、樱花园和现有花卉的基础上，结合山林地势，培植采摘蔬果，激活该区域的旅游价值。

功能定位：蔬果采摘、果园赏花、食材展示。

占地面积：80 亩。

支撑项目：梨园、桃园、樱园、蔬菜展示园。

5. 餐饮接待区——综合服务区

规划思路：以五星级农家乐为基点，将特色餐饮、农耕博物馆、马武将军展览馆、古今书社、郭家大院、古今广场等进行空间和功能拓展，使其成为古今花海核心区域。满足游客对坪上农耕文化、马武将军功绩的参观需求，满足对古今书社等慢文化生活需求，满足对特色餐饮、乡村度假需求。满足散客接待、团队接待、会奖接待、培训接待等需求。

功能定位：停车服务、餐饮接待、文化展示、室内外娱乐。

占地面积：60 亩。

支撑项目：接待中心、农耕博物馆、马武将军展览馆、古今书社、古今广场、生态停车场、林下餐饮区。

6. 林间静养区——静态休闲区

规划思路：利用原生林地，营造静态休息区域，满足部分休闲度假游客读书、品茗、静养的需求。

功能定位：静态休闲。

占地面积：190 亩。

支撑项目：林间静养、读书吧。

第六章　土地利用

第十九条　规划土地利用

古今花海总规划面积 1200 亩，其中旅游景观用地 830 亩，占总规划面积的 69.2%；原生林地、生态景观、水域面积 245 亩，占总规划面积的 20.4%；旅游配套建设用地 125 亩，占总规划面积的 10.4%。具体旅游设施土地利用状况（表 3）如下：

旅游设施用地：规划范围内旅游设施用地 54.14 亩，占旅游建设用地面积的 43.3%。主要用于农耕文化博物馆、马武将军展览馆、古今书社、游客中心等接待展示设施的建设。

商业用地：规划范围内商业用地 10.50 亩，占旅游建设用地面积的 8.4%。主要用于餐饮接待设施的建设。

商住混合用地：规划范围内商住混合用地 16.95 亩，占旅游建设用地面积的 13.6%。主要用于休闲娱乐、度假配套设施的建设。

绿地：规划范围内绿地 12.52 亩，占旅游建设用地面积的 10%。

道路与交通设施用地：规划范围内道路与交通设施用地 22.52 亩，占旅游建设用地面积的 18%，其中配套公共停车场用地 16.24 亩，道路用地 6.28 亩。

二类住宅用地：规划范围内二类住宅用地 8.37 亩，因保留拆迁居民楼，占旅游建设用地面积的 6.7%。

表 3　土地利用汇总

类别	代码		用地名称	面积		比例/%
				公顷	亩	
规划范围内建设用地	A2		旅游文化设施用地	3.609	54.14	43.3
	R2		二类住宅用地	0.558	8.37	6.7
	B1		商业用地	0.7	10.50	8.4
	B1R1		商住混合用地	1.13	16.95	13.6
	S		道路与交通设施用地	1.501	22.52	18
	其中	S1	道路用地	0.419	6.28	
		S4	交通站场用地	1.083	16.24	
	G		绿地用地	0.835	12.52	10
合　计				8.333	125	100

第七章　道路交通

第二十条　对外交通

马武、惠民对外交通条件良好，有龙桥高速、马武高速两个方向两个旅游通道，基本满足景区日常交通需求，正在修建的青羊—马武一级公路紧邻景区，未来交通便捷。旅游通道沿线乡村景色优美，适合乡村赏景。公路交通道路指示牌完善、古今花海景区标示标牌醒目。

第二十一条　内部交通

内部交通由两条景区主干道、三条次干道、游步道和健身步道组成，串联各个组团板块，主干道 6 ~ 7 米，次干道 4 ~ 5 米、电瓶车专用道 3 ~ 4 米、游步道及健身步道 1 ~ 1.5 米。

第二十二条　静态交通

公交停车点：建议在现有惠民公交车站的基础上，改扩建标准公交车站，并冠名“古今花海车站”。

公共停车场：规划在景区大门设置生态停车场，可容纳 120 ~ 200 辆大巴车和小客车，满足景区日常经营需要。同时规划方碑新村共用停车场，满足景区峰值游客停车需要。共用地 18 亩。

第八章　绿地与景观系统

第二十三条　绿地系统规划

1. 公园绿地

规划公园绿地主要位于花海景观区、拓展娱乐区和接待服务区，有竹墙、矮灌墙、遮阴乔木、景观乔木和阳光草坪等。共计 20 亩。

2. 景观绿地

规划景观绿地集中于花海景观区和接待服务区，以花坛、花镜、花墙、花廊、遮阴乔木为主。

3. 原生态绿地

规划对景区内生态原野山林采取严格的保护措施，对生态景观控制范围的生态旅游地同样采取严格的管控措施，保持原生松树、蕨类植物、岸边植物的原生态。

4. 生态停车场

规划公共停车场，严格按照生态停车场标准建设。

第二十四条　景观系统规划

规划以“四季更迭、远近结合”为景观设计原则，通过借景、隔景、障景等手法，将远景、近景、俯景、仰景等有机搭配，形成湖光山色、花田远松、江南园林建筑绿地有机结合的景观体系。

1. 四季景观

规划依据古今花海独特的地缘优势，打造四季赏花景观，在不同季节展示不同的赏花景观、景致。春季以郁金香、桃花、梨花等赏花踏青为主，夏季以赏花避暑、夜游消夏、水上嬉戏为主，秋季以赏花采摘为主，冬季以红梅、腊梅等赏花踏青、乡野漫步为主。

2. 灯影景观

规划以荷塘月色区、湖光山色区、花海景观区、接待服务区为主，打造夜游赏景灯光照明体系，形成独具特色的夜间娱乐景观照明体系。

3. 干预性景观

规划通过房屋建筑、景观小品和大型乔木，对景区景观进行借景、隔景、障景等处理，遮蔽坟墓、裸土、旧墙等事物，将岛屿、山林、湖水、园林和灯光等通过人工景观干预，打造立体的景观体系。

4. 建筑景观

规划以五星级农家乐、农耕博物馆、马武将军展览馆、古今书社、郭家大院、古今广场等建筑群落，打造完善的建筑景观体系。

第九章　市政基础工程

第二十五条　给水工程规划

至规划期末，园区最高日用水量为850吨/日，供水水源为马武水厂，从惠民供水管网接入至园区，主管长度为0.8千米左右，管径为DN160～DN200。园区内供水管线设置均埋地敷设，干管可依托干道人行道敷设，支管依托干管，形成局部供水环线。干管管径为DN150～DN300，支管管径为DN100～DN150。

第二十六条　排水工程规划

规划采用雨污分流的排水体制，至规划期末，园区最高日污水量为600吨/日。污水经收集后，集中排入园区南侧的方碑村污水处理站。园区内污水管道埋地敷设，干管管径为DN200～DN300。

园区内规划雨水管渠沿道路布置，管道宜埋地敷设，明渠上覆雨水篦子，并在重要位置设置排水渠，充分结合道路标高和地块的自然地形，经收集后汇入景区湖水。汇水面积较大的山坡处规划有建筑物，在建筑物外围上坡侧设置排洪渠。

第二十七条　电力工程规划

至规划期末，园区最大用电负荷为2430 kW，园区电源为10 kV外部公用线路，规划1处变电箱，供电线路及低压配电线路均采用地下敷设方式。

第二十八条　电信工程规划

至规划期末，园区固定电话总数为 48 部，电话交接箱容量应在覆盖区用量的基础上考虑不低于 30%的发展余量。电信线路均采用地下敷设方式，结合游客服务中心设置邮政营业点 1 处。

第二十九条　燃气工程规划

至规划期末，园区最高日用气量约为 450 立方米。园区内燃气管道均沿道路防护绿带或人行道敷设。

第三十条　环卫工程规划

至规划期末，园区日产垃圾 1.9 吨，统一运往城区的处理厂处理。结合园区南部的停车场，规划下沉式密闭垃圾收集站 1 处，占地 100 平方米。

第三十一条　综合防灾规划

防震规划：所有新建、改扩建工程必须严格执行国家标准《建筑工程抗震设防分类标准》（GB50223）的规定。新建工程必须按《建筑抗震设计规范》（GB50011—2001）的有关规定进行设计和审批。园区内绿地除满足自身基本功能要求和有关规范外，在抗震减灾方面，这些设施布局还要满足作为临时避震场所的规定与要求。

消防规划：消防水源以市政管网供水为主。建筑物内部的消防设施和器材应完善配套，并定期检查。室外消火栓应沿道路设置，间距不超过 100 米，保护半径不大于 120 米，覆盖率达到 100%。室外消防给水管网应布置成环状。室外消防给水管道直径不小于 100 毫米。

防洪规划：排涝标准参照国家标准《室外排水设计规范》，选用重现期为 5 年一遇的降雨，排除区域内低洼地区因降雨积水而形成的内涝。

地质灾害防治规划：地质灾害的防治将以防为主，防治结合，突出重点，综合治理。在进行下一层次的规划、工程项目设计阶段时，必须根据重庆市国土资源和房屋管理局印发的《地质灾害危险性评估规程》，对规划区进行相应阶段的地质灾害危险性调查评价，为规划建设工作提供地质依据。

第十章　景区容量与环境保护

第三十二条　景区容量

至规划期末，园区日游客容量为 0.21 万人次，最大年游客容量为 76.7 万人次；园区最佳年游客容量为 36.2 万人次。

第三十三条　环境保护

水质：地表水达到《地表水环境质量标准（GB3838—2002）》的Ⅱ类标准。

空气：园区空气质量达到《环境空气质量标准（GB3095—1996）》的一级标准。

噪声：园区休闲度假区噪声质量昼夜维持在《城市区域环境噪声标准（GB3096—2008）》的一类标准（白天 50 分贝，夜间 40 分贝）。其他分区控制在二类标准以内（白天 55 分贝，夜间 45 分贝）。

土壤：土壤环境质量标准达到《土壤环境质量标准（GB15618—1995）》的一级标准。

固体废弃物：固体垃圾及废弃物集中处置率达 90%以上。

第十一章　分期规划与实施保障

第三十四条　分期建设规划

园区建设可分为两个阶段：

近期：2017 年至 2020 年，为开发建设期；

远期：2021 年至 2025 年，为优化提升期。

园区的建设工作在近期（2017—2020 年年末）完成，结合分区，分为三期，以实现滚动开发、逐步建设、降低风险。至 2017 年完成国家 AAA 级景区评审工作；至 2019 年按照 AAAA 级景区标准积极提升服务设施；至 2020 年打造成为重庆知名的花海休闲度假景区。

远期（2021—2025 年）为优化提升期，期间逐渐提高园区的服务质量，开发优质的软性活动、表演等，提升园区在重庆及周边的知名度，打造坪上旅游新的核心增长点，成为涪陵休闲旅游的新品牌。

第三十五条　规划实施策略

1. 总体策略

市场策略：初期引爆涪陵、重庆市场，中远期重点挖掘重庆及周边市场。

产品策略：餐饮接待、江南园林、湖光山色凸显花海特色，深挖文化体验、软性产品，从花海同质化竞争中突围。

开发策略：立足季节性、资源性差异，实施错位发展，打造涪陵坪上地区休闲度假目的地，成为重庆大都市后花园的精品工程。

2. 模　式

建议商务会奖和家庭休闲旅游投资为主线，实现多维度溢价。旅游产业运营与餐饮接待是核心盈利环节；通过国家 A 级景区打造，提升品牌、资本、土地、产业链等多维度溢价空间。

开发模式：一次成型，滚动升级。

投资模式：先重后轻，均衡投资比重。

收益模式：基于项目收益权设计，花海运营类收益、餐饮接待收益、其他收益等共存。

溢价模式：中期关注产业端、品牌溢价，中远期关注土地、资本溢价。

融资模式：构建多元化融资组合，建议优选政策性融资、项目融资、战略投资融资等方式。

运营模式：产品式、景区式、园区式、度假区式多种运营模式联动。

第十二章 附 则

第三十六条

本规划由文本、图纸和说明书三部分组成，规划文本和图纸具有同等法律效力，未经法定程序，任何单位和个人无权对本规划做出变更。

第三十七条

本规划经批准后，将作为园区发展与建设的技术性行政法规，是编制区内各类规划设计的依据，对园区内一切从事涉及土地开发、建设和空间资源利用的行为均有法律约束力。园区范围内编制和实施的规划，使用土地和进行各项建设活动除执行本文本外，尚应符合国家现行的法规标准与规范的要求。

第三十八条

本规划批准之日起，园区内原有各总体规划和详细规划等，凡与本规划有冲突的，均应以本规划为准。最终解释权归重庆市从古到今农业发展有限公司所有。

图件（图 14 ~ 图 26）如下：

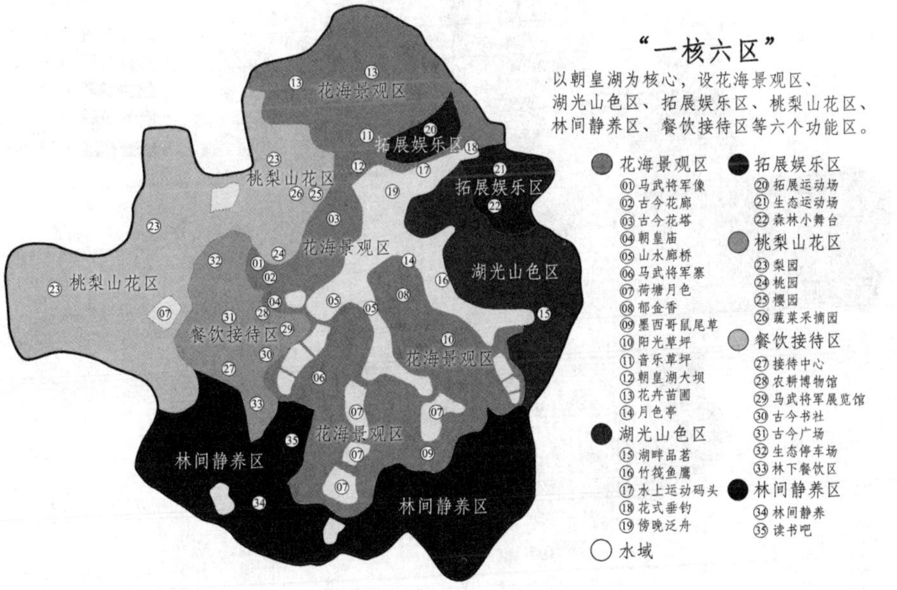

图 14 古今花海平面布局图

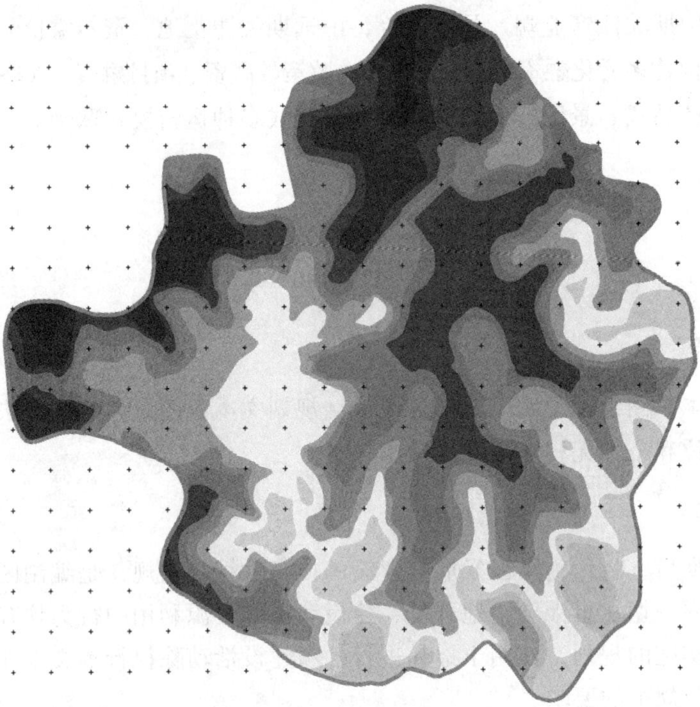

图 15　古今花海规划范围图

图 16　古今花海等高线图

图 17　古今花海空间结构图

湖光山色区——山水园林休闲

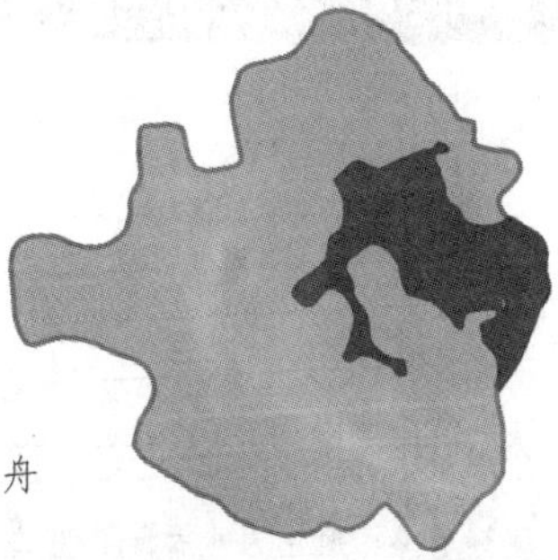

规划思路：依托景区内独特的湖面、半岛、山林等风光，打造竹筏鱼鹰体验、亲子水上娱乐、花式垂钓休闲等湖光山色休闲区，满足游客对水上娱乐休闲的消费需求。

功能定位：水面娱乐、鱼鹰体验

占地面积：135亩

支撑项目：湖畔品茗、竹筏鱼鹰、水上运动、花式垂钓、傍晚泛舟

图 18　古今花海区域意境图（一）

餐饮接待区——综合服务

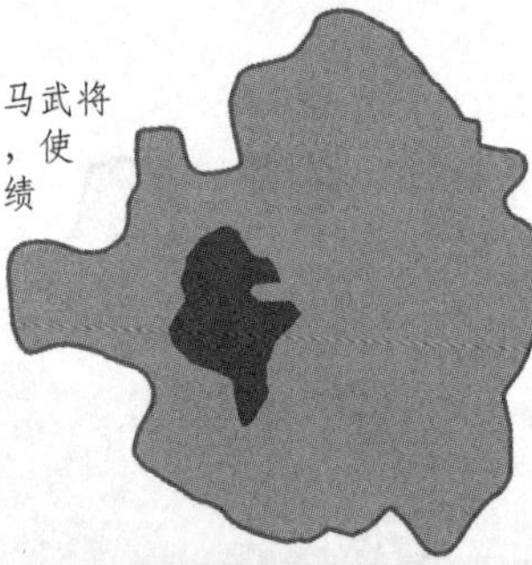

规划思路：以五星级农家乐基点，将特色餐饮、农耕博物馆、马武将军展览馆、古今书社、郭家大院、古今广场等进行空间和功能拓展，使其成为古今花海核心区域。满足游客对坪上农耕文化、马武将军功绩的参观需求，满足对古今书社等慢文化生活需求,满足对特色餐饮、乡村度假需求。满足散客接待、团队接待、会奖接待、培训接待等需求。KTV、酒吧、咖啡吧等满足室内娱乐需求。

功能定位：停车服务、餐饮接待、文化展示、室内外娱乐

占地面积：60亩

支撑项目：五星级农家乐、农耕博物馆、马武将军展览馆、古今书社、朝皇寺、古今广场、生态停车场、林下餐饮区

图 19　古今花海区域意境图（二）

林间静养区——静态休闲

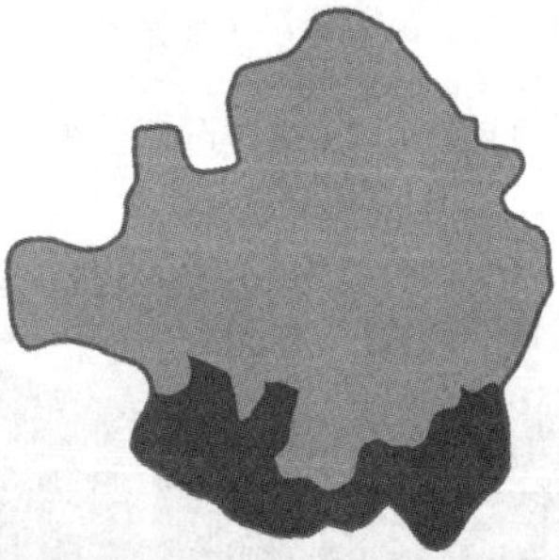

规划思路：利用原生林地，营造静态休息区域，满足部分休闲度假游客读书、品茗、静养的需求。

功能定位：静态休闲

占地面积：190亩

支撑项目：马武将军寨、林间静养、读书吧

图 20　古今花海区域意境图（三）

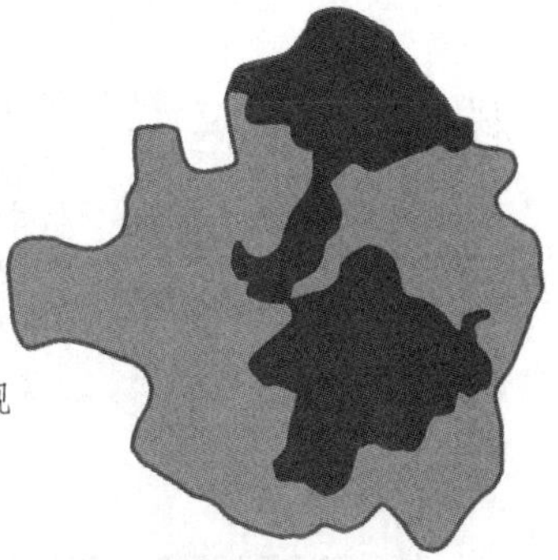

花海景观区——四季赏花

规划思路：依托湖-岛的地形优势,营造江南山水园林风情花海，凸显其在重庆诸多花海中的独特性。
功能定位：四季赏花、花艺展示培训、婚纱摄影
占地面积：500亩
支撑项目：花卉大讲堂、朝皇庙、古今花塔、马武将军雕像、景观廊道、赏花服务区、花卉观赏区、婚纱摄影

图 21　古今花海区域意境图（四）

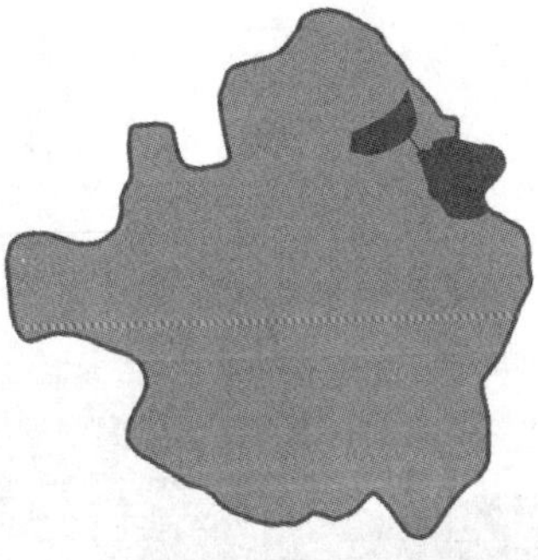

拓展娱乐区——运动娱乐

规划思路：利用台地、山丘及植被特征，结合独特的自然人文风光，满足非炎热季节人们户外活动需求。
功能定位：拓展训练、户外健身、林地娱乐
占地面积:85亩
支撑项目：拓展运动场、生态运动场、森林小舞台、音乐草坪

图 22　古今花海区域意境图（五）

桃梨山花区——山地蔬果花卉

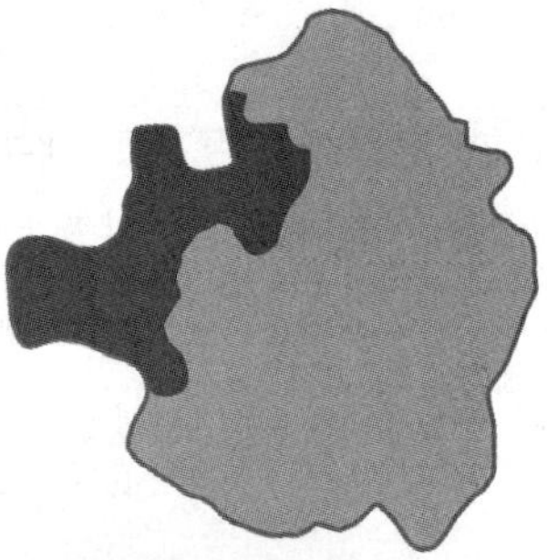

规划思路：在梨园、桃园、樱花园和现有花卉的基础上，结合山林地势，培植采摘蔬果，激活该区域的旅游价值。
功能定位：蔬果采摘、果园赏花、食材展示
占地面积：80亩
支撑项目：梨园、桃园、樱园、蔬菜展示园

图 23　古今花海区域意境图（六）

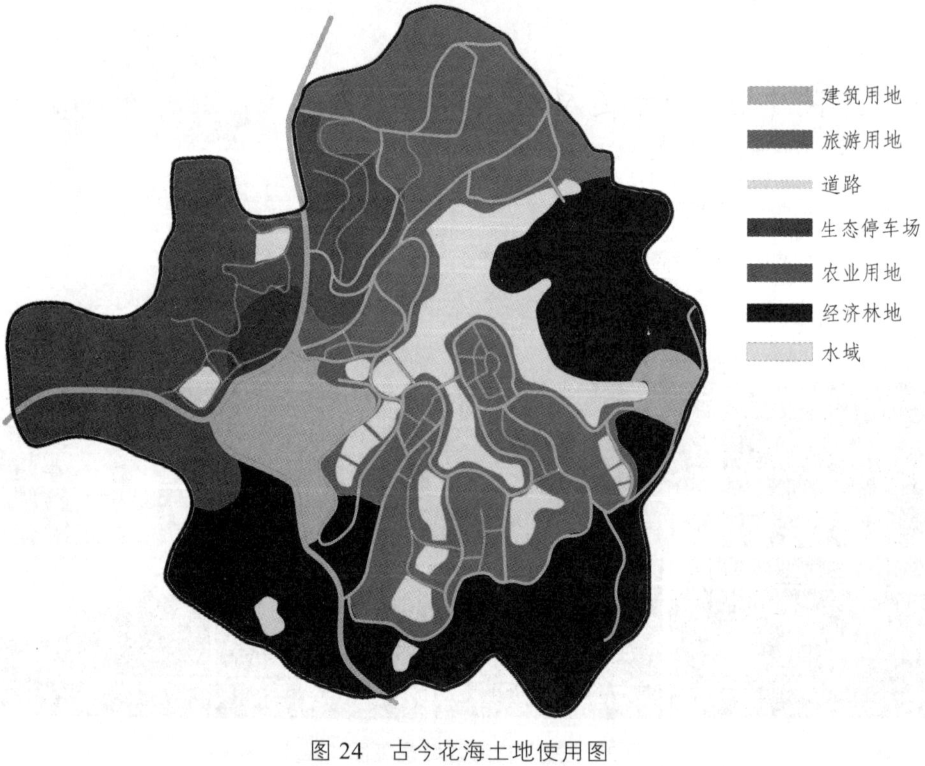

图 24　古今花海土地使用图

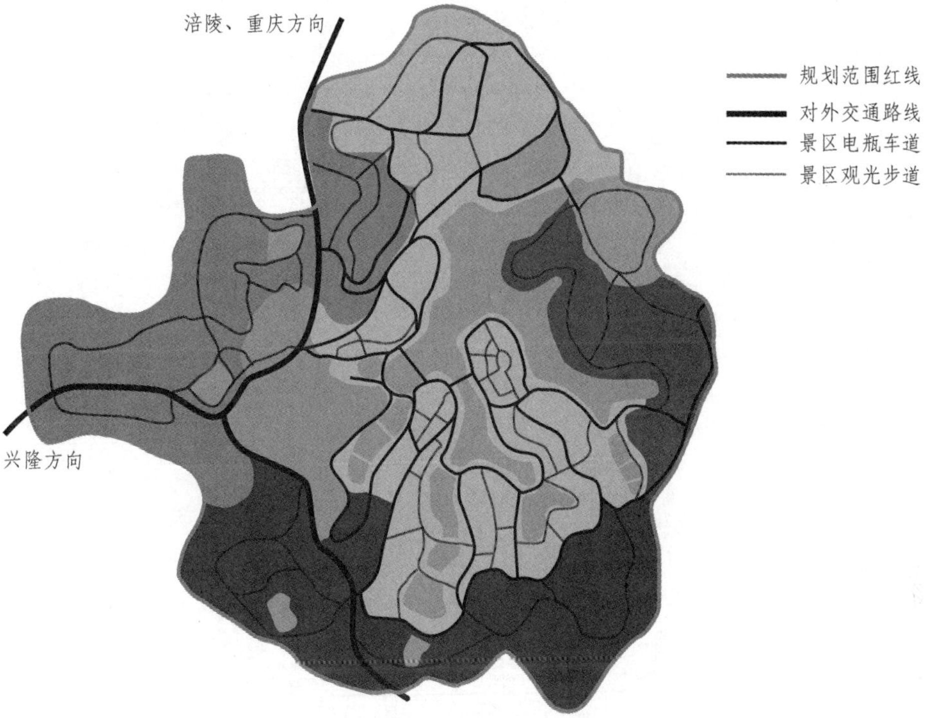

图 25　古今花海景区交通图

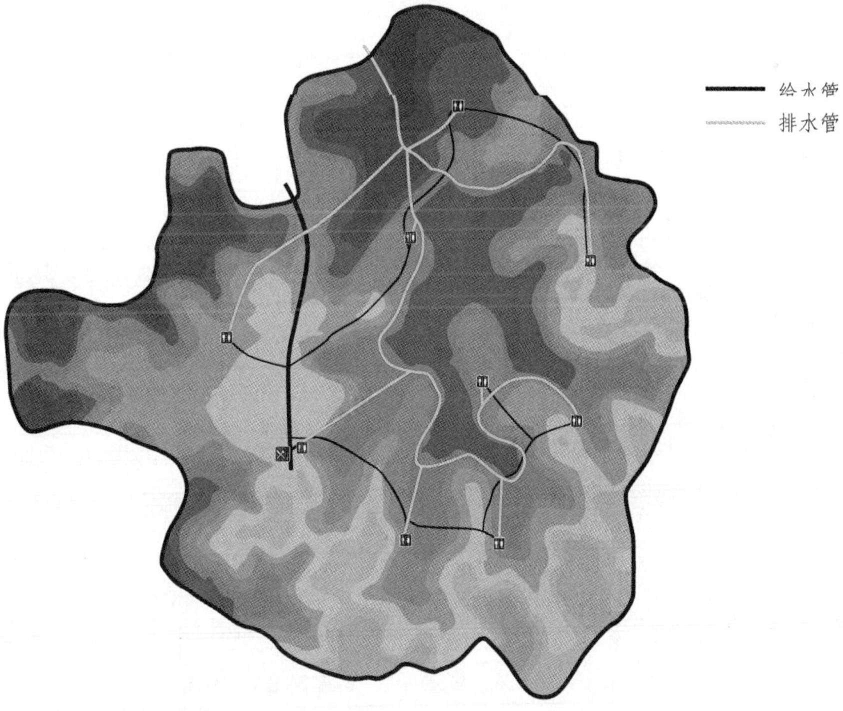

图 26　古今花海给排水图

云南坝美旅游度假区总体规划
（2018—2028）

刘祥成　刘　阳　董　云　张　攀　袁　林

第一章　总　则

一、规划范围

规划区域是坝美风景区，位于广南县东北部的坝美镇中部，距离县城 43 千米，南北部在法利村与汤那村两村之间，西部以坝翁、龙马槽为界，东部以坝美村、汤那村边界为限，景区总面积约 20 平方千米，主要由一河（驮娘河）、一坝（坝美村小盆地）、两洞（汤那洞、桃源洞）、三村（出水洞村、法利村、汤那村）为核心构成。

二、规划年限

规划期限为 2018—2028 年，分近、中、远期三期。近期为 2018—2021 年，中期为 2022—2024 年，远期为 2025—2028 年。

三、规划目的

本规划为旅游区总体规划，是为了保护、开发、利用和经营管理云南坝美旅游度假区，使其发挥多种功能和作用而进行的各种旅游要素的统筹部署和具体安排。

四、规划依据

1. 重要法律法规

《中华人民共和国城乡规划法》（2008）
《中华人民共和国土地管理法》（2004）
《中华人民共和国环境保护法》（2015）
《中华人民共和国文物保护法》（2015）
《中华人民共和国森林法》（2009）
《中华人民共和国自然保护区条例》（2011）
《风景名胜区条例》（2006）
《云南省旅游条例》（2014）
《广南坝美旅游区管理条例》（2016）
《广南城市总体规划（修改）》（2013）
《国民旅游休闲纲要》（2013）
《云南省加快推进旅游产业转型升级重点任务》（2017）

2. 相关行业标准

《旅游规划通则》（GB/T18971—2003）

《旅游景区质量等级的划分与评定》（GB/T17775—2003）
《旅游资源分类、调查与评价》（GB/T18972—2003）
《森林公园总体设计规范》（LY/T5132—95）
《风景名胜区规划规范》（GB50298—1999）
《旅游饭店的星级划分与评定》（GB/T14308—2010）
《旅游厕所质量等级的划分与评定》（GB/T18973—2003）
《旅游汽车服务质量》（LB/T002—1995）

3. 相关文件文献

《国务院关于加快发展旅游业的意见》（国发〔2009〕41 号）
《中国旅游年鉴》（2016）
《云南省旅游产业“十三五”发展规划》（2016）
《云南省旅游市场秩序整治工作措施》（2017）
《云南省旅游市场秩序整治工作措施》（2017）

五、规划原则

旅游规划中应遵循以下六大原则。

1. 资源依托、市场导向原则

旅游规划要以资源状况为基础，高度重视市场的需求状况、特征及其变动趋势。这是在市场经济条件下一切生产建设活动都必须遵循的原则。

2. 突出特色、扬长避短原则

旅游项目和产品的开发必须坚持特色第一的方针，为了突出特色，就必须扬己之长、避己之短。在旅游规划开发中强调突出特色、扬长避短原则，其特殊意义就在于旅游吸引力最初就产生于文化的差异性。

3. 围绕中心、成龙配套原则

旅游项目和产品的开发建设，必须在抓住中心的同时，注意协调配套，形成成熟的项目和产品。

4. 立足自身、放眼全局原则

旅游项目和产品的开发建设要以自身的成龙配套和成熟完善为立足点，同时必须环顾周边地区、相关区域的项目、产品，注意与周边地区、整个区域乃至全国旅游开发建设、旅游产品结构调整和布局的协调一致。

5. 梯次推进、逐步深入原则

就旅游项目开发、建设方式来看，应当分阶段分步实施，注意在项目等级、水准、内容、性质、特征等方面不断提高、深化、丰富和强化。

6. 科学开发、有效保护原则

在旅游开发中，要坚持科学合理的指导思想和行为方式，要注意对资源、环境的切实有效保护，防止和杜绝掠夺性、破坏性开发利用，实现永续利用和可持续发展的绿色产业目标。

六、规划任务

本规划的主要任务有：

（1）界定坝美旅游度假区范围，进行现状调查和分析；

（2）对客源市场的需求总量、地域结构、消费结构等进行全面分析和预测；

（3）明确坝美旅游度假区的总体定位、主题形象、空间布局及功能分区；

（4）确定坝美旅游度假区内重点片区的发展方向，进行重点项目策划；

（5）规划坝美旅游度假区的内外交通系统布局和主要交通设施；

（6）对坝美旅游度假区的旅游要素体系、基础服务设施进行总体布局；

（7）系统分析土地利用规划，明确开发范围和资源保护范围，并对旅游容量进行预测；

（8）提出总体规划的实施步骤、措施和方法，以及规划、建设、运营中的管理意见，并提出近期规划建设项目；

（9）对坝美建设进行总体投资分析。

第二章　背景分析

一、旅游环境分析

1. 自然环境分析

1）自然环境适宜，适宜休闲度假

坝美平均海拔 1050 米，年平均气温 18℃，年降雨量 1535 毫米。有耕地 54 492 亩，林地 78 万亩，森林覆盖率 74.2%。坝美气候温和湿润，是休闲度假的良好去处。

2）与外界相对隔绝，自然环境独特优美

坝美村位于云南文山州广南县北部八达乡和阿科乡交界处，村子四面环山，不通公路。进出寨子主要靠村前村后两个天然的石灰熔岩水洞，村民们要撑竹筏，经过几千米长的幽暗的水洞才能进出。

3）原生态农业经济为主，颇具“世外桃源”情趣

因受地理环境的限制，进出村子必坐船穿过溶洞，出得洞口，眼前土地平旷，屋舍俨然，门前是宽阔的田野，屋后有青翠修竹，别有一番田园风光。

2. 人文环境分析

1）寨子古老而优美，民族传统文化随处可见

在相对封闭、交通不便的自然环境下，村落始终保持着原有的自然、人文风貌，依山的麻栏楼里居住着百余户壮族人家。

2）传统民俗丰富多彩，壮族传统文化氛围浓厚

村寨里每年依时节举办祭龙、祭祖、围鱼、对歌、花糯米饭节等传统节庆活动，婚丧嫁娶按风俗礼仪严格进行，至今保留着坐家、走着出嫁、用筒钱杆等民俗形式。同时还有大量的民族歌舞演艺。

3）延续传统农耕文化，追求自然平和的生活方式

坝美人至今延续的小农经济，体现了壮族农耕社会男耕女织、鸡犬相闻、邻里和谐的田园牧歌情趣，他们现行的生产生活方式、风俗习惯、信仰崇拜等都较好地保存着壮族古老的传统文化特征。

二、旅游发展成果

1. 广南县旅游发展概况

广南县被认定为全国休闲农业和乡村旅游示范县，是云南省仅被认定的两个示范县之一。拥有五级旅游资源6个，分别为坝美风景区、干栏式传统村落建筑群、八宝风景名胜区、壮族彝族铜鼓舞、彝族葫芦笙舞、壮剧·沙戏。

1）旅游产出效应明显

2015年，广南县共接待海内外游客162万余人次，实现旅游综合收入13.8亿元，其中“世外桃源”坝美旅游区累计接待游客36.25万人次，实现门票收入1450万余元，分别较上年同期增长16.7%、7.4%。“十二五”期间广南县旅游人次与旅游收入情况如表1、图1所示。

表1 “十二五”期间广南县旅游人次与旅游收入情况

年份	旅游人次/万人	增长率/%	旅游总收入/亿元	增长率/%
2011	80.14	13.51	6.43	12.86
2012	92.14	15.53	8.00	16.00
2013	118.71	20.00	9.71	19.43
2014	139.71	23.54	12.00	24.00
2015	162.71	27.42	13.86	27.71
合计	593.43	—	50.00	—

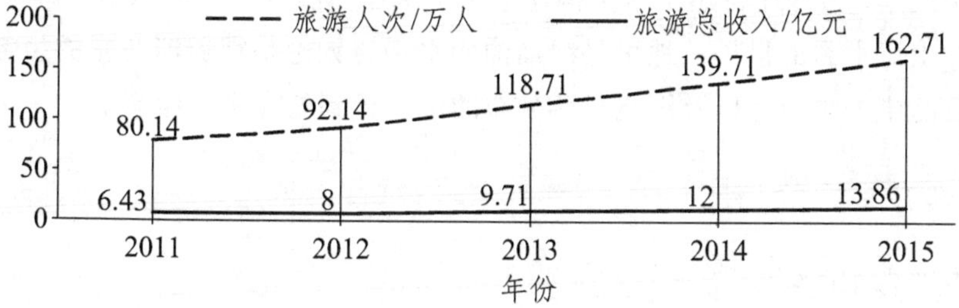

图1 “十二五”期间广南县旅游人次与旅游收入情况

2）旅游产业地位不断提升

经过“十五”“十一五”期间，广南县旅游业发展迅猛，在全县的经济社会发展中的地位不断提升，战略性支柱产业地位不断显现，对第三产业的引领不断增强。旅游业增加值从2011年的6.43亿元提高到2015年的13.86亿元，占全县生产总值的比重由11.22%提高到14.46%，占第三产业增加值的比重由28.85%提高到2015年的34.28%，对国民经济的贡献度逐步增强，对第三产业的引领不断凸显。2011—2015年广南县旅游业发展状况如表2、图2所示。

表2　2011—2015年广南县旅游业发展状况

年份	旅游收入/亿元	GDP/亿元	第三产业增加值/亿元	旅游收入占生产总值比重/%	旅游收入占三产增加值比重/%
2011	6.43	57.29	22.29	11.22	28.85
2012	8.00	68.29	25.57	11.72	31.28
2013	9.71	79.00	29.00	12.30	33.50
2014	12.00	88.00	31.86	13.64	37.67
2015	13.86	95.86	40.43	14.46	34.28

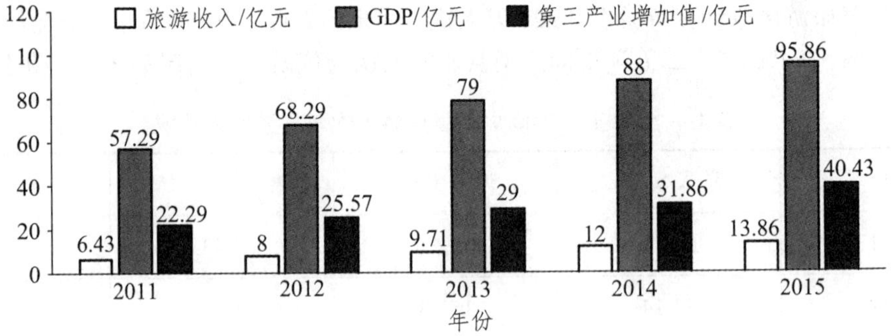

图2　2011—2015年广南县旅游业发展状况

2. 坝美旅游景区开发概况

广南县境内的坝美风景区，因其具有独特的喀斯特地形地貌、溶洞、河流及村落，酷似晋代文学家陶渊明所描述的桃花源，而被称为“最后的世外桃源”。目前，坝美风景区已被评为国家AAA级旅游景区。坝美村正在加大力度建设旅游景点配套项目，能用马车、牛车拉的货物就不用汽车；另外还将用土木结构建造房子来还原壮族村庄的风情。如今走进坝美村，就走进了一片山清水秀的世界：地里是绿油油的水稻，无论是坝美河两岸的植被，还是壮族村民房前屋后的桃李果树，以及围绕村落分布的山上，到处充满了绿意。

三、旅游开发中的问题

1. 旅游度假偏远区

（1）坝美地处偏僻，交通不便，很难与外界交往。

（2）坝美村长期与外世隔绝，处于封闭半封闭状态；基础设施落后，无法满足游客的基本需求。

2. 保护文化迫在眉睫

（1）坝美旅游区的游客数量及收入不断增加，景区内出现了旅游规模盲目扩大的现象，原有的生态景观消失，梯田消失，出现了与环境并不融合的文化绿化广场。坝美村出现违章建设现象，严重破坏了民俗村落风貌。

（2）随着与外界的交往扩大，坝美村浓厚的民俗文化逐渐被汉化。

3. 景区竞争力不强

（1）景区开发较粗糙，对现有旅游资源及旅游产品缺乏深层次开发，旅游产品单一且品位不高。而且部分开发规划存在盲目开发和重复开发现象，未突显坝美独有的特色。

（2）景区的主要核心景点为坝美桃花源，但桃花源品牌特色不足，且全国内桃花源景区多达 9 处。

4. 旅游现状滞后

（1）景区基础建设较落后，不适应旅游快速发展的形式。

（2）在客源上仍处于坐、等、靠的形式，缺乏“走出去，请进来”的意识，宣传促销力度不足。

5. 旅游六大要素配套不足

（1）出行不便，景区内部以羊肠小道、马车通行为主，虽传统村落特色浓厚，但一定程度上仍有不便。

（2）“游”仍以观光游览为主，缺乏体验式旅游。

（3）旅游产品雷同化，缺乏特色，且做工较粗糙。

第三章　开发条件分析

一、综合区位条件

1. 地理区位

广南县是云南省文山州下辖县，位于云南省东南部，在文山州东北部，邻接广西壮族自治区，位于滇、桂、黔三省（区）交界处。广南县东接富宁县，南邻西畴县、麻栗坡县，西靠丘北县、砚山县，北接广西壮族自治区西林县、贵州省兴义市。坝美旅游度假区位于广南县城北部，距离县城 40 千米，地处东经 105°02′、北纬 25°95′，旅游区四面环山，海拔约 800 米。

2. 交通区位

1）外部交通

（1）公路。

① 广昆高速公路（广州—昆明）。全长 1511 千米，从广州向西途经南宁、百色、富宁进入广南，经砚山、石林进入昆明，其中广南境内 103 千米，是广南西向昆明、东向广西的主要通道。

② G323（江西瑞金—云南临沧）。全长 2915 千米，广南境内 234 千米，是广南通往江西、广东、广西的重要通道。G323 与广昆高速公路共同承担着广南与其他地区的交通任务。

（2）铁路。

云桂铁路（昆明—南宁），起于昆明南新客站，途经红河、文山、富宁、广南、普者黑、百色等地，全长 710 千米，为国铁一级电气化双线铁路。可以从昆明南站直接乘坐高铁前往广南，大约 2 个小时便可抵达，抵达广南后，从广南乘坐大巴前往坝美。

（3）航空。

① 昆明长水机场。广南距昆明长水机场 430 千米，该机场是中国西南地区唯一的，面向东南亚、南亚以及连接欧亚的国家门户枢纽机场，继北京、广州、上海之后的国家第四个门户枢纽机场。该机场目前为广南远程游客的中转机场。

② 文山普者黑机场。文山普者黑机场位于文山州砚山县，广南距文山机场 130 千米，飞行区等级 4C，目前主要开通省内直线和直飞南宁等地的航线，直飞北京、上海、广州等城市航班尚未开通。

③ 广南机场（建设中）。广南机场处于建设中，选址在广南平山，预计于 2018 年通航。

2）内部交通（表 3）

表 3　内部交通状况

起止点	状况	宽度/m	长度/km
西西公路	县道	7	43
法利村—出水洞村	步行、马车	5	1.2
出水洞码头—坝美北码头	水路	10 ~ 20	2
坝美北码头—坝美南码头	步行	1.5	2
坝美南码头—猴攀岩码头	水路	10 ~ 20	1
马车候车场—码头	马车	2.5	1.8
码头—汤那码头	水路	10 ~ 20	1.5
汤那码头—汤那停车场	步道	1.5	1
汤那停车场—西西公路	乡村公路	3.5	3.5

3. 经济区位

1）国际：中国—东盟自由贸易区的桥头堡

云南与东盟成员国越南、老挝、缅甸接壤，邻近泰国、柬埔寨，是东南亚国家与中国交往的重要内陆通道。中国—东盟自由贸易区建设，使位于中国—东南亚两大区域经济往来交汇地带的云南省一跃成为该区域经济合作的前沿，为云南经贸发展提供了极为有利的发展机遇。同时，广南南部的麻栗坡县与越南的密切地缘、文化关系，使得越南成为文山走向南亚的桥梁和纽带。在这样的大背景下，广南享有中国—东盟自由贸易区建设带来的直接或间接的政策恩惠。

2）省际：南贵昆经济区前沿重地、“滇桂走廊”重要节点

南贵昆经济区是西部大开发三大重点区域中的“南翼”重点开发区。其主要开发任务在于建设交通主干线、合理开发资源、重建生态环境；发展特色产业和优势产业，建立具有全国地域分工意义的产业体系，发挥南宁、贵阳、昆明等中心城市的聚集效应和扩散效应，带动滇黔桂广大腹地的经济持续发展，推动社会不断进步和生态良性循环。

广南县位于云南省东南部，文山壮族苗族自治州东北部，东与富宁县相接，南与西畴、麻栗坡县毗邻，西与砚山、丘北县接壤，北与广西壮族自治区西林县相连，向北距离贵州兴义不足 100 千米，正处于滇、桂、黔三省（区）交界处，位于南贵昆经济区的前沿重地；同时，东西穿境而过的广昆高速是云南经防城港出海的高速通道，也是云南与泛珠江三角洲合作的便捷通道，同时是云南通往广东、广西及沿海的交通要道，进一步成就了“滇桂走廊”的美誉。

3）省内：滇东南喀斯特山水文化旅游区的组成部分

广南县位于滇东南喀斯特山水文化旅游区，地处云南省的东部和东南部。该片区东部连贵州、广西，南部与越南接壤，西部与滇中旅游区、滇西南旅游区相接，北部与滇中和滇东北旅游区相接，土地总面积 76 897 平方千米，占云南省总土地面积的 20.2%。滇东南地理区位优势极为明显，是我国西南地区通往东南亚各国及出海的陆上最短通道，是构建南贵昆经济区和珠江经济带的重要区域及构建中国—东盟自由贸易区的重要组成部分。

4. 旅游区位

广南在滇黔桂合作区的旅游坐标——连接跨区域精品游线的重要节点。

“石林—泸西—丘北—广南—乐业（百色）—兴义—罗平”精品游线，串联云南昆明石林风景区、泸西阿庐古洞、丘北普者黑景区、广南坝美旅游区、广西乐业天坑群、贵州兴义万峰林景区、云南罗平油菜花海等精品景点，跨越滇、黔、桂三省（区）。广南是连接滇黔桂跨区域旅游合作区的重要节点。

广南在滇东南的旅游坐标——以昆明为出游中心，向滇东南延伸大致有两条精品游线，广南在这两条精品游线中均占有重要地位，是滇东南精品游线的“必游之地”。

1）“昆玉红文”精品游线

“昆明—玉溪—红河—文山”精品游线，串联昆明石林风景区、玉溪抚仙湖、红河哈尼梯田、丘北普者黑景区、广南坝美旅游区等滇东南精品景点。广南是此精品游线上的重要节点。

2）“石泸丘广”精品游线

“石林—泸西—丘北—广南”精品游线，串联石林风景区、泸西阿庐古洞、丘北普者黑景

区、广南坝美旅游区等滇东南精品景点。广南是黔东南精品游线上的“必游之地”。

坝美景区旅游路线如表 4 所示。

表 4 坝美景区旅游路线

线路	途经城市	主要景点	景点特色
“石广百兴”跨区域精品游线：石林—泸西—丘北—广南—乐业（百色）—兴义—罗平	云南石林县	石林景区	世界唯一的能以石林发育遗迹和石林景观系列展现地球演化历史的喀斯特地貌区 中国四大自然景观之一
	云南泸西县	泸西阿庐古洞	云南第一洞，四大洞内自然奇观——古洞佛光、阿庐云海、地河幻景、天造神物，堪为世界溶洞之林四大奇葩
	云南丘北县	普者黑景区	水上田园、湖泊峰林、彝家水乡、岩溶湿地、荷花世界、候鸟天堂
	云南广南县	坝美景区	壮族风情、田园风光、世外桃源
	广西乐业县	乐业天坑群	世界最大的天坑群，世界罕见喀斯特奇观
	贵州兴义市（县级市）	万峰林景区	“中国最美的五大峰林”之一
	云南罗平县	罗平油菜花海	中国最美油菜花海
“昆玉红文”精品游线：昆明—玉溪—红河—文山	昆明市	昆明石林景区	世界唯一的能以石林发育遗迹和石林景观系列展现地球演化历史的喀斯特地貌区 中国四大自然景观之一
	玉溪市	抚仙湖	赏抚仙湖美景，享玉溪景致生活
	红河哈尼族彝族自治州	哈尼梯田	“中国最美的山岭雕刻” 世界文化和自然双遗产
	文山州	普者黑景区、坝美景区	彝家水乡、岩溶湿地、荷花世界；壮族风情、田园风光、世外桃源
“石泸丘广”精品游线 石林—泸西—丘北—广南	石林县	石林景区	世界唯一的能以石林发育遗迹和石林景观系列展现地球演化历史的喀斯特地貌区 中国四大自然景观之一
	泸西县	泸西阿庐古洞	云南第一洞，四大洞内自然奇观——古洞佛光、阿庐云海、地河幻景、天造神物，堪为世界溶洞之林四大奇葩
	丘北县	普者黑景区	水上田园、湖泊峰林、彝家水乡、岩溶湿地、荷花世界、候鸟天堂
	广南县	坝美景区	壮族风情、田园风光、世外桃源

二、政策条件

1. 国际战略机遇

云南省作为中国—东盟自由贸易区、大湄公河次区域合作、泛亚铁路的主要省份，属于多重国际战略的重要窗口和前沿，应逐步使云南成为该区域各成员方经济联系和经济合作的活跃地带，使云南在交通、能源、农业、贸易与投资、环保、人力资源开发等多个合作领域取得明显成效，同时为云南旅游带来明显的促进作用。

2. 国内战略机遇

2014 年 8 月国务院发布《关于促进旅游业改革发展的若干意见》（国发〔2014〕31 号），2015 年国务院办公厅颁布《关于进一步促进旅游投资和消费的若干意见》（国办发〔2015〕62 号）。旅游政策集中发布为中国旅游强国建设奠定政策之基，将旅游业作为其他产业转型的重要手段，旅游业迎来了前所未有的发展机遇。党的十九大报告提出了一系列新理念、新思想、新战略。乡村旅游的不断发展、旅游扶贫工作的不断推进、“旅游 +”概念的不断充实和完善，为旅游业的发展提供了政策引导、思想指导、规范管理等。从旅游行业来看，党的十九大报告在历史使命、指导思想、基本方略、主要矛盾、奋斗目标、新发展理念、战略部署等方方面面，都赋予了旅游发展新的机遇和使命。

3. 区域战略机遇

1）广西“第二个香港”战略

自国家批准实施《广西北部湾经济区发展规划》，继而进一步提出将广西打造成为“第二个香港”的目标以来，广西综合发展速度显著提升，逐步由一个西部边陲地区变成多区域合作中心。广西的跨越式发展对周边区域经济、交通、商贸、服务等众多方面均有带动。百色与文山山水相连，人缘相亲，经济相融，文化相近。机遇契合点：一方面，广南处于广西经济跃进的核心辐射范围，是战略推进的受益区；另一方面，广南属于文山—百色区域合作的前沿和中心，是战略落地的重点区。

2）滇桂黔片区旅游开发

2012 年国家发布了《滇桂黔石漠化片区区域发展与扶贫攻坚规划（2011—2020）》，文山州全州属于片区范围，提出依托区域内旅游资源与环境优势，突出长寿养生和生态休闲特色，大力发展主题旅游；2015 年为支持革命老区加快振兴发展，国家又发布了《左右江革命老区振兴规划（2015—2025）》，文山州全州属于革命老区，提出以文山为核心，重点发展以三七为主的中药材种植、加工、经销网络，建设国家重要的中药材现代化种植基地、健康产品研发生产基地、中药材市场集散地，提升文山三七品牌影响力；支持文山因地制宜发展跨境旅游。

4. 云南旅游强省建设

2013 年云南省下发《关于建设旅游强省的意见》。2015 年云南旅游业增加值占全省生产总值的 6.6%，对全省经济的综合贡献达到 13.52%，综合带动效应日益凸显，旅游文化产业已经成为云南经济增长的重要动力、投资持续增长的重要支撑、扩大消费的重要引擎、结构调整的重要抓手、带动就业的重要渠道、对外开放的新亮点、绿色发展的新动能、脱贫攻坚的新举措。2016 年 4 月云南省旅游产业发展推进会议提出，实施全域旅游发展战略，促进旅游产业转型升级，推动云南省从旅游大省向旅游强省跨越。云南旅游强省建设为文山州旅游业崛起提供了契机。

5. 文山州战略机遇

文山州“十三五”规划指出，按照主题化、融合化、可操作原则，结合国内外旅游需求变化，文山州旅游发展将围绕建设“国家健康旅游示范区”总体定位展开，进一步完善《旅游休闲度假基地总体策划》中“两轴五区九基地”空间布局，策划文山州以点带线、以线引面的“一核、两带、三片、八区”健康旅游发展新格局。将东部片区包括广南县、富宁县，包括坝美桃源、八宝壮乡、坡芽歌书等民族文化资源，定位为“民俗体验片区”。以历史文化、民族文化、宗教文化等资源为依托，突出“世外桃源、文化浓郁”的资源特征，主题定位为文化体验，主要以坝美世外桃源隐居谷、地母历史文化等项目为支撑。另外还有州政府出台相关政策法规，助力推动坝美旅游景区旅游开发发展。

三、其他旅游发展机遇条件

1. 大众旅游时代来临

2016年在全国两会期间，国务院总理李克强同志在政府工作报告中提出要“落实带薪休假制度，加强旅游交通、景区景点、自驾车营地等设施建设，规范旅游市场秩序，迎接正在兴起的大众旅游时代”。这是我国首次提出并正式写入政府文件中对旅游业发展阶段的定性判断，一个全民参与的大众旅游时代已经到来。

2. 云南步人高铁时代

2016年年底云南两大高铁沪昆、云桂高铁将陆续开通，沪昆高铁设计时速350千米/时，云桂高铁设计时速200～250千米/时，高铁的开通意味着进入边疆的方式更加丰富，云南与北上广的联系更加紧密，云南从此进入高铁时代。高铁对旅游影响主要体现在：高铁改变了旅游交通格局，除航空外，高铁成为人们快速出行的又一选择；高铁可以输送高端游客，以其快捷、方便、舒适的特征与飞机、汽车形成显著对比，这为高端商务游客提供了绝佳工具；高铁促使区域加强合作，运行速度的提升推动沿线城市之间加强合作，为同城效应发挥提供可能；高铁推动“快旅慢游”成为现实，高铁带动了深度游，人们可以腾出更多时间游山玩水，品味文化，玩味意境。

3. 文山州旅游地位提升

“十二五”期间，做强生物资源开发、冶金化工、休闲度假、商贸物流四大基地，打造马塘工业园区和文山三七产业园区、丘北普者黑旅游度假区等七个经济增长点；“十三五”期间，旅游业更被确定为文山州三大支柱产业之一。旅游产业地位提升为文山旅游业转型升级提供了可能。

第四章　旅游资源分析

历代文化文人名士和布衣百姓在喧嚣的尘世中寻觅能够庇身隐逸的世外桃源，并以此理想的社会形态作为独善其身的精神寄托，从流传了千百年来的中国传统隐逸文化看，在传统文化中熔铸成的世外桃源文化品牌蕴藏着巨大的历史影响力和时代影响力，是现代旅游发展的重要旅游资源。而坝美村，不仅在自然环境上达到了形似，而且在人文环境中更达到了神似。

一、旅游资源概况

1. 自然风光

美丽的坝美依山傍水，是一个淳朴自然的壮族村落。整个村落隐匿在一个南北流向的“Z”字形河谷中，河谷两端的山洞与中间的坝子，形成陶渊明笔下的“世外桃源”般天然的自然地貌景观。坝美村落的房舍散布在面向西南的山坡上，村落由一株株巨大的榕树所覆盖，若隐若现，炊烟袅袅，似一幅自然的山水画卷。景区所属范围山脉成群，溪水纵横，森林植被覆盖率近 90%，自然风光秀丽。景区内山脉、森林、悬崖、溶洞、河流、木船、马车、牛车、田园、吊脚楼、风雨桥等构成一幅幅秀美的画面。在“世外桃源”优美的自然环境中，保存着多种植物资源，如榕树、木棉、树蕨、万年青、花红、芭蕉、海芋及各种有名的无名的野花，还有猴群、狐狸、野猫、野鸡、野兔、麂子和多种鸟类。这里彰显着人类栖息的旷远意境。

2. 人文文化

1）建筑文化

坝美旅游区房屋以落地和半楼居两种干栏式风格为主，当地壮族称麻栏楼，也有人称吊脚楼。这些老式的麻栏楼等家居建筑，显现着历史的风貌，是壮族传统建筑的活化石。户与户之间铺砌青石小道连接。整个村庄房屋基本为木质结构，依山而建，鳞次栉比，次第升高，形成气势恢宏的吊脚楼群，成为民族建筑艺术的瑰宝。村庄保存了一些古老建筑物，整体风格协调一致。历史风貌古朴典雅，其气势恢宏犹如天上楼阁。

2）饮食文化

坝美壮族主食大米，辅之以玉米、麦子、土豆等杂粮。壮族人喜吃酸辣味，几乎家家都酿有酸汤、酸竹笋、酸辣椒、酸菜、酸番茄等。腌猪肉、腌咸鸭蛋、酸笋煮鸡、烘烤干鱼、酸笋河螺、花糯米饭、酸笋鲶鱼、粽子、花糯米饭、山珍野菌、绿色野菜、家制米酒等都是壮家的佳肴。

3）节日文化

坝美保留着富有浓厚的壮族传统文化的民俗活动，寨里每年都按时节举行祭龙、祭祖、围鱼、对歌、龙雅歪、花糯米节、耍狮子、踢叶子球、唱沙戏等活动。节日期间，吹笛子、拉二胡、吹树叶等盛况空前。节日文化是壮族各种文化的综合体，是展示壮族服饰文化、信仰文化、饮食文化的重要活动，又是男女青年恋爱的桥梁和纽带。

4）酒文化

饮酒是坝美壮族接待亲朋好友的重要礼节内容，有其独特完整的形式，酒都是传统自酿。竹筒酒是壮族最高规格的酒礼，常使用于过年过节和嫁娶场合。此外，坝美还有拦路酒、团圆酒、交杯酒、敬酒、猜拳酒、送别酒等各种形式的酒礼。坝美壮族常以歌敬酒，以酒带歌，以歌带舞来迎送客人。

5）歌舞文化

坝美有创世歌、历史歌、情歌、劳作歌等民歌，有沙戏、手巾舞、竹竿舞、古兵器舞等舞蹈，民间有神话传说、山川风物传说、依智高起义传说等。

6）农耕文化

坝美人世世代代以农耕为生，至今仍然保留着自给自足的小农经济社会形态，生动体现了壮族农耕社会男耕女织、鸡犬相闻、邻里和谐的田园牧歌情趣，他们现行的生产生活方式、风俗习惯、信仰崇拜等都较好地保存着壮族古老的传统文化特征，有专家评价：当地村民“在自给自足的农耕经济状况下，延续发展着古老的壮族文化”。坝美村确为21世纪中国大地上罕见的“世外桃源”。

3. 旅游资源分类表

按照《旅游资源分类、调查与评价》（GB/T18972—2003），依据旅游资源的分类原则和依据，可对广南县坝美旅游资源进行三级分类。主要资源类型如表5所示。

表5 主要资源类型

<table>
<tr><th>主类</th><th>亚类</th><th>基本类型</th><th>资源单体</th></tr>
<tr><td rowspan="4">A 地文景观</td><td rowspan="4">AC 地质地貌过程遗迹</td><td>ACC 峰丛</td><td>元宝山</td></tr>
<tr><td>ACE 奇特与象形石</td><td>巨龙行空、海底世界、双鹅戏水、母子偕游、观音望月、陶公塑像、天然崖画、雄狮护宝等石钟乳景观</td></tr>
<tr><td>ACL 岩石洞与岩穴</td><td>桃源洞、汤那洞</td></tr>
<tr><td>ACF 岩壁与岩缝</td><td>猴攀岩</td></tr>
<tr><td rowspan="3">B 水域风光</td><td>BA 河段</td><td>BAA 观光游憩河段</td><td>驮娘河、男河、女河</td></tr>
<tr><td>BC 瀑布</td><td>BCB 跌水</td><td>出水洞跌水</td></tr>
<tr><td>BD 泉</td><td>BDA 冷泉</td><td>间歇泉</td></tr>
<tr><td rowspan="5">C 生物景观</td><td rowspan="2">CA 树木</td><td>CAC 独树</td><td>古榕树、夫妻树</td></tr>
<tr><td>CAB 丛树</td><td>桫椤林、竹林、枫香林</td></tr>
<tr><td>CC 花卉地</td><td>CCB 林间花卉地</td><td>桃花源</td></tr>
<tr><td rowspan="2">CD 野生动物栖息地</td><td>CDA 水生动物栖息地</td><td>鱼类</td></tr>
<tr><td>CDB 陆地动物栖息地</td><td>群猴、飞狐</td></tr>
<tr><td>E 遗址遗迹</td><td>EB 社会经济文化活动遗址遗迹</td><td>EBC 废弃寺庙</td><td>龙神庙、土地庙、祖宗牌位台</td></tr>
<tr><td rowspan="8">F 建筑与设施</td><td>FA 综合人文旅游地</td><td>FAC 宗教祭祀活动场所</td><td>龙林、神山、神田、壮族寺庙</td></tr>
<tr><td>FB 单体活动场馆</td><td>FBA 聚会接待厅堂（室）</td><td>老人亭</td></tr>
<tr><td rowspan="2">FD 居住地与社区</td><td>FDA 传统与乡土建筑</td><td>干栏式传统村落建筑群</td></tr>
<tr><td>FDC 特色社区</td><td>坝美村、汤那村、法利村、出水洞村</td></tr>
<tr><td>FE 归葬地</td><td>FEB 墓（群）</td><td>祖宗牌位台</td></tr>
<tr><td>FF 交通建筑</td><td>FFA 桥</td><td>围箩木梁桥、风雨桥</td></tr>
<tr><td rowspan="2">FG 水工建筑</td><td>FGA 水库观光游憩区段</td><td>坝美景区用水调节库</td></tr>
<tr><td>FGF 提水设施</td><td>水车</td></tr>
</table>

续表

主类	亚类	基本类型	资源单体
G 旅游商品	GA 地方旅游商品	GAA 菜品饮食	酸笋煮鸡、烘烤干鱼、酸笋河螺、酸笋鲶鱼、花糯米饭、家制米酒
		GAB 农林畜产品及制品	桃、李、橘、梨
		GAC 水产品及制品	细鳞鱼
		GAD 中药材及制品	三七、铁皮石斛
		GAE 传统手工产品与工艺品	手工土布、竹器、银饰、刺绣、壮族棉布
H 人文活动	HB 艺术	HBB 艺术作品名称	劳作歌、沙戏、手巾舞、竹竿舞
	HC 民间习俗	HCA 地方风俗与民间礼仪	壮族彝族婚俗、男女浴河
		HCB 民间节庆	花糯米饭节、祭龙、祭祖、围鱼、对歌、龙雅歪、花糯米节、耍狮子、踢叶子球、唱沙戏
		HCC 民间演艺	壮族彝族铜鼓舞
		HCD 民间健身活动与赛事	踢叶子球、泼仙波、耍狮子、斗鸡
		IICII 特色服饰	壮族彝族特色服饰、银饰

通过以上对坝美旅游资源的统计，可发现坝美旅游资源一共有 6 大主类、9 个亚类以及 17 个基本类型，且以人文旅游资源为主。

二、旅游资源评价

1. 定性评价

1）旅游资源开发基础条件

坝美旅游资源开发基础条件好，有典型的滇东南岩溶高原喀斯特岩溶地貌，位于优越的中亚热带高原季风气候区，适游期长，旅游舒适度高。驮娘河穿旅游区而过，具有较好的地质、气候、水文旅游条件，目前，坝美旅游区林地面积 14.45 平方千米，平均森林覆盖率达 72.25%。环山分布着大面积的人工油茶林，而人工杉木林则分布在海拔较高处。旅游区内分布有珍稀植物，其中属国家一、二级保护的珍稀植物有桫椤、观音连坐蕨、长蕊木兰、蒜头果、拟单性木莲、香木莲等。旅游区内的主产粮食作物是水稻，经济作物有油菜、棉花、甘蔗，经济林木有油茶、茶叶、黄果等。

坝美旅游区内共有 6 个农村居民点：坝美村、出水洞村、法利村、汤那村、西松村、中寨村，共有居民 681 户 3542 人。

旅游区的对外交通主要依靠县道“西西公路”，它南接广南莲城镇，北至广西西林，路面状况良好。规划区内部交通有步行路和水路，交通基础设施条件亟待提升。

综上所述，坝美具有资源优势，拥有独特的自然山水及人文环境，与陶渊明笔下的“桃花源”有非常高的空间契合度。整体系统的旅游开发较晚，但发展晚可以汲取其他同类旅游区的经验教训，结合自身条件开发出符合当代潮流的旅游产品，少走弯路，后来居上。当地居民思想意识统一，参与性、积极性较高，对旅游开发寄予厚望。当地政府高度重视坝美“世外桃源”旅游区的旅游开发，积极地组织规划、招商引资。这一系列政策和措施的实施要求首先对旅游资源进行分析。

2）资源空间布局

坝美旅游区为典型的喀斯特地貌，其旅游资源以奇特的地质地貌、传统农耕生活、浓厚民俗风情为一体，从空间分布上大致可分为“一带、五片”。

“一带”为驮娘河一带，为驮娘江支流，从坝美镇政府所在地的阿科村起至八达乡的法利村止，全长约16千米，河宽10～20米，河流两岸均为岩溶峰丛或峰林地貌。水绕山行，三折五曲，三处穿山。沿河两岸绝壁、孤峰、嶂谷、轻舟、翠竹巧妙组景，气象万千，间有渔歌互答，壮家姑娘泛舟摆渡，船悠然而歌脆。其沿线是整个坝美旅游区的主线。

“五片”分别为坝美村片、汤那村片、汤那洞片、桃源洞片、猴攀岩片。坝美村片，村落四面环山，不通公路，进出村落要摸着岩壁、趟水或撑独木舟，经过村前村后两个天然溶洞。坝美村视野开阔，土地平坦，屋宇俨然，驮娘河穿过其间缓缓流淌，河边古老的水车吱呀作响。特别是从出水洞进入，田野景色豁然开朗，与陶渊明笔下“世外桃源”极其相似，这便是坝美村的主要景观特征。

汤那村片，是典型的壮族村寨，村寨规模要大于出水洞村及坝美村，村寨三面环山、一面畔水，村后峰峦叠翠、郁郁葱葱，村前小桥流水、景色宜人，传统壮族民居保存完好，以壮式的吊脚楼为主，村内外生长着数十棵树龄近百年的枫香树，使整个村寨隐藏在一片树林中，景观极为秀丽。汤那村完整地保存了古老的祭祀场所以及独特的民族民俗习惯。

汤那洞片，位于阿科乡汤那村东北约700米，分水洞、旱洞，溶洞全长约700米，洞内密集的石钟乳、石幔、石柱等玲珑剔透、色彩绚丽、造型丰富，构成了千姿百态的洞内奇观。洞口右上方有一东西向大型单体溶洞，洞高约50米，洞内景观非常壮丽，是出入坝美村的必经道路之一。

桃源洞片，位于坝美村西北，驮娘河由此穿流而过，是进出坝美村的必经道路之一，全长约900米。洞内石钟乳、石幔、石瀑布等形态各异、琳琅满目，有“观音望月”“陶公塑像”“天然崖画”“雄狮护宝”等奇景。溶洞内有三处天洞，景色奇异，形成三明三暗的景观，使人置身于梦幻般境界。

猴攀岩片，位于坝美村的南端，此处植被茂密，悬崖壁立，地势雄险，常有猴群出没，故为“猴爬岩”，一段乾隆十四年间的古栈道至今尚存。

3）资源总体特征

坝美旅游区为典型的喀斯特地貌景观，洞穴较多，峰丛、峰林地貌疏密有致，构成了丰富的空间组合和景象效果。以坝美村为突出代表的壮家村落，较好地保存着壮族古老的传统文化特征，体现着男耕女织、鸡犬相闻、邻里和谐的田园牧歌情趣，具有“桃花源”式的意境。旅游区内驮娘河穿流回环于石山峰林之间，盈盈河水，蜿蜒如带，构成山环水抱、山水相依的景观。该旅游区集奇丽俊秀的自然山水景观和古朴浓郁的壮寨风情为一体，景观独特，组景奇妙，景观资源丰富，其观赏、历史、科学价值较高。

2. 定量评价

根据《旅游资源分类、调查与评价》中的旅游资源评价体系，对旅游区的旅游资源进行评价和分级。根据相应的评价原则、方法及标准进行计分和等级划分，结合专家、游客、导游、旅游景区管理者、当地村民、政府官员等的定量与定性评价，对坝美旅游区各景点相关旅游资源分别进行了计分和分级，详见表 6。

表 6　坝美旅游区各景点相关旅游资源的计分和分级

资源单体名称	观赏游憩使用价值	历史文化科学艺术价值	珍稀奇特程度	规模、丰度与几率	完整性	知名度和影响力	适游期或使用范围	分值	评定等级
	30	15	15	10	5	10	5	100	/
元宝山	18	10	7	5	4	4	4	52	二
猴攀岩	20	15	10	7	4	6	3	65	三
汤那洞	25	18	10	8	4	6	4	75	四
桃源洞	25	18	12	8	4	7	4	78	四
驮娘河	20	15	8	7	4	6	4	64	三
龙林	20	20	12	7	5	6	3	73	三
老人亭	25	22	12	8	5	7	4	83	四
古榕树	25	24	8	8	5	7	5	82	四
夫妻树	25	24	9	8	5	8	5	84	四
壮族寺庙	22	10	11	7	4	6	4	76	四
溶洞	25	19	11	7	4	6	4	76	四
出水洞村	18	12	6	6	4	6	4	56	二
汤那村	20	18	8	8	4	7	5	70	三
西松村	15	12	6	6	4	4	4	51	二
中寨村	13	8	5	5	3	4	4	42	二
法利村	13	10	12	7	5	8	4	74	三
男女河、桃花岛	20	18	12	7	5	8	4	74	三
桃花谷	18	15	10	6	4	6	5	64	三
竹林	15	8	7	6	5	5	4	51	二
枫香林	16	8	7	6	5	5	4	51	二

根据旅游资源得分评定坝美旅游资源的级别，结果详见表 7。

表 7　坝美旅游资源的级别

级别		旅游资源名称	数量
优良级旅游资源	四级旅游资源	汤那洞、桃源洞、老人亭、古榕树、夫妻树、壮族寺庙、溶洞	7
	三级旅游资源	猴攀岩、驮娘河、龙林、汤那村、法利村、男女河及桃花岛、桃花谷	7
普通级旅游资源	二级旅游资源	竹林、枫香林、西松村、中寨村、出水洞村、元宝山	6

对坝美旅游资源的系统分析显示，该旅游区旅游资源丰富，民族文化特色鲜明，现状景观已经具备了“世外桃源”的“物质”基础，但其景观文化的“精神”意境尚未充分体现。目前国内其他的桃源主题景区与陶渊明笔下“世外桃源”的本真内涵相去甚远。因此，旅游区应“扬长避短”：准确定位坝美旅游品牌与形象塑造，对其“物质”因素的提升和“精神”潜质的重构及再现，将是坝美旅游区面临的重要难题。

然而，就目前来看，广南距离中心城市较远，且县城对外联系交通状况不理想。从区位交通方面看，地理区位及可进入条件的限制对地区旅游业具有不利的影响。旅游基础设施、配套服务设施较为落后，亟待完善。坝美当地民居“去传统化”现象明显，现代居住气息削弱了“世外桃源”的整体空间意境。受到现代生活方式的影响，壮乡传统民俗文化氛围趋于弱化。坝美旅游项目以观光为主，形式单一，游客滞留时间短，旅游产品层次、内容、内涵亟待丰富。另外，传统的壮乡文化体验及乡村旅游产品市场吸引力有限，缺乏高素质、专业化的旅游管理及服务人员。因此，如何在现有的基础上对坝美自然和人文旅游资源进行保护性开发，将坝美打造成为国际边地旅游的亮点是学界和文山旅游行业的重要课题。

第五章　竞合分析

一、区域竞合分析

1. 城市选择

以广南县坝美为核心，以 300 千米范围为界限，选择市级城市作为竞合对象，通过对城市定位及产品的分析，对广南县坝美的旅游定位及产品开发提供指导。

贵州省：六盘水市、贵阳市、安顺市、兴义市

云南省：昆明市、曲靖市、玉溪市、红河哈尼族彝族自治州

广西壮族自治区：河池市、百色市、崇左市

2. 竞合分析——城市定位

1）城市定位相似，资源特色彰显不足

如表 8 所示，在这 11 个城市中，大多以自然资源和综合服务为旅游定位，昆明市、玉溪市、兴义市、百色市以构建旅游综合目的地为城市定位，而曲靖市、六盘水市、贵阳市、安

顺市、河池市则以自然资源为城市定位，仅崇左市以边关文化为城市定位，广南县坝美以壮族和田园风情为主的城市形象具有一定的独特性。

2）特色旅游资源组合，突出差异化资源

特色旅游资源组合：自然资源和综合服务 + 旅游综合目的地 + 壮族和田园风情 + 边关文化。

表 8 周边城市旅游定位比照表

省份	城市名称	城市旅游定位	城市形象感受
云南省	昆明市	国际区域性旅游城市和旅游目的地 中国通向东南亚、南亚的国际旅游集散中心	综合服务
	曲靖市	珠江源文化旅游目的地	自然资源
	玉溪市	高端休闲度假区域性旅游目的地	综合服务
	红河哈尼族彝族自治州	云上梯田、梦想红河	民族风情
贵州省	六盘水市	中国凉都	自然资源
	贵阳市	爽爽贵阳	自然资源
	安顺市	山水园林生态旅游城市	自然资源
	兴义市	旅游产业综合改革试点地区	综合服务
广西壮族自治区	河池市	长寿福地·神奇河池	自然资源
	百色市	中国西南旅游强市 中国西南旅游目的地城市	综合服务
	崇左市	边关旅游胜地、中国—东盟文化旅游目的地	边关文化

3. 中国“桃花源”景区竞合分析

1）中国“桃花源”景区选择

1600 多年前，晋代大诗人陶渊明写下了《桃花源记》，激发了古往今来人们对美好“桃花源”的探寻。据不完全统计，中国目前有 36 个“桃花源”，众多号称“桃花源”的景区，展现了人们对和平恬静、民风淳朴、和谐安乐景区的向往。

对于陶渊明《桃花源记》中所述的“桃花源”原型，学术界尚有争议。在此，我们对历史考证的 8 个“桃花源”景区进行分析，提炼出对广南县的桃花源景区有利的规划思路，如表 9 所示。

表 9 国内“桃花源”景区资源特色比照表

桃花源考证地	地点	入选原因	资源特色	开发情况
广南“桃花源”	文山州广南县	与《桃花源记》中的描写正好对应	壮族、田园风情	尚未开发
常德“桃花源”	湖南省常德市桃源县	武陵县原址	山水田园，寺观亭阁，诗文碑刻	景点众多，开发成熟，民风不足
武陵“桃花源”	湖南省武陵县	东晋文人刘敬叔在他的《异苑》中的记述与《桃花源记》相仿	苗族平等自由生活场景	景点众多，开发成熟，民风不足

续表

桃花源考证地	地点	入选原因	资源特色	开发情况
内乡“桃花源”	河南南阳内乡县	据史料记载和专家考证，是古代文学名篇陶渊明的《桃花源记》中桃花源所在地	与世隔绝的农耕生活	景点众多，开发成熟，民风不足
歙（shè）县“桃花源”	黄山市歙县	与陶渊明曾祖父陶侃的原籍鄱阳郡交界。据古方志记载，歙县南境有座武陵岭，岭下有个武陵村，村人以捕鱼为生	景物、地理与《桃花源记》相似	梯田景观，现代建筑，民风不足
弘农“桃花源”	河南省灵宝市	大师陈寅恪鉴定	函关古道、桃林	函关古道破坏，无人居住
连云港“桃花源”	云台山脉的宿城山西麓	宿城山凹，三面环山，一面向海，陶渊明到过宿城山	环境相似	景点众多，开发成熟，民风不足
酉阳“桃花源”	重庆酉阳	因自古武陵山地区“蛮不出洞、汉不入境”的皇命戒律，景区在武陵大山中沉睡了千年，被广泛认为是陶渊明笔下《桃花源记》的原型地	酉阳生态环境优美，文化底蕴深厚，民族风情独特	国家AAAAA级旅游景区

2）竞合分析

（1）“桃花源”品牌景区是世人向往之地。

桃花源是人们想远离世俗之地的向往，是理想世界的原型，这也是人们对桃花源不断找寻的初衷。中国七大桃花源景区，有不同的考证资料，目前没有统一的定论，但都与《桃花源记》中的描述基本相仿。桃花源以其神秘的游览方式和祥和平等的生活方式成为人们曾经向往的景点。

（2）过度开发成山林观光景区，“世外”不足。

七个桃花源中，有四个已经处于过度开发状态，即湖南省的常德“桃花源”和武陵“桃花源”，以及内乡“桃花源”和连云港“桃花源”，它们主要模拟《桃花源记》，大都是种着桃树的溪流小径，牌坊、建筑、凉亭随处可见，成为以山林观光为主的景区，描述中世外隔绝的景观也已荡然无存，不能感受桃源神秘的意境。

（3）现代生活介入，原始景观及民风消失。

七个桃花源中，有两个已经受到现代生活的深度介入，如歙县梯田上的现代民居建筑、河南函关古道的荒废以及消失的桃林人家，桃花源中展现的景观及民风已经消失。

4. 竞合分析总结

坝美处于这块黄金地区的中间，是一块正在开发的旅游处女地。坝美与周边景区既有同源同流的共同性，又有别具资质的差异性。在广阔的旅游市场上，坝美与周边景区存在着既竞争又合作的关系，并针对不同的竞争对象，展开不同策略的合作关系。

坝美旅游业经历了由小到大、由弱到强的发展过程。这个过程，一方面是自我建设、自我成长的过程，另一方面又是与县内景区以及邻近省市在竞争、合作中互利共赢、发展壮大的过程。坝美既要目光向内、发掘潜能、矢志不渝地做强高端休闲度假旅游，打响坝美旅游品牌；又要针对周边不同状况，善于抓住不同的市场机遇，打破地域界限，加强与周边景区的旅游合作，实现跨越式发展。

第六章 旅游市场分析

一、现有市场分析

1. 接待规模

从“十二五”期间坝美景区实际接待游客规模趋势来看，2013—2017年，客源稳定，与广南县游客人数呈一致性上升趋势；2016年坝美游客同比增长比例较广南县不明显；2017年坝美游客骤增。

坝美景区“十二五”期间接待游客数据如表10、图3所示。

表10 坝美景区“十二五”期间接待游客数据

年份及指标	2013	2014	2015	2016	2017
接待游客量/万人次	10	11	12	16.5	33.5
旅游综合收入/万元	460	500	600	860	1303.4
游客增长率/%	—	10	9.1	37.5	10.3
收入增长率/%	—	8.7	20	43.3	51.5

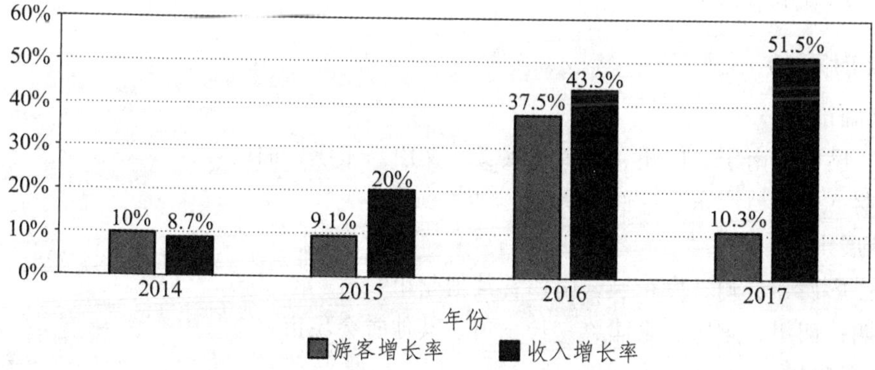

图3 坝美景区“十二五”期间接待游客数据

2. 游客区域构成

游客以省内及周边地区游客为主。具体地，游客来源以省内为主，超过六成，其次是广西、广东、四川、重庆周边省份。主要游客区域构成分析如图4所示。

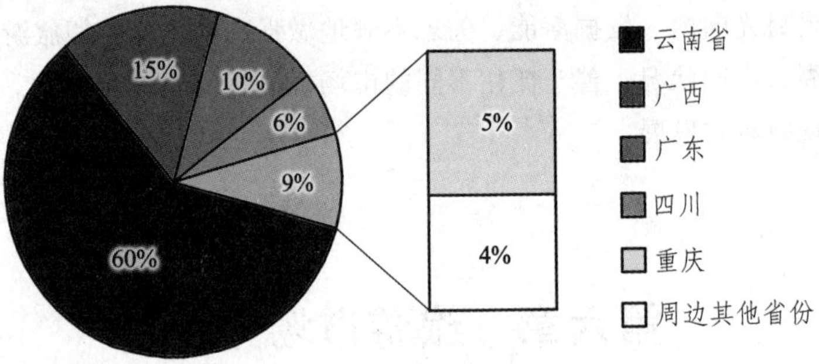

图 4　主要游客区域构成分析图

3. 游客类型

自驾游渐成趋势，自驾车游客占比 60%。

2015 年开始，广南县的自驾车游客人数大量增加。2016 年后，自驾游客人数开始超过了团队游客人数。总体上，自驾车游客占比 60%，团队游客占比 30%，散客占比 10%。

4. 游览时间

淡旺季明显，游客主要集中于法定节假日及暑假。

广南县游客最集中的为黄金周（春节、国庆）期间，占比 40%；其次为学生暑假期间和本县举办的风情节日期间，占比 30%；再次为小假期（中秋节、端午节、清明节、三八节等）和周末占比 20%；最少为正常工作日（周一至周五）占比 10%。

二、目标市场定位

1. 国际市场

主攻以东南亚市场为主体的东方市场板块和华人市场板块，加大力度积极开拓以欧美市场为主体的西方市场板块。

2. 国内市场

1）基础市场

近期：昆明、南宁、广州、百色、兴义、文山、玉溪、曲靖。

中远期：云南、广东、广西、贵州。

2）拓展市场

近期：广西、贵州、广东、云南四省其他州市。

中远期：四川、重庆、京津冀、长三角、其他省会城市。

3）机会市场

近期：四川、重庆、京津冀、长三角、其他省会城市。

中远期：国内其他地级市地区。

目标市场定位明细分析如图 5 所示。总体来看，坝美旅游景区的目标和定位确定为：以周边市场为主导，以国内市场为主体，逐步抢占国际市场份额。

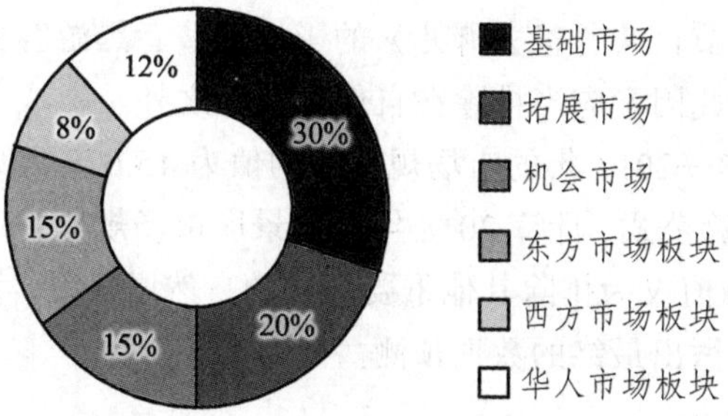

图 5　目标市场定位明细分析

三、目标市场分析

1. 国际市场

1）东方市场板块

东方市场板块主要以东南亚市场为主。这个市场板块距离云南较近，交通可达性强，而且对于中国的传统文化比较了解，因此广南在将这个市场板块开拓为目标市场方面更有优势。

2）西方市场板块

西方市场板块主要包括欧美市场与大洋洲的澳大利亚、新西兰等。这个市场板块距离广南较远，而且文化差异性大，虽然不了解中国的传统文化，但对中国传统文化有着浓厚的兴趣。该市场对广南的认知度较低，开拓时需付出更多的努力、承担较高的成本。

3）华人市场板块

华人市场板块主要指分布在我国港澳台地区、东方板块和西方板块的华人群体。这部分群体有着浓郁的民族情结，对中国传统文化有较多的了解，存在感受中国传统文化及其现代化体验的愿望。

2. 国内市场

1）基础市场

主攻距离广南较近的省会城市及地级市，加之现有的旅游基础，该市场的人群对广南县有较深了解，因此具有相对强烈的旅游愿望。该市场开拓较容易，成本相对较低。

2）拓展市场

主攻除基础市场外的省会城市及地级市，该市场中的大部分城市群具有较强大的经济实力、消费能力以及出游能力。

3）机会市场

在经过一段时间的发展后，广南县的旅游品牌及认知度有了一定提高，必将吸引国内其他省市的更多旅游人士来此游览。

四、市场规模预测

1. 自然增长率预测法

根据 2013—2017 年的数据，坝美旅游景区游客自然增长率为 10%左右。2013—2015 年受普者黑景区营销及电视节目《爸爸去哪儿》的影响，普者黑游客分流及路线延长，坝美旅游景区游客增长率较高，此因素应当排除在自然增长率之外。

基准值的确定以 2013—2017 年的市场规模平均值为 15.675 万人次，根据增长率和基准值，运用自然增长率的计算公式，计算 2018 年坝美景区市场规模为 15.675 × 1.1 = 17 万人次。表 11 为预测值，这个预测值仅为排除其他重要因素的自然增长率，为因素分析法提供基础数据，还需要结合其他因素做出最终的数据预测。

表 11 坝美景区预计游客增长表

年份及指标	2018	2019	2020	2021	2022
旅游总人数/万人次	18.7	20.6	22.6	24.9	27.3
平均增长率/%	10	—	—	—	—

2. 历史数据估算法

历史估算法是综合分析历史数据，以此为基础估算未来一定时期或者一次的市场规模，根据历史的市场规模来预测下一年的接待数据。这种方法简单、准确，但是对预测者的专业性和敏锐性要求较高，一般用于大型节事活动，比如“世界博览会”等客源预测。以 2013—2017 年的数据为依据，估算 2015 年没有政策性或者大型营销活动的影响，自然增长环境下坝美旅游景区市场规模会在 2017 年的基础上回落到 17 万人次左右。

3. 因素分析法

因素分析法又称分析调整法，是以有关市场基准年度的平均规模为基础，根据预测年度的主要影响因素，进行分析调整，来预测市场规模的一种方法。这种方法最初是在财务管理中预测资金需要量的，通常用于情况复杂、因素繁多、景区规格不大的情况。因素分析法的计算公式如下：

市场规模 =（基准期平均市场规模 − 非自然增长率的市场规模）×（1 ± 预测期市场规模增减率）

近年来随着旅游推介的成效，2018 年旅游市场增长率应该比历史年份的平均增长率高一些，但基本保持平均自然增长率，根据公式计算：

2018 年市场规模 =（33.5 − 16.5）× 1.1 = 18.7（万人次）

4. 规划期市场规模预算

综合旅游客源市场分析、预测、国内旅游政策背景，同时在保护旅游资源和控制环境容量的基础上，对坝美旅游景区市场规模概算如下：

近期（2018—2021 年）：游客总量下限为 17 万人次，上限为 33.5 万人次；

中期（2022—2024 年）：游客总量下限为 18.7 万人次，上限为 35.7 万人次；

远期（2025—2028 年）：游客总量下限为 22.6 万人次，上限为 39.6 万人次。

综上所述，坝美旅游区受到国内政策、地理区位、游客流的影响，近期内不会出现爆发式增长，客源规模增长稳定持平，以自然增长态势为主。因此，坝美旅游区在此期间可以着力打造特色文化和基础设施建设，加强规范化管理，夯实发展基础，在一定的客源规模下，不断开发能够刺激旅游者在坝美的消费及度假产品是工作的重心。

第七章　旅游发展战略

一、目标定位

1. 总体定位

以原生态壮族田园度假为吸引力，以农旅融合为助力，以隐逸文化为依托，打造国内首个集田园休闲度假、壮族文化体验、艺术创意创作、宗教朝拜等多重体验于一体的原生态壮乡高端休闲度假旅游目的地。

2. 发展定位

山水田园度假基地、壮族文化体验基地。

3. 形象定位

滇南秘境、壮族桃源。

二、发展战略

按照“居民改建、再造田园、以水为魂、紧扣主题”四步打造坝美高端休闲度假旅游区，对坝美村旅游资源进行整合、提升和优化，以“秘境文化”“壮族文化”为主题，推动“旅游 + ”这一概念，重点体现在“旅游 + 城镇、旅游 + 文化挖掘、旅游 + 游客体验”等方面，向“慢旅游”“深度旅游”全面升级；同时，转变景区落后的运营和管理模式，采取高端打造、生态开发、细分营销的策略，打造一处有意境、有风骨，真正能让游客体验到世外桃源意境的综合性度假旅游区。

三、发展模式

为重塑坝美的品牌价值，坝美旅游坚持景区与村寨共生发展的理念，并采用以下发展模式：

（1）理清定位，构筑内核。

（2）文化挖掘，产品培育。

（3）空间梳理，元素提留。

（4）优化运营，景村共生。

第八章　旅游分区概述

一、空间结构

空间结构（图 6）：“一轴两心七区”。

一轴：驮娘河。

两心：两个主要核心景区——桃花谷景区、坝美景区。

七区：出水洞入口景区，人间净土景区，坝美景区，桃花谷景区，保护预留发展区域，猴攀岩景区，汤那洞景区。

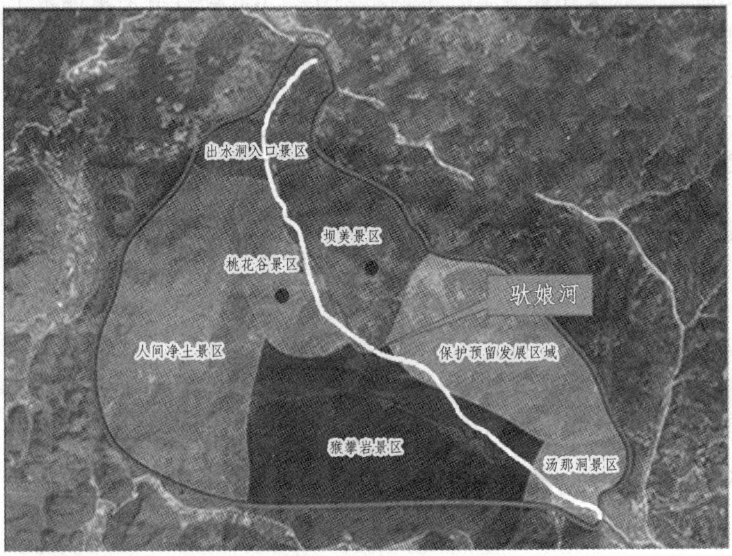

图 6　空间结构图

二、项目分区阐述

1. 驮娘河（图 7）

区域定位：滨水娱乐区。

规划思路：依托女河、男河及湖心岛，细分市场实现针对性开发。

创意设计：女河及沿岸打造以女性为目标客群的，以 SPA 水疗、瑜伽健身为主要内容的专属空间；男河及沿岸打造以男性为目标客群的，以垂钓休闲、器械运动为主要内容的专属空间；湖心岛打造以家庭为目标客群的，以儿童户外轻运动、家庭水上娱乐为主要内容的专属空间。

支撑项目：SPA 水疗、瑜伽健身、垂钓休闲、器械运动、家庭水上娱乐。

图 7　驮娘河示意图

2. 桃花谷景区（核心景区）

区域定位：桃源艺术创意区（图 8）。

规划思路：重现陶渊明笔下的“桃园盛景”，突显壮族民俗文化，将坝美打造成为中国影视拍摄圣地之一，并带动景区其他区域快速发展。

创意设计：结合影视城项目，吸引艺术家、明星入驻景区，成立艺术工作室，促进文化产业发展，成立专门对接艺术家及画家的机构，针对艺术家及画家之间的艺术品拍卖及交流，带动经济的发展。

支撑项目：东方影视城、艺术之家项目、艺术创作基地、艺术微社区。

图 8　桃源艺术创意区意向图

3. 坝美景区（核心景区）

区域定位：壮乡风情区（图 9）。

规划思路：依托坝美村和中心公园，综合提升，打造壮族手工、节日庆典、民间艺术、特色食宿等聚集区域，在传承和发展本土文化的基础上，让游客在最短时间内了解文化内涵并对精华部分进行体验。

支撑项目与设计：

年巷——汇聚壮族代表性节日中的手工制作活动的文化创意街区，如一月陀螺、二月绣球、三月染米、七月制柚灯等，走完此街，阅尽一年。

铜鼓公园——白天以抛绣球、打陀螺等壮族休闲体育为主，夜晚以舞蹈演艺、柚灯晚会等壮族节日活动为主的公共活动空间。

干栏人家——对现有房屋保护、改造及新建后形成的，以干栏式建筑为主的，以大众客群为目标的主题食宿聚落。

图 9　壮乡风情区意向图

4. 猴攀岩景区

区域定位：运动健身基地（图 10）。

规划思路：在这快速发展的时代，人们对生活的质量要求越来越高，对自身身体健康的关注程度也越来越大。体育运动休闲活动可以说是一个正在快速发展的新兴行业，坐地经营，以合理利用资源为利益的增长点，是一个风险小，效益收入快，可快速投入市场，吸引大量客流的可增长性项目。

创意设计：此处石质为石灰岩和砾岩的混合胶着，结合了石灰岩和砾岩的优势，适合攀岩的点非常多，是很好的攀岩场地。针对当地极好的攀岩条件，打造以攀岩项目为主、其他户外运动为辅的运动健身基地。

支撑项目：攀岩运动、丛林探险、野外露营、户外登山。

图 10　猴攀岩景区意向图

5. 汤那洞景区（图 11）

区域定位：旅游服务小镇。

规划思路：为应对景区内部不适宜过度开发和水运交通等限制因素，现将位于出口的汤那村打造为集餐饮、住宿、集散、咨询、娱乐等于一体的功能完善、配套齐全的旅游服务小镇，在缓解客流压力的同时，有效承担衔接普迁村的角色。

创意设计：梳理文山、广南及坝美地区特色的民俗工艺品、农副特色产品，建立坝美壮族民族特色产品超市，完善第三方物流服务，打造民俗特色旅游产品超市品牌。

支撑项目：汤那旅游小镇、少数民族旅游产品超级市场。

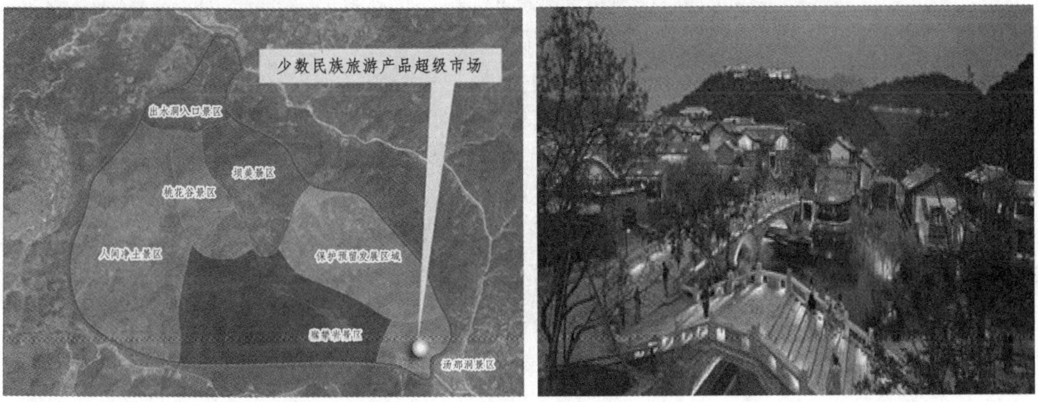

图 11　汤那洞景区意向图

6. 出水洞入口景区（图 12）

区域定位：入口服务区。

规划思路：在本区域设立游客服务中心，出水洞是进入坝美桃花源的唯一途径，运用这一独特之处营造忽逢桃花林。

创意设计：出水洞是典型的溶洞，全长一千多米，经历三个自然形成的天窗，每一个天窗就是一道风景。该景区尽量减少对溶洞景观的改变，加上少量的灯光设计，积极打造一种穿越入境的奇妙感受。

支撑项目：忽逢桃花林、别有洞天。

图 12　出水洞景区意向图

7. 人间净土景区（图 13）

区域定位：原始生态涵养地。

建设思路：该区域 15 年未有人迹，现状风景非常优美，山峦起伏，如一片“人间净土”，因此取名“人间净土”景区。

创意设计：以保护开发为主题，依托山峦山谷，设置花海大地景观，美不胜收，结合周边山峰，植入花神祭祀、地母文化，展现壮乡宗教文化，提升景区价值。

支撑项目：原始生态涵养地、文化传承地。

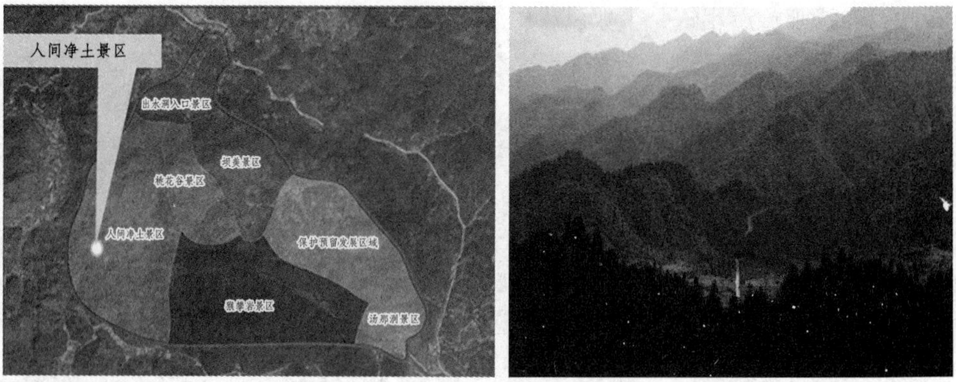

图 13　人间净土景区意向图

8. 保护预留发展区域（图 14）

区域定位：休闲度假旅游中心。

规划思路：通过规划投资建设高端休闲度假酒店，引导民间资金建设休闲度假民宿项目，引入外部资金投入建设高级度假酒店等方式，在该区域大力发展以休闲度假为主题的度假旅游中心。人们在感受“世外桃源”意境的同时，能更为有效地满足自身在度假旅游方面的需求，更好地感受和体验民俗文化、隐逸文化。

创意设计：借鉴国内外著名景区景点中在高端度假酒店设计方面的成功经验，为该区域旅游度假酒店注入壮乡民俗文化元素、“世外桃源”隐逸文化元素，充分满足游客远离城市喧嚣、体验田园风光与山林人家的需求。

支撑项目：高端休闲度假酒店、创意性民宿（详见重点项目）。

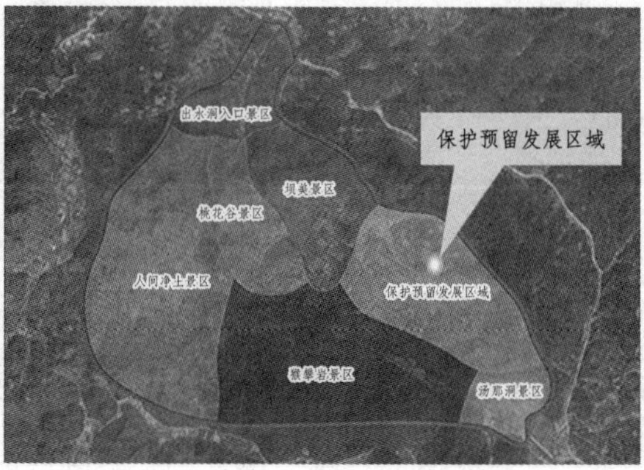

图 14　保护预留发展区域

第九章　重点项目策划

一、出水洞入口景区项目策划

1. 策划概述

分区范围：从游客中心到桃源洞（包括田园东）。

功能定位：入口形象展示，综合服务中心，桃源洞探秘寻奇。

策划思路：出水洞作为核心景区的入口区域（图 15），同时作为整个景区的一个核心游览区域，是景区“世外桃源”意境形象展示的重要区域。它是兼具交通集散、售票、咨询、旅游接待等的综合服务中心，是景区重要的形象展示区域。

核心亮点项目：桃源洞、出水洞游客中心、出水洞码头。

辅助项目：出水洞观景平台、检票口、停车场、星级旅游厕所、停车场及景区大门。

2. 桃源洞

现状分析：桃源洞目前开发状况以旅游观光为主，主要由桃源洞外部码头转运乘客以乘船的方式进入坝美景区，桃源洞内部开发现状较差，基本上没有任何人为破坏和人为开发，主要借以陶渊明《桃花源记》中世外桃源为意境进行旅游开发。

功能定位：意境营造，形象展示。

规划内容：桃源洞景观升级，构建幽深、神秘的暗河秘境。在桃源洞内使用不同色彩、不同亮度的灯光（以暗淡为主），在洞内景观奇特区域如钟乳石柱、奇石怪洞等，以灯光效果形成若有若无、神秘莫测的景观效果。在桃源洞出口区域打造一定的人为景观，展示世外桃源的意境。

图 15　坝美景区入口

3. 出水洞码头

现状分析：出水洞码头建有一个简易的码头设施，并提供专有的船只——“猪槽船”，但现阶段码头设施简陋，船只类型单一，在旅游接待服务上存在一定欠缺。

功能定位：交通运输，文化展示。

规划内容：

（1）改建现有的桃源洞外部的码头，提高码头等级档次，完善码头接待服务功能。码头建设在不大量破坏桃源洞外原有景观、水域风光的基础上，融合与壮族风情文化相关的雕塑、建筑等。

（2）航运船只改建升级，提高船只安全等级。提供使用人工动力型船只 15 ~ 20 只，保证不破坏当地自然生态环境，在船只的选择上以美观突显民族特色、地域文化，同时在船只运行质量上需要严格保证。在现有船只的基础上，在船身颜色、船体质量的改善上下功夫，同时根据实际情况对船身进行一定程度的改造。另外，选择一定量的其他型号、其他等级的船只，使航运船只不仅仅是单一型的“猪槽船”。

（3）建设观光平台，提供全面服务。在出水洞跌水区域规划建设观景平台一处，以满足游客游览观光、旅游摄影的需要。

4. 出水洞游客中心

现状分析：出水洞游客中心现阶段已建设游客中心，为游客提供售票、咨询等旅游服务。整体上看，旅游服务功能不完善，存在一定的欠缺，通过规划对之旅游服务作进一步的改建升级。

功能定位：售票，宣传推介，导游服务，集散换乘，咨询投诉，形象展示。

规划内容：

（1）建造景区大门，展示坝美形象。以自然景物、隐逸文化等为设计元素，结合地域文化特色、民族风情，以小元素展示大文化内涵。

（2）完善游客中心，提供全方位旅游服务。规划建设旅游购物、餐饮场所、旅游厕所等基础设施和服务，改善现有状况，提供集旅游咨询、旅游接待、导游、游客集散等于一体的综合性服务中心。

（3）完善停车场设施。以不破坏生态环境和提供便利的服务为主线，规划建设大型客车停车位 15 ~ 25 个，小汽车、其他客车车位 50 ~ 80 个。

二、壮乡风情区项目策划

项目位置：壮乡风情区位于大范围坝美景区东部的坝美景区（图 16）。

项目范围：东部的坝美景区，以东南部保护预留发展区域、西部桃花谷景区为依托。

现状特征：村落民居集中，有利于旅游开发和功能分布。保存完好的干栏式建筑独具特色，形成了优美的沿途景观。村寨和壮族神山九龙山基本处于未开发状态，保留了众多原真传承的壮族文化，如西芽村的男性手巾舞，者妈村的花街节，以及对九龙山的原始信仰，都是壮族文化的典型代表，对于展现壮族文化提供了巨大的发展潜力。

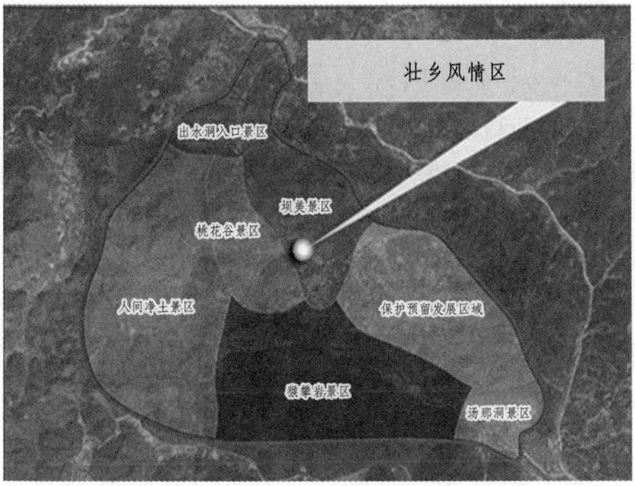

图 16 壮乡风情区

1. 核心优势

1）建筑品牌——广南“干栏民居”品牌知名度高

广南是古句町国的发祥地，也是云南壮族人口最多的县。“句町国”时期的“干栏”民居建筑遗存，已成为壮族重要的历史文化遗产，备受世人关注。2013 年的中国国际旅游交易会上，广南“干栏民居”获优秀展台奖。

2）信仰品牌——九龙山极高的壮族神山地位

九龙山是公元前 3 世纪勾町古国九个部落的象征之山。九龙山蕴藏着神秘的“祭龙文化”“那文化”“稻作文化”等，九龙山所辖的村庄，世代传承爱山、祭山、护山的传统，每年开展 13 次祭龙活动。

3）文化品牌——壮族原生态文化传承完好

壮族原生态文化，如西芽村的男性手巾舞、者妈村的花街节等，因原真传承，在文山州具有一定的知名度。2013 年 10 月“男子手巾舞”被列入云南省第三批非物质文化遗产保护项目名录。

2. 主要问题

1）当地经济发展与民族原真性流失威胁

受距离县城较远、道路等级较低等因素的影响，这一带的经济发展水平较低，给当地村民的生活和生产带来诸多不便；然而，也正是由于经济的落后及交通的不便，这一带成为现代文明传入较少的区域，间接地保护了村落文化、民俗的原真性，如大面积的干栏式民居及传统节庆舞蹈等。如果当地经济飞速发展，村落文化可能面临原真性流失的威胁。如何协调经济发展与民族原真性流失的威胁，是旅游开发面临的一大矛盾。

2）旅游建设开发与商业化、同质化威胁

壮乡风情区以成片的壮族干栏式民居及壮乡节庆舞蹈为主要特色，由于没有进行旅游开发，其文化及建筑的原真性保存较好，一旦进行旅游建设开发，将与市场经济、商业开发、经济盈利挂钩，可能会与壮族文化资源产生冲突。

3. 发展思路

1）分级保存，创新开发，实现干栏式民居的传承和利用

对坝美的干栏式建筑进行梳理，在外部风貌保存的基础上，统一对建筑的保存性进行等级划分，对于具有较大科研价值的建筑，进行原状保存；对于一般性的建筑，则在保存外部风貌的基础上，对内部构造创新开发实现干栏式民居的时代化利用。

2）原生传承，市场引导，实现壮族原生态文化的传承和宣传

对壮乡的原生态文化进行保护性的开发，首先保证文化的原生态传承，确保文化在传承过程中不受现代生活理念干扰；其次针对旅游市场需求，开发乡村舞台剧、表演队伍等。

4. 重点项目

1）坝美壮乡风情景观道

对坝美的串联道路进行景观化打造，提炼广南县壮族文化的特色符号，如铜鼓、服饰、头饰、花船、舞狮等元素，构建风景道景观小品，如铜鼓雕塑、壮族符号小品等；结合沿线的村落，设置特色服务驿站；对景观道进行游步道和车行道的划分，形成游赏结合的交通线路、步行线路。

2）坝美田园风光游览区

利用坝美原生态的农耕稻田，如田间步道、金黄的稻田，让游客们亲自体验农耕劳动所带来的魅力。游客回归自然，享受清晨的阳光、傍晚的日落，在田间修建与环境相搭配的茅草亭。田间休憩的同时，一家人在这里享受安安静静、无忧无虑的生活。对不同的田间劳作进行划分，大部分用作观光，田间步道即是行走路线，少部分进行亲自体验的劳作。在当地进行带有浓浓的壮族风情的民宿建设，满足游客住宿或者愿意短期居住的需要。

3）壮乡风情展

在坝美景区当地壮族居民聚居地进行壮族特色风采展，提炼壮乡当地的文化特色，在壮乡风情景观道的尽头，打造一个集休闲、购物、参观于一体的壮族特色的大型广场。考虑当地天气原因，广场上空建立一个半圆保护屏障用以避雨、观赏。集聚当地壮族居民进行每个月时间不变的壮乡特色舞台表演。在通往广场的步道两旁，展示带有壮族特色的装饰和纪念物品为游客提供购买需要。

三、坝美休闲度假酒店项目策划

项目范围：坝美休闲度假酒店位于保护预留发展区域。

项目定位：高端休闲度假。

项目理念：返璞归真，让人们远离现代都市繁忙的工作，重新回到大自然的怀抱，舒缓压力，畅游在天地之间。

项目设计：

（1）室内设计。

坝美休闲度假酒店的客房设计中，增加了餐厅、客厅等公共空间的面积，每个度假小屋

都设置了开敞的室外平台，让度假者们享受阳光与美景、体验回归自然的清新意境。另外，该酒店厨房和餐厅配套齐全，也创造出一种自给自足、有机居家、其乐融融的生活方式。

在室内设计上，坝美休闲度假酒店以自然情调为理念，多选用白色帆布、棕色地板等，其特有的肌理和色彩透露自然的本色，让度假者们感受到自然的生机和活力。

（2）室外设计。

坝美休闲度假酒店的总平面采用分散的布局方式，分别设计树顶别墅、夯土小屋以及其他公共活动场所，沿山体走势灵活排列，与山地环境相呼应。单体建筑大部分采用架空的建造形式，建筑底部与山体地基表面脱开。行走在山间的小路上，路旁的树顶别墅和夯土小屋在山地树林中若隐若现，体会着人与自然的生态氛围。

树顶别墅是一座座独立的小屋，根据地形的不同采用模数化的平面设计，所以建筑体量各不相同，有大有小，体现出定制化与个性化的需求。每座树顶别墅都有自己独特的名字，有的命名“猫头鹰”“仙鹤”，树顶别墅设置室外平台，登高远眺，视野通透，山林间的美景尽收眼底，人与自然融为一体。

第十章　旅游配套设施建设

一、景区基础设施

1. 智慧景区规划

智慧景区以数据中心和指挥调度中心建设为核心，以各业务应用信息系统建设为纽带，整合景区资源，实现信息共享，创新管理模式，变分散管理为协同联动，变多级管理为评级管理，变粗放管理为精细管理，实现“资源保护数字化”“经营管理智能化”“产业整合网络化”，以信息带管理、以信息促保护、以信息增效益，全面促进景区环境、社会、经济的可持续发展。通过在景区内建设智慧景区系统，一方面更好地实现景区管理，监测景区环境质量安全等；另一方面可以为游客提供更为全面而系统的服务，向游客提供全面的旅游信息。智慧景区系统的构建主要包括规划建设、行政执法、安全监控、灾害监测、经营管理、旅游推广、游客服务等主要内容。

综合智慧调度中心、指挥中心、GIS 子系统、视频监控子系统、广播求助子系统、GPS 人员/车辆定位子系统、停车场子系统、治安卡口子系统、游客客源地统计子系统、手机推送子系统、办公自动化子系统、门户网站等主要子系统，共同构成智慧景区系统。

1）门禁票务系统

建设内容：票务监控与管理系统、电子控制门、售票打印机、自动化售票窗口。

功能作用：计算机售票、验票、检票、汇总、统计、报表等门票控制管理功能；游客量实时控制，协助景区容量控制；网上预订门票、游客打印门票等。

实施位置：游客综合服务中心、交通换乘节点、收费景点检票口等。

2）GPS 车辆调度系统

建设内容：车辆实施监控系统、数据收集与分析系统。

功能作用：GPS 车辆调度系统能够通过卫星自动获取景区内指定目标车辆的相关数据，实现数据的整理和分析，结合 GIS 地理信息系统在大屏幕上显示景区内观光游览车辆的地理分布情况，为车辆调度等方面的管理提供及时的决策依据。

实施位置：景区外部游客中心停车场、交通换乘节点。

3）多功能展示系统

建设内容：景区网站、4D 影院、LED 显示器等多媒体硬件设施和相关解说展示内容。

功能作用：多功能展示系统是基于地理信息系统、遥感技术、虚拟现实技术、多媒体技术和互联网技术，基于最新的数据以及管理保护成果，全面表现坝美旅游区资源、保护、规划、管理以及展望等，并提供多媒体的三维的、网络的人机实时交互手段，同时能很好地派生出满足景区展示和管理需要的各种专题服务的系统。

实施位置：游客综合服务中心、重点项目入口处、游客汇集区域等。

4）智能化监控系统

建设内容：无线网覆盖、无线定位系统、无线定位标签、监控中心、突发事件处理及救援中心。

功能作用：智能化监控系统集森林防火、植被保护、交通治安监控、景点游客监控、门禁监控、票务窗口监控等多功能于一体，同时支持应急管理，处理突发事件。

实施要点：为游客配备 WI-FI 定位标签，对景区游客进行有效定位，实现多区域人员定位管理，同时每个标签卡上带有救助功能键，便于第一时间对景区游客进行救助。

在景区危险系数高、运动项目量大、道路险要路段与防火高危区域设置无线监控室，根据该区域的游客量配备监控人员、救援人员，达到在一定时间救助有危险的游客、处理突发状况的目的。

5）电子导游系统

建设内容：自动导游机、网络导游解说（词）、数据采集系统。

功能作用：自主解说，代替人工导游。

实施要点：建设电子导游系统，能有效解决散客多的问题，并且可以有效地提升景区形象。游客自主选择是否租用自动导游机或者使用手机“扫一扫”的方式直接获取电子导游讲解，可根据个人爱好听取景区的景点介绍与背景故事，突显景区的人性化与智能化。

2. 游步道改造规划

新增改建景区现有游步道设施，地面铺设材料选取当地石材（碎石、石板等）以及防腐蚀木料为主要原料，经过防滑处理，沿游览景观景点铺设游步道设施，因地制宜，在不同的游览区域选择合适的游览步道原材料。

3. 水景改建提升规划

1）水景观提升改造策略

主要通过以下两种方式对景区水景做出进一步的提升性规划：

一是跌水，包括天然跌水和人工跌水两种。天然跌水主要在景区入口处，将其水流环境以及游览步道进行提升，让游客不仅能远观，也能更好地戏水娱乐；人工跌水主要在景区内部，在河谷梯级变化较大的区域或者水域面积较广、适合亲水娱乐的区域构建人工跌水景观。

二是节点水面。通过防渗处理和筑坝截流的方式，在景区入口处以及景区内部航道、戏水区域形成一定的水景节点，提供戏水空间，同时提供航运的基础条件。

2）水景观提升改造

为解决景区水源缺水以及季节性水量不足的问题，在景区内进行筑坝拦水，控制季节性水量流出量，实现水流系统全线改造提升。

近期内，通过在景区入口区域、戏水区域等两处节点进行筑坝拦水，提升水量、改造水景观，通过水景改造建设水上娱乐项目，提高亲水性、娱乐性和参与性。

中远期，对整个景区内的所有河段区域进行综合治理和景观提升，逐步提高整个河段的亲水性和通航能力。

3）河段节点体系建设

至规划期末，对驮娘河全线水域进行改造提升，形成丰富的水域景观节点，提高亲水娱乐性。

近期，主要通过对河段主要景观景点的规划建设，规划形成码头游客接待区六个，规划形成桃源洞景观、旱洞景观、汤那洞景观、水车奇景、男河河段、女河河段、桃花岛景观、戏水区、河谷观光区等九个主要水域风光节点。

4）水景节点重点打造项目

（1）桃源洞。

规划思路：在景区入口区域——桃源洞，通过暗淡、简单的灯光效果形成幽深、神秘的景观效果，以探奇、秘境为主题给游客以神秘的视觉效果。

（2）戏水区。

规划思路：在猴攀岩与桃花岛中间区域，通过筑坝拦水形成水景，以亲水娱乐为主题，规划建设相应的亲水娱乐、水上运动等项目。

（3）汤那洞。

规划思路：因汤那洞与桃源洞景观存在同质性，因此将两个类似的景观点规划为不同的体验主题和游览项目，达到相对完整的水景体系。在汤那洞区域主要通过岩壁徒步涉水、撑竹筏、划独木舟等水上项目，辅之一定的灯光效果，以观光游览、参与体验为主题，达到景观观光与参与体验相结合的游览方式。

4. 游赏系统规划

1）游赏系统体系构建

通过前面的景点与水景节点的规划建设以及相应旅游项目的设置，在整个旅游区域内，最终形成如图 17 所示的游赏系统，其中包括综合服务类节点、特色观赏类节点、演艺类节点、亲水平台类节点、一般休憩类节点等五大类在内的完善的游憩系统。

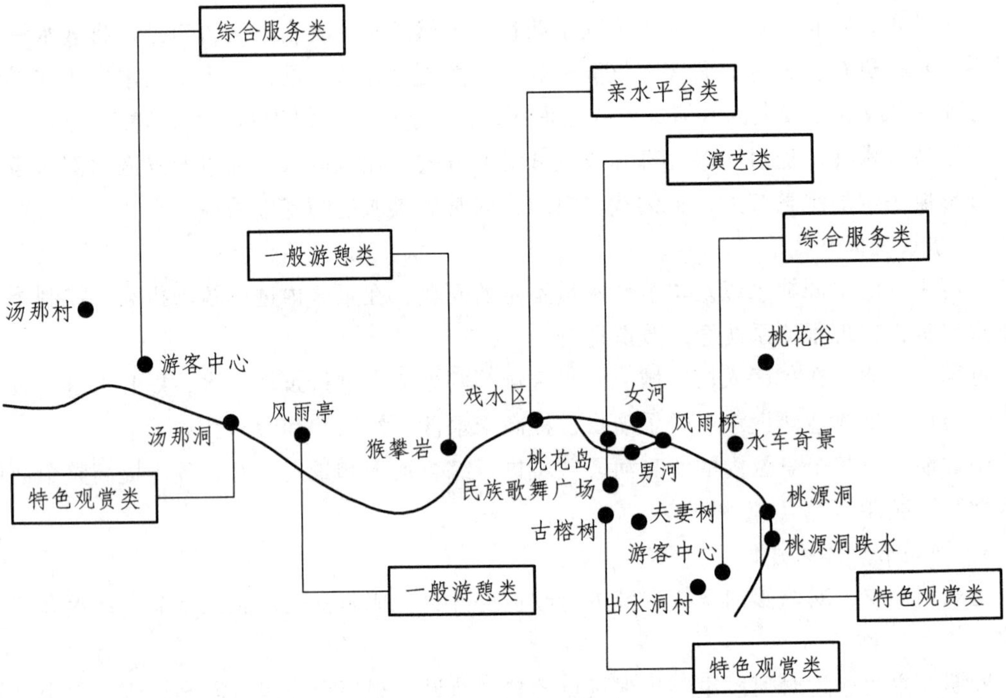

图 17　游赏系统

2）游赏系统节点构建

（1）综合服务类节点。

落点：汤那游客中心、出水洞游客中心。

建设内容：

小型旅游商品售卖亭，销售饮料、食品、旅游纪念品等；一定数量的休息座椅；摄影服务；生态环保厕所；解说表示体统；游览提示系统；根据各节点实际情况，设置雕塑小品、观景台和亲水平台。

（2）特色观赏类节点。

落点：汤那洞、桃源洞、古榕树。

建设内容：

古榕树、夫妻树两大特色植物观赏以及民俗文化体验；

汤那洞与桃源洞区域，游客可以亲身体验陶渊明“世外桃源”的意境。

（3）演艺类节点。

落点：民族歌舞广场。

建设内容：

民族歌舞演艺、篝火晚会、艺术节庆活动等。

（4）亲水平台类节点。

落点：戏水区、桃源洞跌水、河谷观赏段。

建设内容：

河谷观光段落、桃源洞跌水、戏水区、间隙泉等。

（5）一般休憩类节点。

落点：风雨亭、猴攀岩。

建设内容：

在不具有较好的景观观赏效果但是有场地可以作为游客休憩点的位置，适当设置一般休憩节点即可，仅需设置必要的休憩座椅、垃圾桶和指示牌。

5. 旅游服务设施规划

1）住宿设施规划

根据我国游客消费行为特征及市场供给情况，分析发现：其一，经济快捷酒店、星级酒店发展速度趋缓，游客偏好降低。其二，“80后”“90后”已成为酒店消费的主要人群，对主题酒店、民宿客栈有明显偏好。经济快捷酒店、星级酒店一般服务于商务旅客，而主题酒店、民宿客栈一般服务于休闲游客，拥有投资相对较低、回收期较短、服务及配套较优等多方优势。坝美旅游是以自然和文化的休闲度假为主，所以综合考虑游客需求特征、市场供给情况及广南自身条件，未来酒店类型以主题酒店、民宿客栈两类为重点，星级酒店、经济快捷酒店为支撑。住宿设施规划如表12所示。

表12　住宿设施规划

主题/精品酒店	农家乐/民俗	高星级酒店	其他酒店
引导以某一特定主题，如壮族、句町、稻作等来体现酒店建筑风格、装饰艺术等，让顾客获得个性的文化感受和高质量的服务享受	引导当地居民为经营主体，利用自家闲置房屋提供住宿接待功能，重点开发干栏民居和特色客栈	引导提供优质的服务态度、高标准的硬件设施、完善的经营管理等作为核心优势，主要面向高端和商务型游客	引导经济快捷为代表的其他酒店建设及转型，通过微生活圈、微商务圈，打造移动办公室概念等途径创新突破，吸引游客
如丽江悦榕庄、北京山里寒舍	如台湾垦丁民宿、丽江客栈	如北京国际饭店	如七天、如家

2）餐饮设施规划

根据餐饮业市场特征，餐饮可划分为大众型餐饮、中档餐饮、高档餐饮。参考全国餐饮业调查数据，大众型餐饮市场占65%，中档餐饮市场占25%，高端餐饮市场占10%。

广南旅游发展的客源市场以周边省市为主，考虑其区位条件和游客消费能力，重点发展中档餐厅和大众型餐厅，其中中档餐厅以主题精品餐饮品牌为主，突出特色体验和优质服务；

大众型餐厅以普遍偏好的大众连锁品牌、农家乐为主，突出价格合理和方便快捷；高端餐厅以高端餐饮品牌、高星级酒店内部餐饮为主，服务于部分高端消费客群。餐饮设施规划如表13所示。

表13　餐饮设施规划

中档餐厅	大众型餐厅		高档餐厅	
主题精品餐厅	大众型连锁餐厅	农家餐厅	高端品牌餐厅	高星级酒店餐厅
引导开发在建筑结构、装修装饰、饮食材料等方面突显个性的主题精品餐厅，同时能够提供良好的就餐环境、优质的综合服务、安全的菜品饮品和完善的配套设施	引导开发服务于大众消费者的连锁品牌，更加注重方便快捷、价位合理	引导开发农家餐馆，鼓励村民参与经营，利用良好资源推出特色农家菜品、有机菜品等	适当引入高端餐饮品牌，硬件设施和软性服务独具优势，并且在国内具有一定知名度和影响力	依托四星级、五星级酒店，建设与其配套的内部餐饮场所

3）购物设施规划

针对游客需求与当地现有实际情况，规划建设购物中心三个，其中包含一个旅游商品（纪念品）专营店、两个三级购物中心。另外，依托景区旅游项目、景区景点、美丽乡村及交通沿线等，分散设置旅游商店，方便游客休闲购物。

4）垃圾桶

垃圾桶多为木质或石质，可选用当地材料以达到经济效果，同时考虑实用性和耐久性；其造型上原始古朴，符合景区的自然特点和文化风格；垃圾的清理方式要便捷，投放方式要简单，以减少清洁工作量；为配合垃圾桶，要安置明显的有趣味的指示标识。

5）旅游厕所

依托广南县文化，从坝美地域特色行出发，建设生态景观厕所。将厕所按照旅游景观来打造，构建坝美旅游区别样的旅游景观；旅游厕所主要建设在风雨亭、河谷观光段、戏水区、桃花岛、民族歌舞广场、坝美村、桃花谷、埂雄山观景平台、水车奇观等主要景点附近，另外可根据实际情况在合适的地点建设。其中必须包含第三卫生间的地点为：汤那游客中心、出水洞游客中心、景区接待停车场、坝美村、汤那村等主要地点。在男、女厕所数量上以2∶3的比例进行规划建设。

6）照明系统

照明灯具的选择，主要为中式灯具。不锈钢或铝板外喷木色漆。灯泡为LED和节能等型，辅助做部分太阳能路灯，以节能和环保。主入口和其他主要景观节点是照明处理的重点，是整个区域的亮点，道路系统照明形成整个景观中的线性照明，文化广场区、商业街区形成整个景观中的面状照明。突出照明的科学性，布光的隐蔽性，被照对象的亮度和颜色与周围环境既有差别又和谐统一。灯具造型现代且具时尚特色，尽量采用高光效、无眩光光源，且不影响白天环境景观。所有照明器材选材，必须满足安全、美观、经济、功能及维护方便等要求。

7）休息座椅

休息座椅（图18）选用当地现有的石料、木材等为原材料，主要在游客中心、主要景区周边以及其他游客休憩节点区域建设一定数量的游客休息座椅。座椅设计突显当地文化特色，突显与众不同，另外还可根据实际情况进行创新性设计，以实用与新意为主要参考指标。

图 18　座椅意向图

6. 提示系统规划

目前景区在标示系统上存在风格不同、制作粗糙、标示系统不完善、标示牌数量过少、标示牌位置不明显等问题，不符合正规景区标示系统的要求，通过对标示系统做出进一步的设计、规划，提升标示系统的实际作用，打造完善的标示系统。标示牌如图 19 所示。

一级标示：主要道路及出入口处设置一级标识，主要标识整个景区的分布、道路结构和各景点的位置及功能等。

二级标示：通往景点的次级道路及出入口、各景点入口处设置二级标识，主要标识各景点的功能布置、道路结构、出入口、停车场等。

三级标示：分布在主景观点、各个入口的旁边。采用统一的形式向人们展示讲解自然地质知识、景点的历史渊源和文化典故，使人们在体验独特自然风貌的同时对民俗文化有更深入的了解。三级标示是把文化融入自然风光的媒介。

1）全景导游牌

位置：入口处游客服务中心前、游客副中心以及各功能分区核心节点。

用途：旅游区总体介绍，解说景区特色、旅游线路以及几大功能区的分布、主要区块、旅游厕所、公用电话、主要出入口、停车场、旅游中心位置的图上说明。

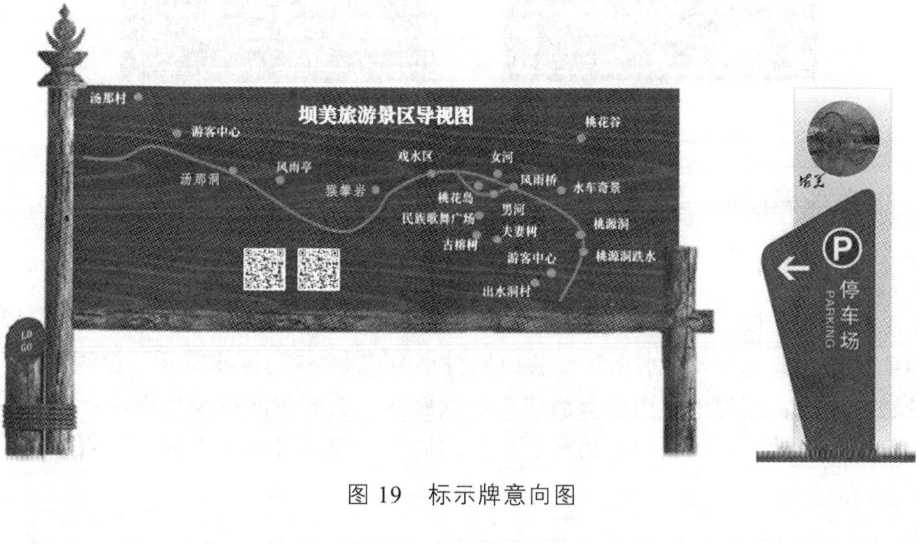

图 19　标示牌意向图

2）分区导游牌

位置：各个功能分区的出入节点处。

用途：标示各功能板块在景区的相对位置，突出该区域在景区的相对位置及其主要功能重点项目以及相关的设施分布。

3）景点说明牌

位置：各个主要景点。

用途：分为室内景点说明牌和室外景点说明牌两种，主要用于详细介绍节点相关的信息，包括背景介绍、景点内容、科普内容、设施布局等。

4）交通导引牌

位置：各区域旅游线路沿线、休憩节点、道路岔口和通往交通设施上下站附近的路口。

用途：对旅游服务设施和其他功能板块的位置所在进行引导和指示。

5）服务导引牌

位置：景区内服务设施及其周边、游客滞留集散区域。

用途：对近距离设施的导引，用于景区、景点的位置导引或服务设施的标示。

6）警戒忠告牌

位置：水系节点、服务节点、观景台以及其他易发生安全事故的其他节点区域。

用途：分为室内忠告牌和室外忠告牌，警戒忠告危险所在区域，禁止游客某些危险行为或不文明行为，禁止不符合其环境要求的行为。警示牌如图 20 所示。

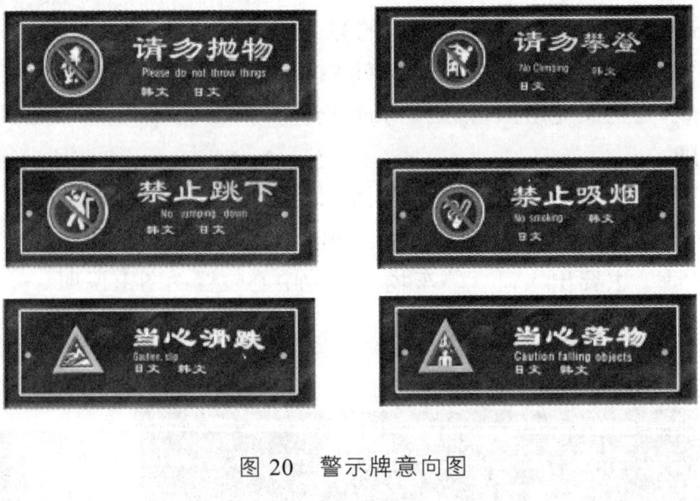

图 20　警示牌意向图

二、市政基础设施

1. 给水工程

给水工程目前已投入资金 36 余万元。大工程是实施普南水库处漏工程、阿科 1200 米的三面光沟渠建设、修建革乍滚水坝和安装西松村小组 2700 米自来水管道。至规划期末，完善景区基础水利供应，实现景区内所有酒店、餐饮服务、旅游厕所以及当地居民水管设施全部接通，完善水库建设，充分利用坝美河、三岔河以及间隙泉等主要水源，实现水利全年无缺陷供应。

2. 排水工程

排水工程当前计划投资7000余万元，主要用于景区内航道改造提升工程以及景区河道、下水道排水工程，涉及的景区河道全长约7.3千米，从下游往上游河段分布依次为：出水洞村左侧露天河段（长约1.53千米）→桃源洞山溶洞（长约0.83千米）→露天河段（长约1.93千米）→猴攀岩山溶洞（长约0.005千米）→露天河段（长约1.67千米）→汤那洞山溶洞（长约0.67千米）→露天河段（长约0.62千米）→上游跨河路面，5座拦河坝，2座拦沙坝。

规划采用雨污分流的排水体制，至规划期末，实现景区最高日排污量600吨/日。建立污水处理厂一处，污水经处理后集中排入坝美河中。景区排污采用沟渠与管道设施相结合的方式进行，并在重要位置设施排水渠，充分结合道路标高和地块自然地形，经收集处理后汇入河流。

3. 电力工程

电力工程实施青石下半村龙幕、大寨、水塘、来坡、骂依、大冲等6个村小组的14千米输电线路，架设那洞村民委里孔、科干的低压输电线路和普南村民委上坝、安卡、安沙的输电线路，使电力覆盖达到57个自然村4956户23 972人，电力覆盖率达81%。在坝美旅游区规划建设10 kV外部公用线路，规划一处变电箱，供电线路和低配电线路均采用地下敷设的方式，实现电力供应的百分之百覆盖，完善基础电力供应以及相关配套设施的完善。

4. 电信工程

至规划期末，建立两座4G信号站，保障景区无线通信系统全覆盖，在主要交通干道、游客接待中心、重要景点以及旅游接待设施处分别设置公用电话若干，电话交接箱容量应在覆盖区用量的基础上考虑不低于20%的发展余量。整个景区电话线路均采用地下敷设的方式，结合游客中心设置邮政营业点两处。

5. 环保工程

在猴攀岩景区内建设一处下沉式密闭垃圾回收处理站，占地面积在200平方米以内。整个景区垃圾全部运往该地进行集中处理。

6. 燃气工程

至规划期末，实现景区内燃气工程达到80%以上的覆盖率，全面供应保障基本景区燃气需要，景区内燃气管道均沿道路防护绿化带或人行道敷设。

7. 综合防灾

防震规划：所有新建、改扩建工程必须严格执行国家标准《建筑工程抗震设防分类标准》（GB50223）的规定。新建工程必须按《建筑抗震设计规范》（GB50011—2001）的有关规定进行设计和审批。除景区内绿地满足自身基本功能要求和有关规范外，在抗震减灾方面，这些设施布局还要满足作为临时避震场所的规定与要求。

消防规划：消防水源以市政管网供水为主。建筑物内部的消防设施和器材应完善配套，并定期检查。室外消火栓应沿道路设置，间距不超过 100 米，保护半径不大于 120 米，覆盖率达到 100%。室外消防给水管网应布置成环状。室外消防给水管道直径不小于 100 毫米。

防洪规划：排涝标准参照国家标准《室外排水设计规范》，排涝标准选用重现期为 5 年一遇的降雨，排除区域内低洼地区因降雨积水而形成的内涝。

地质灾害防治规划：地质灾害的防治将以防为主，防治结合，突出重点，综合治理。在进行下一层次的规划、工程项目设计阶段时，必须根据重庆市国土资源和房屋管理局印发的《地质灾害危险性评估规程》，对规划区进行相应阶段的地质灾害危险性调查评价，为规划建设工作提供地质依据。

第十一章　保障体系

一、旅游资源保护措施

1. 充分认识保护区开展旅游的特殊性

这是保护区开展旅游的前提。作为经营旅游业务的保护区，既不是原始的禁区，又不是热闹的娱乐场所，而是能够显示自然和历史风貌，为人们提供适当旅游项目的自然环境。坝美作为生态良好的地区，可以很好地结合当地的人文资源进行乡村和生态旅游开发。

2. 制定正确的开发策略

这是保护区开展旅游的大政方针。特色是旅游的基础。有特色的保护区才有生命力与竞争力，才能吸引更多的游客。要对坝美当地的生态资源和人文资源进行保护性开发。

3. 采取必要的措施

这是保护区开展旅游的有效途径。进行功能分工，健全环保机制。保护区开展旅游，应尽快建立健全三种环保机制。慎重对待土木建设，加强科学管理机制。对坝美地区开发的良好机制进行保护和开发，对坝美进行科学的管理和开发，将其打造为一个西南地区的人间天堂。

二、环境保护规划

人们进行各项环境保护活动，按既定的目标和措施合理分配排污削减量，约束排污者的行为，改善生态环境，防止资源破坏，保障环境保护活动纳入国民经济和社会发展计划，以最小的投资获取最佳的环境效益，促进环境、经济和社会的可持续发展。

1. 城镇污染控制规划

环境污染主要集中在城市，控制城市污染是控制整个环境污染的中心环节。城市污染控制规划的主要内容是：

布局规划：实行功能分区，按照环境要求和条件，合理部署居民区、游览区、商业区、文教区、工业区和交通运输网络。

能源规划：包括推行无污染、少污染燃料，集中供热，实现煤气化、电气化等计划。

水源保护和污水处理规划：规定饮用水源的保护措施（如划定水源保护区）；规定污水排放标准；确定污水处理厂建设规划。

垃圾处理规划：规定垃圾的收集、处理和利用指标，规定垃圾的处理方式。对于垃圾的处理，一般由堆积、填埋、焚烧的消极处理转向积极的综合利用。

绿化规划：确定绿化指标，划定绿地，建立苗圃等。

2. 水域污染控制规划

主要措施是控制污染源。通常的做法有：禁止或限制某些污染物的排入，如日本琵琶湖周围，禁止设立对湖水有影响的工厂，甚至限制居民使用洗涤剂；制定水环境质量标准，根据这种标准制定工业、交通、城市污水的排放标准，如泰晤士河、莱茵河等流域污染的改善，主要是实行这种标准的结果；大力推行废水净化处理措施，比如排入水域的废水一般要经过二级处理等。

3. 农业污染控制规划

主要内容是：防治农药、化肥、污水灌溉造成的污染。如禁止或者严格限制有机氯农药的生产和使用，发展高效低残留的新农药，推行生物防治和综合防治农业病虫害等。

第十二章　投资分析

一、项目投资时序

1. 近期建设安排（2018—2021 年）

1）重点建设板块

出水洞游客中心、出水洞入口景区、桃花谷景区、坝美景区。

2）主要建设内容

建设与完善整个景区内的旅游基础设施，保证各个功能分区基础旅游接待功能齐全，达到承接游客的基本要求。

保护预留发展区、猴攀岩景区、人间净土区部分旅游设施建设。

规划建设出水洞游客中心、汤那洞游客中心，完善出水洞游客中心旅游接待设施、停车场等基础设施。

重点建设桃源洞、桃花谷景区、坝美景区三个主要区块，提高区域板块基础设施、旅游接待设施，打造提升自然人文景观。

3）建设目标

通过近期旅游项目的建设，景区内部基础设施得到全面改善，旅游服务设施基本满足景区旅游发展要求。桃源洞、桃花谷景区、坝美景区旅游项目基本建成，基本不影响核心游览区吸引力的打造和对外正常运营；保护预留发展区、猴攀岩景区、人间净土景区、汤那洞景区的部分旅游项目同期建设，除旅游地产以及其他大型旅游项目实现逐步开发之外，其他基础旅游项目均在近期规划中。

4）近期建设项目（表 14）

表 14　近期建设项目

所在分区	旅游项目	重要性
出水洞入口景区	游客服务中心、出水洞码头、桃源洞、景区大门、集散广场、生态停车场、出水洞跌水观景台、忽逢桃花林、别有洞天	★★★
桃花谷景区	艺术微社区、桃林景观	★★
坝美景区	年巷、铜鼓公园、干栏人家、坝美田园风光、壮乡风情展、坝美民族美食	★★★
保护预留发展区	综合旅游度假酒店、民俗接待中心一期	★
猴攀岩景区	野外露营、户外登山	★
汤那洞景区	汤那洞景观、汤那洞小镇、汤那村美食客栈	★
人间净土景区	原始生态涵养地	★
驮娘河滨水娱乐区	瑜伽健身、垂钓休闲、家庭水上娱乐	★★

2. 中远期建设安排（2022—2028 年）

1）重点建设板块

旅游地产区，高端休闲度假酒店、民宿接待。

2）主要建设内容

各个功能分区旅游基础设施建设的完善；高端休闲度假旅游区的酒店、民俗项目的逐步开展；猴攀岩景区运动项目的开发完善，运动项目的专业化发展以及运动项目的多样化开展；其他区域近期未开展的以及暂未开展的旅游项目建设。

3）建设目标

在近期开发的基础上，进一步完善各板块的旅游项目建设，全面完善景区总体定位中提出的各项旅游功能。

重点展开高端休闲度假旅游区中酒店、民宿项目以及猴攀岩景区运动项目的开发建设，以酒店住宿、旅游地产开发收益平衡近期旅游开发投资，弥补单纯旅游收益的不足，实现景区的盈亏平衡。

4）中远期建设项目（表15）

表15　中远期建设项目

所在分区	旅游项目	重要性
出水洞入口景区	游客服务中心、桃源洞、别有洞天	★
桃花谷景区	东方影视城、艺术之家项目、艺术创作基地	★★
坝美景区	坝美壮乡风情景观道	★★
保护预留发展区	民宿接待中心二期、乡间别墅群、度假别墅接待中心、酒店形象广场	★★★
猴攀岩景区	攀岩运动、丛林探险	★★★
汤那洞景区	汤那旅游小镇、少数民族旅游产品超级市场、民俗商业街	★★
人间净土景区	文化传承地、宗教朝拜地	★
驮娘河滨水娱乐区	SPA水疗、器械运动	★★

二、投资预算

1. 近期投资预算（表16）

表16　近期投资预算

投资类别	所在分区	投资项目	投资额/万元
景区景点建设	出水洞入口景区	游客服务中心	3000
		出水洞码头	200
		桃源洞	500
		景区大门	200
		集散广场	300
		生态停车场	200
		出水洞跌水观景台	50
		忽逢桃花林	200
		别有洞天	300
	桃花谷景区	艺术微社区	500
		桃林景观	200
	坝美景区	年巷	1000
		铜鼓公园	300
		干栏人家	500

续表

投资类别	所在分区	投资项目	投资额/万元
景区景点建设	坝美景区	坝美田园风光	500
		壮乡风情展	300
		坝美民族美食	200
	保护预留发展区	综合旅游度假酒店	1000
		民俗接待中心一期	500
	猴攀岩景区	野外露营	100
		户外登山	300
	汤那洞景区	汤那洞景观	300
		汤那洞小镇	500
		汤那村美食客栈	200
	人间净土景区	原始生态涵养地	200
	驮娘河滨水娱乐区	瑜伽健身	200
		垂钓休闲	100
		家庭水上娱乐	300
基础与服务设施建设	交通系统	游步道、内部公路、停车场、河道（航道）、码头	10 000
	节点服务设施	观景台、服务站、休憩设施、景观小品	200
	标示系统	导游牌示、交通引导、服务引导等	30
	水景系统	水系改造、水景节点打造等	200
	给排水系统	管道、供水站、污水处理站等	500
	供电系统	线路、变压路等	200
	通信设施	邮箱、诚信基站等	200
	燃气设施	管道、燃气设备等	200
	环卫设施	垃圾箱、环卫车等	200
	消防设施	灭火器、灭火栓等	100
生态保育	环境改造治理及生态保护		500
旅游营销	每年的综合营销推广和节事举办费用，每年至少 100 万		500
运营管理	日常运营管理、设备维护、智慧景区构建等		400
总结	25 380		

2. 中远期投资预算（表 17）

表 17　中远期投资预算

投资类别	所在分区	投资项目	投资额/万元
景区景点建设	出水洞入口景区	游客服务中心、桃源洞、别有洞天	2000
	桃花谷景区	东方影视城、艺术之家项目、艺术创作基地	3000
	坝美景区	坝美壮乡风情景观道	3000
	保护预留发展区	民宿接待中心二期、乡间别墅群、度假别墅接待中心、酒店形象广场	5000
	猴攀岩景区	攀岩运动、丛林探险	2000
	汤那洞景区	汤那旅游小镇、少数民族旅游产品超级市场、民俗商业街	1000
	人间净土景区	文化传承地、宗教朝拜地	500
	驮娘河滨水娱乐区	SPA 水疗、器械运动	1000
基础与服务设施建设	交通系统、标示系统、给排水系统、供电系统、通信系统、燃气系统、环卫设施、消防设施等各类设施在旅游区的完善		1000
生态保育	环境改造治理及生态保护		500
旅游营销	每年的综合营销推广和节事举办费用，每年至少 100 万元		500
运营管理	日常运营管理、设备维护、智慧景区建设等		400
总计	19 900		

陕西靖边·龙洲丹霞景区总体规划
（2018—2028）

周宏志　彭子汇　余娜娜　王元波　张祖琦

第一章 规划总论

一、规划范围

规划区域为靖边县龙洲镇境内的“龙洲丹霞景区”，北至硬盘村、南至林湾村、西至东梁村、东至南咀畔村。总面积约34平方千米。

二、规划年限

规划期限为2018—2028年，分为近、中、远三期。

近期为2018—2020年，中期为2021—2023年，远期为2024—2028年。

三、规划目的

本规划为总体规划，是为了保护开发利用与经营管理龙洲丹霞景区。使龙洲丹霞景区尽快进入系统正规的开发状态，加快龙洲丹霞景区的整体建设，使得龙洲丹霞景区创建国家AAAA级景区、争创国家AAAAA级景区和国家地质公园的目标尽快实现。

四、规划任务

本规划的任务有：

（1）界定龙洲丹霞景区的范围，进行旅游资源的普查与科学评价；

（2）对于客源市场的需求总量、地域结构、消费结构等进行系统分析与对策；

（3）明确龙洲丹霞景区的总体定位、主题形象、空间布局及功能分区；

（4）确定龙洲丹霞景区内重点片区发展方向，进行重点项目策划；

（5）规划龙洲丹霞景区内外交通系统布局和主要交通设施；

（6）对龙洲丹霞景区的旅游路要素体系、基础服务设施进行总体布局；

（7）对龙洲丹霞景区提出总体规划的实施时序、措施和方法以及近期项目。

五、规划依据

《中华人民共和国城乡规划法》

《中华人民共和国土地管理法》

《风景名胜区条例》《旅游规划通则》

《旅游景区质量等级的划分与评定》

《旅游资源分类、调查与评价》

《地质公园总体设计规范》

《陕西省国民经济和社会发展第十三个五年规划纲要》
《陕西省旅游条例》
《陕西省旅游业“十三五”发展规划》
《关于突出重点提档升级推动旅游业大发展的意见》
《国民旅游休闲纲要（2013—2020年）》
《关于促进旅游业改革发展的实施意见》
《关于进一步促进旅游投资和消费的实施意见》
《靖边县国民经济和社会发展第十三个五年规划》
《靖边县龙洲丹霞地貌景区旅游项目合作开发和运营的议案》
《龙洲镇各行政村未来10年建设用地及项目用地规划说明》

第二章 发展条件分析

一、区域背景分析

1. 周边重点旅游区辐射带动

该项目地地处黄土高原旅游辐射圈，陕、甘、宁、蒙、晋五省域中心腹地，近宁夏银川华夏旅游区、内蒙古鄂尔多斯大草原、山西大同云冈石窟、陕西自然遗产旅游观光地等著名旅游地。可由四周著名景点辐射带动发展。

2. 提升陕西省整体旅游格局

将陕西省旅游区域划分为三个圈：以渭南、西安市为范围的历史名胜遗迹文化圈；以陕中延安为范围的红色革命旅游圈；以陕北榆林为范围的靖边龙洲丹霞地质自然风光圈。

龙洲丹霞资源独一无二，好的规划开发将为陕西增加新的旅游中心地，带动游客吸引力一般的陕中圈，使除陕南兵马俑范围附近外的景点得到更多关注；重塑整体陕西旅游形象规划，达到多功能组合。由点及面提升整体旅游，为陕西省旅游增添新活力。

3. 推动靖边县为实力旅游县

龙洲丹霞自然风景区、统万城遗址、靖边跑驴文化、毛乌素沙漠以及绿洲风光等特色旅游资源都集聚在极具开发潜力的靖边县，它是有实力的旅游县城。把龙洲丹霞区打造成AAAAA级景区，携有其他旅游资源，对县城附近区域旅游者提供旅游地观光。

二、基础条件分析

1. 区位交通

地理区位：项目地位于陕西省北部偏西、榆林市西南部，地处毛乌素沙漠南缘，跨古长城南北，居陕、甘、宁、蒙四省交界地带。

经济区位：位于“一带一路”区位经济优势地域。

交通区位：距靖边县城 22 千米，榆林到项目地 156.8 千米，西安、渭南到项目地约 460 千米。近包茂高速、G307。最近机场是榆林机场，离目的地约 150 千米，经高速约车程 90 分钟。

2. 自然环境

项目地属于丹霞地貌景观，方圆百公里（主景区 20 余平方千米）被奇异的红砂岩地貌（丹霞地貌）所覆盖。中国唯一的“波浪谷”景观就在这里，还有一线天、水上丹霞、大峡谷等独特的地质景观。

项目地属温带大陆性气候，降水量稀少，形成干旱半干旱地域黄土高原、丹霞景观。

3. 人文环境

陕北民俗文化“靖边跑驴”的发源地，洋溢着浓郁泥土气息的民间绝活，它流传于靖边民俗社火中的一种汉族民间歌舞表演形式。2008 年，“靖边跑驴”被国务院列入第二批国家级非物质文化遗产名录。

闫家寨子古称石堡寨，凭借天险易守难攻，宋代范仲淹将军利用天险筑寨驻军。后具名利用古寨子藏粮防匪，人们习惯上就叫“闫家寨子”。窑洞式居住遗址体现了陕北人民前期生活状态。

4. 政策环境

龙洲丹霞景区位于“一带一路”政策扶持地区，对旅游有极大的促进作用。靖边县政府在促进经济结构转变过程中，投资建设龙洲丹霞地貌风景区，促使它成为靖边经济转型升级的重要抓手。

第三章　资源评价

一、资源现状概况

（1）靖边龙洲丹霞方圆百公里被奇异的红砂岩地貌（丹霞地貌）所覆盖，它因独特的地质地貌和神奇的外观被称为中国最美的波浪谷奇观。

（2）区内有丹霞地貌、黄土高原、峡谷、山洞等自然旅游资源，有非物质文化遗产、当地民俗表演、古城古寨等人文旅游资源，底蕴深厚、资源丰富、价值巨大。

（3）龙洲丹霞景区目前还未参与景区评级，旅游开发总体上还很初级，基本上还未进行大的规划开发，对外的影响力较小，以观光旅游为主。

二、主要资源简介

自然旅游资源：波浪谷、丹峡谷、水上丹霞、龙心岩、红砂卯、长嘴、狐仙洞、黄土高原、黄龙攀、黄龙谷、通天崖、清水沟、龙吟峡。

人文旅游资源：仙女峰、草沟湾、大峡谷、鹭鸟谷、响水沟、孔雀岛、通天崖、“靖边跑驴”文化民俗、闫家寨子、石宝寨、西门台城遗址、关公庙勾灯文化民俗、黄家大院窑洞景观、观音庙。

三、旅游资源评价

（1）资源类型以自然旅游资源为主，人文资源为辅。其中地文景观较多，质量和品位较高；人文旅游资源为辅助，资源类型相对较少。

（2）旅游资源分布较均匀，空间聚合度高。资源主要分布在靖边龙洲丹霞区域内外，空间分布较聚集。

旅游资源评价如表 1 所示。

表 1　旅游资源评价

评价项目	评价因子	资源评价
旅游资源要素价值	观光游憩使用价值	区内聚集了丹霞、峡谷自然资源和多种人文资源，资源种类丰富，组合型好，有较高的观光游览价值
	历史文化科学艺术价值	龙洲丹霞具有很高的科考价值和旅游观赏价值，是一座天然的丹霞地貌博物馆
	珍稀奇特程度	龙洲丹霞形成已有 6000 万年，堪与美国波浪谷媲美，是我国干旱地区最具典型和面积最大的丹霞地貌景观
	规模、丰度与几率	景区总面积约为 34 平方千米，资源类型较为丰富
	完整性	龙洲丹霞善未被大幅度开发利用，资源完整性较好
资源影响力	知名度和影响力	龙洲丹霞还未在市场上形成大幅度吸引力，目前主要游客来自周边客源市场以及摄影爱好者
	适游期或适用范围	属干旱大陆性季风气候，四季分明，春季多风沙，夏季多雨，冬季干燥而寒冷，春秋季节较适宜
附加值	环境保护与环境安全	区内生态环境优良，自然风光优美，空气质量好，最大的问题就是干旱缺水

结论：龙洲丹霞风景区的环境条件优良，区域内资源种类多样，空间聚合度高，适宜开发建设为以观光游览为主导的旅游风景区。

根据《旅游资源分类、调查与评价》（GB/T18972—2003）对资源单体作如下评价结果：

二级旅游资源：清水沟、龙吟峡、仙女峰、草沟湾、红砂卯、长嘴。

三级旅游资源：黄龙攀、黄龙谷、通天崖、龙心岩、狐仙洞、关公庙勾灯文化民俗、观音庙。

四级旅游资源：“靖边跑驴”文化民俗、西门台城遗址、黄家大院窑洞景观、一线天。

五级旅游资源：波浪谷、丹峡谷、水上丹霞、闫家寨子。

四、开发现状分析

1. 景区现状概述

龙洲丹霞风景区规划范围内，包括三大景区，目前还未参与旅游资源评级。目前波浪谷对外影响力相对较大，其次为水上丹霞，闫家寨子和一线天景区还处于开发起步阶段。

整个景区的旅游开发比较初级，以观光旅游为主，三大景区资源差异化不大，资源质量优质，但各自的特色不突出。

2. 主要问题分析

景区各景点间资源同质性强，缺乏特异性，受地理区位的影响，交通网络不发达，导致景区的可进入性差，基础设施落后，以及产品配套性不强。

第四章　旅游市场分析

一、市场宏观环境分析

1. 经济因素

2015 年，全年实现地区生产总值 266.84 亿元，与 2014 年基本持平，三次产业结构比优化为 7.4：67.8：24.8；财政总收入为 106.28 亿元，增长 6.3%；地方财政收入为 18.7 亿元，下降 6.5%；城乡居民收入达到 36 190 元和 14 395 元，分别增长 9%和 10%。

2. 区位因素

靖边县位于陕西省北部偏西、榆林市西南 120 千米处，地处毛乌素沙漠南缘，交通便利，区位优越。青银、包茂两条高速公路交汇，穿越靖边县的太中银铁路已投入运营。鄂尔多斯至靖边铁路即将开工建设。靖边县将形成承东启西、联南通北、通江达海的大交通格局，成为连通华北、西北的重要交通枢纽。青银、包茂两条高速公路和鄂尔多斯至靖边铁路同时在一个县城交汇，全省独一无二，全国也不多见。

二、市场趋势分析

1. 项目地旅游业现状

近年来，靖边县依托当地丰富的旅游资源大力发展旅游文化产业，靖边小河会议旧址成为榆林市首个 AAA 级红色旅游景区，靖边丹霞地貌景区正以其瑰丽多姿的自然风光吸引着中外游客，统万城国家遗址公园正在规划建设中，此外清凉寺、镇靖古堡、芦靖湖和西涧丹林等特色景区加快建设，靖边旅游文化城市日渐形成。预计 2018 年全县接待游客达 108 万人次，同比增加 50%，旅游综合收入突破 4.2 亿元，旅游业成为县域经济增长的又一重要增长极。总的来说，靖边县旅游业正处于一个高速发展的阶段，尽管还有许多不成熟的地方，目前亟待解决的问题有市场规模较小、缺少具有较强吸引力的旅游资源、区域辐射力弱。

2. 项目地旅游客源市场构成特点

游客来源：主要以国内游客为主，海外游客只占到 2%左右。国内游客以本地游客居多，周边区县游客次之，外省游客最少。

人口特征：游客从年龄上看以青少年居多，其次是中老年游客。这是因为靖边地区的旅游资源以刺激探险类居多，更能吸引青少年游客。

出游动机：主要是以当地居民的休闲观光形式为主，缺乏其他的旅游形式。

三、项目地旅游市场分析

1. 游客旅游市场规模

项目地目前仅有简单的基础设施供游客进行最基础的游览，在吃住行游购娱方面皆存在较大问题，游客高峰期主要存在于各大节假日期间，年游客量约 63.2 万人次。

2. 游客行为特征

项目地游客行为特征与整个靖边县游客行为特征大体相同。项目地以其探险刺激的特点吸引了更多的青少年游客，以其旅游资源的独特性吸引了外地游客。游客以国内游客为主，海外游客较少。国内游客以本地游客居多，周边区县游客次之，外省游客最少。游客从年龄上看以青少年居多，其次是中老年游客。旅游形式以当地居民的休闲观光为主，缺乏其他的旅游形式。

3. 客源市场预测

核心市场：榆林市旅游市场、太原市旅游市场、西安市旅游市场及靖边县周边区县旅游市场。

基础市场：西北地区旅游市场和国内三大客源输出地（长三角、珠三角、京津地区）。

专项与机会市场：探险和科学考察旅游市场、情感旅游市场、观光度假市场、体育旅游市场、乡村旅游市场。

4. 核心市场分析

项目地被打造成国家级地质公园后，在整个榆林市、太原市、西安市、银川市地区及靖边县周边区县都是非常具有吸引力的。靖边优越的交通区位也极大地方便了游客的出行。

5. 专项市场分析

探险和科学考察旅游市场：靖边龙洲丹霞地貌是我国干旱地区保存最完好、最典型和面积最大的丹霞地貌景观，具有很高的科考价值和旅游观赏价值，是一座天然的丹霞地貌博物馆，也是国内保存最为完好的丹霞地貌地区之一，还是我国比较少见的、很有特色的一种丹霞地质景观。

6. 市场规模预测

预计 2018 年游客规模达 108 万人次（表 2）。

表 2　市场规模预测

分期	年份	增长率/%	数量/万人次
基期	2017	—	108
近期	2018	25	135
	2019	27	171.45
	2020	27	217.74
中期	2021	27	280.88
	2022	23	290.12
	2023	22	323.34
远期	2024	21	358.36
	2025	20	389.65
	2026	19	423.65
	2027	20	468.78

第五章　战略定位

一、总体定位

以丹霞景观为依托，以现代服务业为发展方向，以观光游览、探险猎奇、科学考察旅游为开发重点和优势的国家 AAAAA 级景区。

二、分级定位

国际层面：具有一定的国际知名度和影响力的丹霞地貌旅游景区。

国家层面：国家 AAAAA 级景区、国家级地质公园、国家自然遗产地、国家级生态旅游示范区。

陕西省榆林市靖边县层面：靖边特色旅游观光区，辐射带动周边贫困区县的发展。

三、功能定位

1. 中西部观光探险基地

按照“在保护中开发、在开发中保护”的原则，把地质遗迹保护与经济社会可持续发展统一协调起来，充分借鉴国内外地质公园建设的先进理念和成功经验，将其打造成为中西部独具特色的丹霞地貌观光探险基地。

2. 中西部丹霞地质考察基地

树立整体开发理念，尽早开展地质年龄、发育状态、地形地貌和动植物分布等现场作业调查，坚持顶层策划、全面规划，将其建设成丹霞地貌地质公园，加强地质遗迹保护，让独具特色的丹霞地貌充分发挥其科学研究价值和旅游观赏价值，使其成为科学研究和科普教育基地。

3. 乡村旅游综合体，国家城乡统筹示范基地

龙洲丹霞景区在全国城乡统筹示范区的大背景下，与龙洲镇大背景相结合，打造具有陕北特色的城乡统筹新模式，通过旅游业带动农村经济发展，提高土地利用率，促进农民就业和转型，改善农村生产生活条件，带动当地生产生活和产业的发展。

4. 陕北黄土地貌与丹霞地貌共存的天然博物馆

龙洲丹霞是黄土高原上一道红色的地质遗迹景观带，充分利用形态多样的丹霞地貌景观，如天井式峡谷、狭缝式峡谷、巷道式峡谷、宽谷式峡谷以及孤峰、天生桥和石蘑菇等多种独特类型，打造一个具有极强的视觉冲击力的、陕北黄土地貌与丹霞地貌共存的天然博物馆。

四、形象定位

【释义】

中国波浪谷：波浪谷在全世界有两个，一个在美国的亚利桑那北部，另一个就在与其同一纬度的陕西省榆林市靖边县的龙洲丹霞景区。鉴于龙洲丹霞景区在开发初期，可借由美国亚利桑那北部的波浪谷予以宣传，打造中国特有的波浪谷景区。

最美丹霞城：龙洲丹霞景区总面积 34 平方千米，景区内以形态多样的丹霞地貌景观为主，包含犹如时间指纹般优美的波浪谷、水上丹霞、景色奇异的一线天和“兵家必争之地”闫家寨子等旅游景区。丹霞景观以红色为主，在光与影的结合下呈现出不同的色彩，如梦似幻，不负“最美丹霞城”的称号。

【设计理念】

龙洲丹霞以红色砂岩为主，整体呈现朱红色，因此设计了以朱红色为主打色、碧绿色为附属颜色的旅游标徽，喻示“碧水丹霞”的旅游主题，再以绿色波浪象征生态旅游的概念、黄色波浪代表陕北窑洞民居文化、红色波浪呈现主打景区波浪谷的形态，层层波浪相叠加推出独一无二的中国波浪谷——龙洲丹霞旅游景区。

五、市场定位

1. 分级市场定位

按地域结构划分，在不同的阶段形成不同的客源市场结构。立足陕西，面向西北，放眼全球。

1）境内市场

核心市场：榆林市周围区县、大西三角经济圈、黄河中游经济区。

基础市场：川渝地区、陕西省周边省份、国内三大客源输出地（长三角、珠三角、京津地区）。

机会市场：西北地区等国内其他旅游市场。

2）入境市场

以日本、韩国、澳大利亚、中亚国家、东南亚国家以及中国港澳台地区为主要客源地市场，争取美国、欧洲国家（英、法、德）等其他客源地市场。

2. 细分市场定位

细分市场主要为科考探险型、情感回归型、观光度假型、山地运动型、休闲度假型。

六、发展目标

1. 总体目标

通过旅游资源整合、特色主题提炼、旅游产业培育、重点项目打造、旅游品牌打造，将龙洲丹霞打造为国家AAAAA级景区、国家级地质公园。

2. 分期目标

1）短期目标（1～2年）

完善基础设施、配套设施，创建精品旅游景区。重点建设波浪谷、水上丹霞、闫家寨子等旅游景点，提升旅游目的地形象，完善交通网络体系，提高其可进入性，完善特色街巷配套设施和基础设施。

2）中期目标（3～6年）

构建龙洲丹霞景区旅游网络。重点创建系列精品旅游景区，打造三大景点波浪谷、水上丹霞、闫家寨子，提升其核心竞争力和吸引力，进行旅游营销，提升其知名度。

3）长期目标（10年以后）

打造具有一定国际知名度的丹霞地质公园、国际度假旅游休闲区。丹霞地质公园的形象深入人心，旅游产业体系完善，基础设施功能发达，旅游产业结构合理。丹霞地质公园地位得到确立，并在国际上具有一定知名度和影响力，预计在2030年成为国家AAAAA级景区。

七、发展战略

1. 总体战略：中国唯一的丹霞波浪谷

按照国家旅游局制定的国家AAAAA级景区最新标准，积极推动龙洲丹霞区的建设力度与国家标准和国家需求的全面接轨，促进龙洲丹霞区由国内知名向国内一流的转型，打造中国唯一的丹霞波浪谷，促进旅游区形成经济发展、社会进步、生态保护多赢的局面。

2. 具体战略

1）生态保护战略

独特的丹霞地貌景观是当地旅游业发展的基础优势和潜力所在，因此保护当地的生态景观至关重要。根据《国家生态旅游示范区管理规程》和《国家生态旅游示范区建设与运营规范》将丹霞打造为国家级生态旅游示范区，根据不同区域的生态承载力，进行不同项目的落地，实现生态环境和经济发展的均衡。同时，打造生态旅游栈道工程、绿色建筑工程、绿色出行工程、生态移民工程、水上丹霞游览工程等。

2）精品塑造战略

坚持“以资源为根基、以创意为先导、以市场为对象”的产品开发原则，走“高起点，高品质”的建设路线，重点建设精品景区、精品游线、精品服务、精品设施等精品工程。

3）产业驱动战略

形成旅游、商贸、生态产业为三大核心产业，优势发展科考探险型旅游、情感回归型旅游、观光度假型旅游，构建完善的旅游产业体系。优先发展高品质、高增值、广就业、外向型特征的旅游项目，以旅游业为核心，加强与第一产业和第二产业的联合发展，构建多元化的产业体系。

4）区域联合战略

积极融入统万城和沙漠绿洲景区，联合打造丹霞地貌景观、沙漠绿洲景观、匈奴都城遗址“三点一线”的黄金旅游线路。

积极加入黄河旅游带景区，加强与周边旅游区县的合作，打造陕西省精品旅游景区，实现产品互补，客源互流，联合促销，共同发展。

第六章　空间布局

一、空间布局

空间布局：“一环两核四板块”。

一环：

以丹霞地貌景观为中心，打造一个包含丹峡谷、闫家寨子、水上丹霞、波浪谷等主要核心旅游区的旅游环道。

两核：

西线服务集散主核：以游客服务中心为起点，使其公共服务、产业配套等主要功能辐射到闫家寨子，形成西线的区域性的大型综合接待和旅游集散中心。

东线服务集散副核：以水上丹霞旅游景区为起点，使其公共服务、产业配套等主要功能辐射到红沙岩旅游景区，形成东线的区域性的综合接待和旅游集散副中心。

四板块（图 1）：

丹峡谷板块：以观音庙、一线天、清水沟旅游景点为中心，以“梦里一线天”为主题，打造一个宗教文化旅游景点，科学考察、观光游览基地。

古寨板块：以闫家寨子和西门台城遗址为中心，以“揭开古寨的神秘面纱”为主题，打造古代军事文化和古寨遗址旅游地。

水上丹霞板块：以水上丹霞旅游景区和陕北窑洞民居聚落为中心，以“碧水丹霞”为主题，打造一个旅游观光游览地。

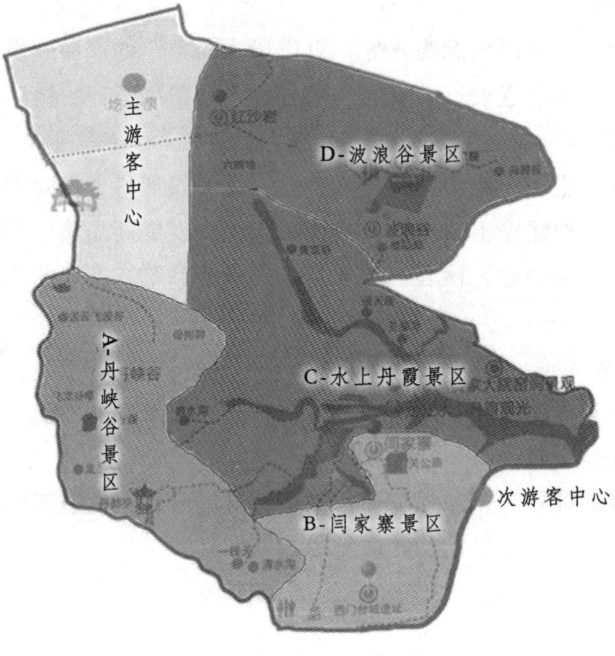

图 1　核心景区四板块

波浪谷板块：以波浪谷旅游景区为中心，以“时间年轮”为主题，打造一个光与影结合的梦幻摄影和观光游览基地。

二、功能分区（图 2）

1. 核心游览区

包含丹峡谷、闫家寨子、水上丹霞、波浪谷四个核心旅游区，集宗教朝拜、民俗文化体验、科学考察、摄影观光等功能于一体。

2. 综合服务区

具有集散服务、景区形象展示、旅游餐饮、旅游购物及公共服务等功能。

3. 度假酒店区

具有餐饮住宿、高端休闲、商务会议、主题陕北窑洞民居地产等功能。

4. 旅游小镇

以当地小镇为基础，打造包含食、住、行、购、娱乐和民俗文化展示区的配套旅游小镇。

5. 丹霞地质保护区

根据形态多样的丹霞地貌景观建设地质保护区域，集观光游览、科学考察等功能为一体。

6. 产业配套预留区

旅游相关产业发展区域，旅游发展预留区域。

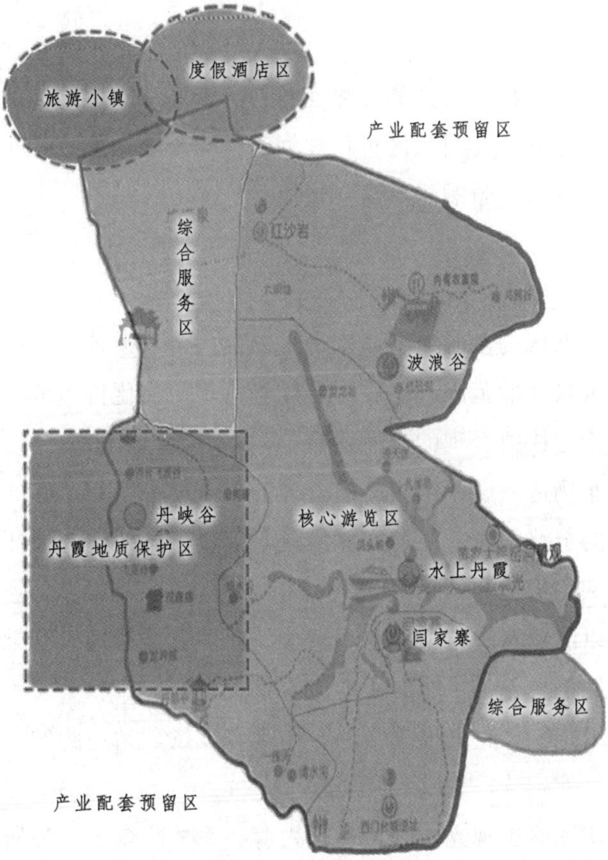

图 2　功能分区图

第七章　重点项目规划

一、总体理念

充分依托项目地独特的丹霞地貌和悠久的古代军事防御体系，打造国家级丹霞地质公园，充分挖掘龙洲丹霞各个区域的独特自然和人文景观，形成整个区域的联动发展。

二、主题分区

根据龙洲丹霞内部各个板块的资源特点，将整个龙洲丹霞划分为四大核心景区，分别是闫家寨景区、水上丹霞景区、波浪谷景区、丹峡谷景区，每个景区根据自身独特的自然文化资源，形成核心竞争优势与吸引力，整体区域联合打造提升。

三、闫家寨子景区

总体定位：走入陕北，揭开古寨的神秘面纱：闫家寨子有着悠久的历史文化、浓厚的民俗风情以及奇特的自然景观，在对景区进行规划时，需着力于挖掘文化价值和文化内涵，使其主要承接龙洲丹霞景区人文景观旅游这一板块。

规划思路：

（1）拓宽景区范围，联合发展。

以现有的闫家寨子景区为基础，将闫家寨子与西门台城遗址进行区域的连接，南北扩宽统一开发，进一步扩大景区的范围，形成具有优势的历史文化传承地。

（2）重组交通，构建快捷合理的交通体系。

景区内禁止社会车辆进入，景区内构建合理的与当地古寨相适宜的青石砖步道为主干道区，次干道则以原始的土路为主，让游客深深融入荒蛮原始的陕北情怀之中。

（3）深入挖掘其文化价值和文化内涵。

挖掘历史文化：以闫家寨子遗留的军事遗迹、西门台城遗址为基础，着力打造历代军事城堡防御文化、近代红色文化为主题的历史遗迹景观地。

演绎民俗风情：以跑驴文化开发为核心，继承和发扬“靖边跑驴”文化，打造跑驴舞蹈剧的民间演出基地。

功能定位：军事遗址遗迹观光、红色文化教育、军事防御展示与研究、民俗风情观光，民俗生活体验、民间艺术观赏。

1. 闫家寨子军事文化展示区

规划思路：修复完善遗址遗迹，进行闫家寨子历代军事文化的发掘与开发，根据历史划分出闫家寨子历史军事文化展示区和近代红色文化展示区。

功能定位：古寨观光、军事遗址遗迹游览、红色文化教育、军事防御展示与研究。

具体项目建设：

（1）修复完善遗址遗迹，在闫家寨子园区设立相关的服务站、售票点，放置文化介绍牌，并制定专门的维修措施。

（2）打造军事文化园区，设立军事防御展示与研究基地，在古寨原军事操练演习的平地安排军事演习的拍摄和演出，在豁口建造有古代陕北风味的眺望台，游客可以通过此处看到远处蜿蜒起伏的古长城和烽火台以及闫家寨子园区的古寨。

（3）在闫家寨子和西门台遗址交界之处建造军事文化博物馆，内陈设明清时期军事战术书及所用武器等文物，并利用现代科技设立战术展演及体验区，打造军事文化展示长廊。

（4）根据当地的革命抗战历史和红色文化，打造红色教育展示地，再现老一辈革命家在此居住、扫匪、抗战的场景。

2. 陕北印象——西门台城遗址

规划思路：修复西门台城遗址，挖掘这座古老城堡遗址所承载的历史风云，并突出其荒蛮原始的奇特美感。

功能定位：遗址观光区、民俗风情游览。

具体项目建设：

（1）修复西门台城遗址，在城墙、城垣、城内散步砖、古堡、窑洞、石碑设立介绍牌和相关的维护措施，并根据古堡内的旅游资源设立核心游览点。

（2）充分利用荒凉的大地、险峻的峡谷以及土色土香的古堡、古寨、驴车、羊群，还有头顶的蓝天白云，打造远离现代都市生活、回归自然、回归农家生活的心灵回归之旅游地。

（3）打造小型陕北实景演出，选取遗址外空地的一角，根据情、景、境搭建天然的演出平台。例如在日落时分，由穿着古朴的小伙、婆姨赶着羊群演唱《信天游》等陕北民歌或者进行情歌对唱。

3. 陕北民间艺术基地

规划思路：结合当地特有的陕北黄土高原和丹霞地貌地势，打造以跑驴文化和跑驴舞蹈演出为核心的陕北民间艺术基地。

功能定位：民俗风情游览、民俗生活体验、文艺演出观赏。

具体项目建设：

（1）在闫家寨子外围以北的地方打造陕北民间艺术基地，打造窑洞式住宿客栈，让游客亲身体验当地文化，并配套建造陕北古风式的说书茶楼，聘请说书人为游客讲解跑驴文化以及闫家寨子的历史故事。

（2）打造跑驴文化研究基地，设立跑驴舞蹈剧研究中心，汇集当地从事跑驴演出的民间艺术家以及知名的舞台剧创作人，继承发扬跑驴文化，排练和再现已有的跑驴舞台剧，创造新的符合陕北民风习俗的跑驴舞蹈。

（3）搭建跑驴演出舞台，或者跑驴民间演出坝子，定期开展跑驴演出。

四、水上丹霞景区

总体定位：以碧水丹霞科学考察与观光为主题，突出水上丹霞这一特殊的资源特性，以水上丹霞和陕北民居为景点依托进行开发。

功能定位：摄影基地、休闲度假、科学考察、观光游览。

规划思路：利用最新的科学技术进行水上丹霞的夜游景观打造；改造提升水上交通工具，打造特色的水上游乐项目——七彩船只游览以及彩色热气球等项目；利用现有的水库水域，进行水域整体分区开发；利用现有的陕北民居，打造民居风格的休憩观光园区。

重点项目：水上丹霞观光游览园区、水上游乐园、“印象龙洲——最美丹霞”文化展演、陕北窑洞展示馆与民宿、水上丹霞热气球低空观光项目。

1. 水上丹霞观光游览园项目策划

分区范围：水上丹霞观光游览区区域包含整个水库面积（图3）。

功能定位：观光游览、科学考察。

策划思路：以水库沿岸的丹霞风光为景色依托，打造一整条线的“水上丹霞风光线”。

具体项目建设：

（1）观光游船码头，位置设置在水库区域两端区域，西端为发出码头，东端为停留区码头。将整个水域串联起来。

（2）景区专属观光游轮，打造“水上丹霞”观光游轮，游轮大小中等，在外观设计上赋予其当地的陕北民族特色，在外观上设置大面积的玻璃面墙赋予大范围的观光角度。

图3 水上丹霞图

2. 水上丹霞灯光文化项目策划

分区范围：以“水上丹霞”景观带中的闫家寨子佛洞区域主场。

功能定位：文化体验休闲。

策划思路：以闫家寨子佛洞丹霞墙为表演背景，以“灯光秀”“陕北民歌”“跑驴文化”等独具陕北特色的文化为元素，打造一场高质量的文化节目。

具体项目建设如图 4 所示。

图 4 “印象龙洲——最美丹霞”文化展演意向图

3. 陕北窑洞展示馆与民宿项目策划

分区范围：以“黄家大院窑洞景观”为主区域，敷设至景区外部区域。

功能定位：休闲度假，高温避暑，商务聚会。

策划思路：以“黄家大院窑洞”现有的窑洞为基础，打造陕北窑洞民宿，同时依托原有遗存打造陕北窑洞展示馆，系统的展示有关于陕北人民生活生产的方方面面。

具体项目建设如图 5 所示。

图 5 黄家大院精品窑洞民宿意向图

五、波浪谷景区

项目目标：给游客提供最佳途径，更大程度上游览体验中国“波浪谷”。

功能定位：摄影观光、低空体验、户外探险、科学考察。

规划思路：以波浪谷“流动着的静态、时间的年轮、红色海洋冲浪”的视觉美感，打造集摄影、体验、冒险、科考等多种功能为一体的重点项目景区；以不破坏旅游资源为前提，修建相关的项目措施；打造复合观光型、深度体验型的特色旅游景区。如图 6 所示。

图 6　波浪谷景区意向图

1. 建立摄影驿站

建摄影观景基地的效果：最佳范围拍摄波浪谷全貌，配备相关服务基础设施、提供安全舒适的摄影环境。

建最佳日出观测点的原由：旭日东升，波浪谷是该景区日出的最佳观测点。

其他活动：

（1）办优秀摄影展：优质照片入博物馆、景区宣传册、官方网站，并给予奖励。

（2）成立摄影爱好交流协会：协会信息景区网站可查询。

2. 低空项目体验

梦幻七彩热气球、豪华直升机的效果：

（1）游客：低空鸟瞰波浪谷全景，增强旅游趣味性、需求层次性。

（2）波浪谷景点：整体上升华景点美感。

（3）景区：增加景区副收入。

3. 驴行探险活动

深度游“脚步丈量”的建设范围、时间维度和要求如下：

建设范围：资源保护前提下可被利用的小路、途经地。

时间维度：2～6小时。

要求：

（1）进入深度驴行探险区域大门，必由景点领队带领，体验前签订保险。（该景点有专门的领队服务站）

（2）不得破坏资源，违者承担相应法律责任，体验前签订合同。

六、丹峡谷景区

1. 观音庙项目

功能定位：历史文化、宗教文化体验。

策划思路：对现有的观音庙进行整体的改造提升，打造整个榆林地区的宗教文化旅游景点。

具体项目建设：在原有的观音庙建筑上进行重修，主体部分仍然以“ 观音阁”为主。新建下殿（戏楼）、山门。观音阁居中，右为十八罗汉排列两边，左为三圣殿，后为藏经楼下殿为戏楼，为游人娱乐场所。沿石级下，经天井步甬道出山门，两巨狮守立门侧。

2. 一线天峡谷区

功能定位：观光、游览、探险。

策划思路：对于现有的观音庙进行整体的改造提升，打造整个榆林地区的宗教文化旅游景点；以一线天峡谷区域优美的自然风光为核心打造出一线天峡谷景观带，进行整体的质量提升和品牌打造。

具体项目建设：

（1）“一线天”峡谷观光区（图7）。

图7 “一线天”峡谷观光区

（2）攀岩。“一线天”峡谷入口处岩壁耸立，形如刀劈，由砂砾构成，比较适宜开展攀岩运动。经过专门的岩壁处理，安装了一些攀岩用的安全设施，此处可以打造成靖边县及周边地区有影响力的攀岩运动场所。

3. 滑索体验基地

功能定位：观光、游览、探险、交通工具。

策划思路：以丹峡谷自然风光为主要内容，建造出以探险刺激为目的的国内罕见的高水准滑索体验基地。

具体项目建设：许多滑索体验者在极速的滑行过程中不仅能感受极速带来的刺激，还会自由发挥，在空中摆出各种动作。滑索也可以作为一种重要的交通工具，体验者利用高低落差的溜索可节省大量的体力与时间。

4. 丹霞地质保护区

功能定位：科学考察、历史文化。

策划思路：以丹霞地质保护为前提，主要用于呈现大夏国匈奴文化与统万城遗迹，借助现代科技进行文化的宣传与模拟场景的体验。

具体项目建设：打造匈奴图腾文化展示长廊、匈奴战术展演及其体验区、匈奴的草原生态文明宣传区、匈奴文化创作与影视基地，在地方建造说书茶楼为游客讲解统万城的历史故事。

第八章 交通体系规划

一、交通现状分析

1. 外部交通

目前，外部交通主要有太中银铁路、青银高速、S204、包茂高速。靖边至榆林、靖边至王圈梁、靖边至安塞高速公路已经建成通车，靖边至子洲高速公路也已经建成通车，距离靖边火车站、靖边客运站约为 30 千米，距离榆林机场 100 千米，游客主要从靖边县城自驾或包车进入景区。

2. 内部交通

景区内部交通主要以已经修建的旅游栈道、乡间小道以及丹霞自然路径为主，大多为泥土路面。在丹霞水域范围内外，还可以乘坐游船往返各个景点。

二、未来交通规划

1. 对外交通规划

未来景区的外部交通主要有正在规划建设的延安至榆林高铁，以及预计将在规划期内建设的两条铁路、一条交通环线、两条省道、可直达榆林机场的公路。加上修建主要的客运站，改修靖边县高铁站。

2. 内部交通规划

修建景区内游览道、交通小道、景区之间的旅游通道、旅游大巴中转站、租车服务站、观光游览车服务站等。

1）景区游览道

景区游览道主要是用于未使用交通工具的徒步游客观光游览的小路和栈道，根据路面地势不同修建保护措施，保证游客的安全。

2）交通小道

交通小道主要是景区内景点至景点之间内部连接的道路，允许景区内部的观光车和电瓶车等景区内部车辆通行。

3）景区之间的旅游通道

景区之间的旅游通道用于各个景区功能区之间的连接，主要是景区内的旅游大巴或自驾游车辆通行。

4）交通设施规划

规划中景区内主要的交通方式为观光车、电瓶车、自行车、游船等环保型的交通工具。

5）旅游大巴中转站

旅游大巴中转站用于停靠各个旅游团的旅游大巴，以及从靖边县和榆林市区至此的旅游专线交通大巴，同时也定点输送游客到各个客运站。

6）景区停车场

规划在景区入口旁设置景区停车场，三大景区设置三个停车场，分区管理。停车场用以停放自驾游车辆，以及其他机动车和电瓶车。

7）租车服务站

租车服务站提供多种类型车辆租车服务，如电瓶车、吉普车、自行车等。

8）观光车服务站

景区内部提供的观光车服务，分为全程观光车和自由观光车。观光车往返于各个景点间，可以采取拼车形式，亦可以提供包车服务。

9）游船服务站

在水上丹霞景区区域范围内外的湖泊边设置游船服务站，供游客乘坐游船观赏体验。

三、交通标识系统

外部交通标识主要设置在交通出入口和路口交叉处，标识距离和方向要素，方便自驾游游客和外地旅游车辆。

内部交通标识主要设置在景区游览道、交通小道和旅游通道路段和交叉口，标识距离和方向要素，方便景区内游客能在景区内流畅游览。

在景区入口设置粘贴景区内部交通导览图，方便游客清楚各景区的交通位置，以及对整个景区交通有一个大概的了解。

第九章　服务要素规划

一、接待服务规划

建立布局合理、体系健全的游客服务体系，由游客服务中心、游客服务站、景区服务站三级体系构成。

游客服务中心：龙洲丹霞景区游客中心（主、次）。

游客服务站：观光车服务站、游船服务站。

景区服务点：丹峡谷游客服务站、闫家寨游客服务站、水上丹霞游客服务站、波浪谷游客服务站。（主要为游客提供必要的导游服务、报警避难、物资补给、医疗救助等服务）

二、旅游住宿规划

1. 规划目标

提供特色型和常规型两类住宿环境，功能结构匹配合理，分高、中、低三个档次，满足不同层次游客的住宿需求。

2. 规划要点

1）规划地点

龙洲镇。

2）规划内容

特色型：窑洞式居住群落、户外星空露营基地。

常规型：精品酒店、星级宾馆、农家乐、招待所。

重点特色打造：窑洞式居住群落。

3）市场分析

窑洞式居住群落体现了早期陕北人民的生活状态，其民俗文化特色对旅游者具备强有力的吸引作用，根据不同层次游客的需求，集中区域打造高、中、低档窑洞式现代居住群落。

4）层次分类（表3）

表3　层次分类

窑洞式居住群落	高档型	星级酒店
		休闲度假别墅
	经济型	酒店、宾馆
		民宿、客栈、青旅

5）重点项目打造（户外星空露营基地）

来龙洲丹霞景区的不乏很多目的性游客，如摄影爱好者、探险性驴友、天文爱好者，项目地属干旱地区，空气稀薄、污染少，星空景观值得一看。

经专业实地考察，建设区域选择地质条件较好、地势平坦、安全性高、风景较好的小区域。

6）住宿设施管理

倡导在旅游酒店中推行 ISO9000 及 ISO14000 质量体系认证，逐步推广国际上通行的饭店服务质量管理制度；旅游酒店应不断提高服务接待水平，民宿、青旅、客栈等应努力提高信誉度，加大市场促销力度；加大监管力度，惩赏分明，制度要求。

7）住宿设施规模预测

根据规划预测，近期末，项目地约需旅游接待住宿床位数 0.34 万张；中期末，约需 1.4 万张；远期末，约需 3.28 万张。

三、旅游餐饮规划

1. 规划目标

形成集中的小吃风情街、夜市风情街，打造如敦煌风情街、南京夫子庙等特色的小吃街。中、低档餐厅沿街分布，高档餐厅集中在星级酒店。

2. 规划要点

1）规划地点

景区旁的龙洲镇。

2）规划思路

龙洲景区处在陕北区域，肉夹馍、炖羊肉、榆林豆腐、洋芋擦擦、黄河鲤鱼、小米凉粉等陕北小吃颇为有名，因物美价廉，可将商家集中起来，形成餐饮风情街，使游客聚集在此，收效最佳。环境、卫生达到国家标准，持证开店、开铺，小吃、夜市风情街的卫生把控严格。

3）餐饮设施规模预测

根据规划预测，近期末，项目地约需餐饮设施 0.12 万餐位；中期末，约需 0.52 万餐位；远期末，约需 1.2 万餐位。

四、旅游商品规划

1. 规划目标

提升旅游商品占旅游经济收益的比重。

2. 规划要点

1）规划地点

游客中心、博物馆、龙洲镇。

2）建设旅游商品购销网络

（1）游客中心售卖店、景区内纪念品等自动售卖机。

（2）景区出口必经博物馆，售卖丹霞地貌拼图、地质地貌图书、天文仪器等商品。

（3）小镇商铺散分，夜市风情街可设置移动商品售卖点。

（4）龙洲丹霞景区官方网站网络售卖。

3）特色商品

丹霞地貌科教益智类商品；丹霞雕塑、纪念品；陕北靖边十大土特产；陕北荞麦特酒；陕北服饰、首饰。

4）商业设施规划

龙洲丹霞景区商业业态配置应做到布局合理、档次齐全、分工明确。采取集中和分散相结合的方法，鼓励私人参与旅游商品销售经营，设置风格统一的商业门店，以特许经营、连锁经营的方式强化管理。

5）具体规划图

服务要素规划图如图 8 所示。

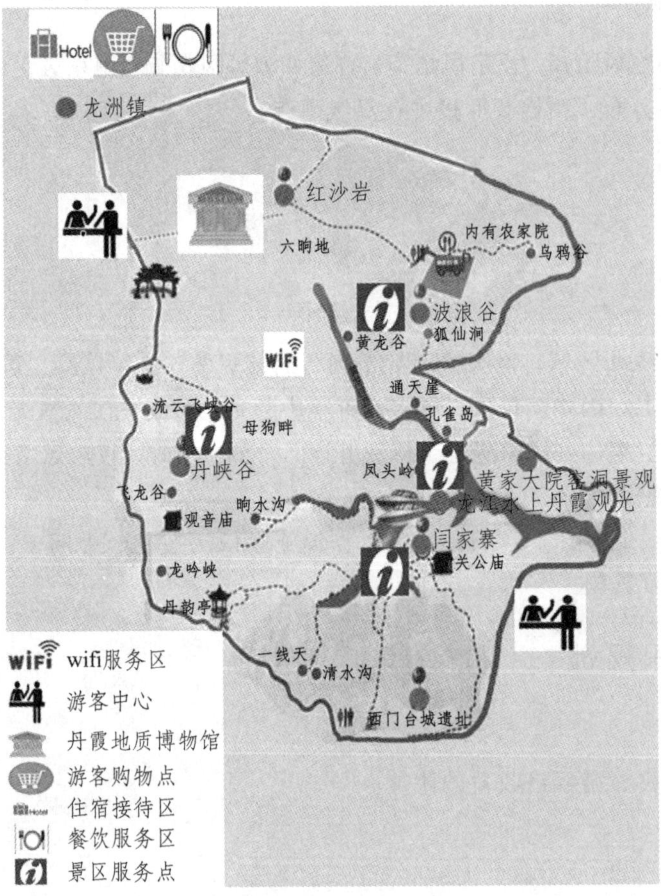

图 8　服务要素规划图

第十章　基础设施规划

一、信息服务规划

龙洲丹霞景区信息服务系统可对旅游产品、旅游设计、旅游文娱、旅游交通、旅行社、旅游饭店、旅游商品、旅游教育等各个方面的信息展示查询，在统一的平台进行统一管理。与各个旅游区域（A、B、C、D）分支网站实行有效对接，并进行数据的实时传输、更新。游客可利用网络平台关注各主要景区的即时状态，并进行有效的交流沟通，便于提高游客出行的满意度、自由度、认可度。信息服务系统具体包括旅游咨询系统、旅游信息系统、数字龙洲丹霞系统、电子商务系统。

二、通信邮政规划

1. 互联网

在景区内设置 Wi-Fi 信号全覆盖，提供良好便捷的网络环境、数字导游、数字监控。

2. 有线电视

景区有线电视纳入陕北广播电视系统，每套客房至少配备一台电视机，同时配备能够拨打国内及国际长途有线电话。景区道路、服务设施旁设公共信息亭，具备固定电话通信、自助式服务、紧急呼救等功能。

3. 移动通信

规划移动电话普及率达 90 部/百人以上。在制高点规划数个移动通信信号塔，信号覆盖范围为 25 千米，可满足整个景区的移动通信网络需求。

4. 邮政规划

在景区主要游客集散中心设置邮局，为游客及当地居民提供邮政服务。在景区游客集散中心、服务点增设邮政纪念品售卖点，在各大酒店、住宿地等为游客提供免费的景区明信片。

三、环境卫生规划

1. 厕所建设及改造

在景区游客集散中心、景区沿途、主要景点和游客密集度高的区域设置厕所，一般公厕之间的距离为 750～1000 米，以步行 30 分钟为宜。厕所内部配套设施齐全、干净卫生与保洁度高，外部可利用景区旅游资源，修筑为窑洞或其他丹霞地貌类型厕所外观，与景区协调相应。

2. 固体废弃物

制定严格的卫生环境管理措施。在度假区的游客集散中心、景区至景区沿途、主要景区和游客密集度高的区域配备足够数量的垃圾桶，并在各主要景区及游客服务中心建设垃圾收集点和转运站。

3. 环境卫生维护

增设秩序巡查员，负责监管内部人员车辆停放、各景区、点内乱堆乱放现象等，保证场内无堆放、乱放、乱建现象。对出现剥落现象的建筑物及时进行粉刷、修复，保证建筑物外观美观。对厕所、垃圾点卫生进行定时巡视保洁。

四、供电工程规划

各类用地按使用性质不同分别选取不同的估算用电负荷指标，如景点、住宿、绿地及道路用电等，做好备用电储蓄。

整个龙洲丹霞景区坚持环保生态节能理念，根据气候条件，可试行风能、太阳能发电，形成良好的新能源利用体系，营造绿色景区。

五、给排水系统规划

1. 给水工程规划

从境内水系引水和提取干净水资源，修建规模适中的水库蓄水工程，配套建设引水、提水工程，形成重点水源工程输水系统，开源节流相对应。为做好龙洲丹霞景区水源供应，积极推进与景区附近水库、水厂的合作，满足基本供水。此地为干旱地区，节流工作应重点监管。

2. 排水工程规划

根据地理地势，设计雨水排入蓄水库；污水处理排放严格执行国家规范，杜绝无组织排放。建立污水处理站，实现污水区内处理。

六、燃气工程规划

规划采用天然气作为度假区内气源，在住宿、饮食密集地新建配气站，主要提供生活用气，设计规模为2000标立方米/日。规划在景区综合服务区附件设加油站。

七、防灾系统规划

1. 选择安全地建筑地

在景区建设过程中，选择适宜的建设用地，避开可能的灾害多发地带，减少灾害对各类设施的影响。可适当进行适合干旱地区生长的生态建设，维持旅游区的生态平衡，减少和降低地质灾害的发生。

2. 智能灾害预警预报系统

建设完善的地质灾害预警预报系统，逐步建立灾害风险分析和评估、灾害预报与预警、灾害防御和治理的灾害防御系统。

3. 气象预警预报

针对黄土高原地带易发生滑坡、崩塌、泥石流等灾害，做好地质灾害气象预警预报。

4. 防震

旅游区景点的设施及建筑工程必须按国家颁布的《建筑抗震设计规范》（GB50011—2001）所规定的建筑抗震设防分类和设防标准进行抗震设计和建设，抗震设防烈度为 7 级。

5. 消防与防火

旅游区内消防的重点是景区林地集中区域及景区内各主要建筑。各项建设严格执行国家颁布的消防规范、防火等级，健全消防设施，在工程规划建设时保留消防通道和建筑物的防火间距。

6. 监控

景区对灾害多发地进行实时监控，并设立提醒路牌，警示游客快慢行。

八、医疗设施规划

景区与龙洲镇医院建立合作关系，双方签订长期合作协议。

在旅游集散中心设立医疗急救站，各主要 A、B、C、D 景点设医疗急救站。

九、教育设施规划

根据龙洲丹霞国家地质公园的科考价值、教育价值，建设专门的研究与教育基地、地质博物馆。

十、金融设施规划

在游客集散中心等地增设商业银行场所，并在各景点游客服务中心等节点增设 24 小时银行自助提款机，同时鼓励酒店、商铺使用支付宝、微信等移动支付功能。

第十一章　市场营销策划

一、营销总体思路

以提升龙洲丹霞景区的知名度为目标，以在本省周边区县作为重点的市场对象进行精准营销，力争在短时间内达到全省闻名，打开并开发外省市场，特别是对于长江三角洲、珠江三角洲、京津冀三大地区的市场进行重点营销，使得龙洲丹霞景区的名气在西部乃至全国传播开来，最终实现国家 AAAAA 级景区和国家地质公园的目标。

二、营销推广口号

主营销口号：中国波浪谷 · 最美丹霞城。

备选营销口号：美国羚羊谷很远，陕西龙洲丹霞很近；您身边的羚羊谷——陕西龙洲丹霞。

三、营销策略

1. 话题与事件营销

在微博、微信等流量客户端不断制造关于“龙洲丹霞景区”的热门话题，短时间获得巨大的流量浏览。为“龙洲丹霞景区”争取热门节目的取景机会，使得它能够得到全方位的展示。

2. 搜索引擎营销

搜索引擎营销可使得“龙洲丹霞”“羚羊谷”“波浪谷”等关于龙洲丹霞景区的词语在搜索引擎中排名靠前到一二名，搜索内容直接链接到龙洲丹霞景区官方信息端口。

3. 立体交通干线营销

机场航空港：西安咸阳机场、安康机场、榆林机场、延安机场、汉中机场、太原机场、郑州机场、呼和浩特机场。

铁路：太中银铁路。

高速路：济青高速公路、包头—茂名高速公路。

在延安和西安等周边城市重点人流量集散地和著名景区的周边设置广告牌和信息投送，在通往靖边的各大高速路口和火车站设置巨大的广告牌，借助周边几个较大市区的旅游人数进行重点广告投放。

4. 节事活动策划

核心节事活动包括全国丹霞摄影大赛、陕西省跑驴展演大赛、全国丹霞地貌旅游与开发研讨会，利用各大节事活动广泛宣传“龙洲丹霞”，使得龙洲丹霞的名气逐渐传播开来。

第十二章　保障体系规划

一、旅游管理体制建设

1. 基本思路

龙洲丹霞景区能否在较短的时期内打开新局面，很大程度上取决于能否理顺旅游区开发建设与行政管理之间、政府与投资商之间、投资商与社区居民之间的关系。因此，针对当地的实际情况，按照旅游资源所有权、管理权、经营权相分离的原则，大力推进旅游区管理体制和经营体制改革，把旅游业的管理和服务工作纳入规范化、法制化轨道。

2. 基本原则

1）理顺机构

根据当地旅游业发展的要求，在规划近期目标内，设立单独的党委、政府旅游工作管理机构，以利于发挥机构职能，促进工作开展。

2）精简高效

根据当地的实际情况，本着精简高效原则，进行旅游管理机构改革，建立起与市场经济相适应的旅游行业管理体制、经营体制和现代企业制度框架。

3）求实创新

旅游业的发展具有自身的特殊性，尤其是龙洲丹霞景区在旅游开发初期，其旅游业发展所面临的机遇和挑战，必须用求实创新的理念规范其管理体制。

二、具体构想

1. 组建旅游公司，实行产业化管理

遵循市场经济规律，按照“政府主导、企业运作、社会参与”的模式和建立现代企业制度的要求，以各景区为单元组建旅游经济发展公司，旅游区内的宾馆、饭店等旅游经营单位由旅游管理部门实行统一管理，逐步实行产业化经营。各旅游经济实体是独立的法人单位，实行独立自主、自负盈亏的机制，以增强其旅游经济实体的活力和竞争力。

2. 明确企业与政府之间的关系

政府与企业的分工：政府做品牌、企业做客源，在明确各自工作重点的同时，政府与企业的职责、形象和产品营销又是紧紧相连的。企业则要集中精力开拓市场，利用政府取得的品牌效应，通过采取各种促销方法，建立营销网络。

三、旅游人力资源保障

优质旅游景区的打造对人力资源的质量要求是比较高的，高素质的旅游人才及良好的社会环境对于旅游区的发展至关重要。旅游规划的实施，在很大程度上依赖于旅游人才的供给，人才开发是旅游业竞争取胜的关键。

1. 人力资源建设目标

龙洲丹霞景区人力资源的建设必须立足本地人力资源和旅游业发展现状，以加强培养本土旅游人才，适度引进旅游企业高级经营管理人才。

1）近期

优先培养专职导游、服务人员等一线操作人员，突出引进优秀的旅游景区管理和企业经

营人才，初步建立一支业务技能熟练、管理水平高的旅游企业人才队伍。

2）中期

加大旅游区管理处各部门领导、企业经理的培养和引进力度，建立一支既有管理理论又有管理实践，既掌握现代企业管理知识又富有开拓创新精神的旅游管理队伍。

3）远期

完善各种培训机制和用人制度，建立一支多层次的、结构优化的旅游人才队伍，即：能参与对景区、景点及旅游规划的工程设计并具有组织实施能力的设计型人才；能对旅游业进行行业管理和旅游企业管理的管理型人才；高质量的旅游服务专业人才队伍。

2. 具体人才培养措施

（1）有计划地选派旅游管理部门相关领导和人员到旅游院校培训和学习。

（2）选送骨干青年到成熟的旅游景区工作，学习成熟景区的管理经验。

（3）聘请专家教授做报告和专题讲座。

（4）做好旅游从业人员岗位培训。按照“就业前培训、换岗前培训、上岗后培训”的原则，做好在职从业人员的培训，主要是导游人员、讲解员、饭店服务人员、部门经理的培训工作。

（5）组织在岗旅游从业人员参加旅游局组织的专业技能培训班。

（6）不断开展岗位练兵、技术比武、优质服务竞赛，提高从业人员的整体素质。

（7）制定政策，鼓励旅游从业人员通过函授、自学考试等形式，提高自身旅游专业水平和职业技能。

（8）完善旅游职业中等专科学校的专业建设，为龙洲丹霞旅游景区输送优秀人才。

四、环境保护规划

1. 规划原则

（1）保护与开发相结合的原则。

（2）预防为主、防治结合、依法管理的原则。

（3）因地制宜的原则。

2. 规划方向

（1）严格贯彻实施《中华人民共和国环境保护法》《中华人民共和国森林保护法》《中华人民共和国野生动物保护法》等国家法律法规，对资源和环境实行有效保护。

（2）制定相关的规章制度，开展多种渠道、多种形式的环境保护宣传活动。

（3）加强宣传可持续发展策略，增强环保意识，依法治区。

3. 具体措施

（1）坚持旅游开发利用与环境保护并重，“全面规划、积极保护、科学管理、永续利用”

的保护方针，突出抓好水体、土壤、大气等保护工程。

（2）加强对规划区内生态脆弱区的专项治理，加大土质改良和绿化力度，加强生态旅游的宣传和教育工作。

（3）实行“谁开发、谁保护，谁破坏、谁恢复，谁利用、谁补偿”的原则，加强资源开发活动的环境自理，重视保护工作，建立相配套的地方性环境保护法规体系。控制自然生态恶化加剧的趋势，使生态建设进入良性循环状态。

（4）积极加强政府旅游管理部门的监管作用，开展资源的调查，确定保护的类型和范围，防止掠夺式的、破坏式的开发，营造人与自然和谐的环境，保护旅游资源与环境；对尚无能力开发的资源应予以保护，待条件成熟再行开发，促进旅游业的可持续发展。

（5）加强环境保护工作的日常教育与培训，制定具体的环境保护工作细则。

（6）加强规划区内各景点的垃圾收集、污水处理工作。

五、旅游安全及减灾防灾规划

1. 减灾防灾规划

为有效控制自然灾害的负面影响，保障龙洲丹霞旅游景区内旅游业的顺利发展，旅游开发建设和管理要做好如下工作：

（1）严禁侵占河道搞建设，河道两旁栽植水土保护林，强化生态保护工作。

（2）旅游景点和旅游接待设施建设，尤其是户外探险活动，要慎重选址，避免滑坡、泥石流等地质灾害。

（3）确保景点、公路、游道、接待设施不受地质灾害的影响。

（4）旅游旺季、灾害频繁发生的季节增加灾害性天气预测预报及防灾救灾工作。

（5）对旅游从业人员进行防灾教育。

2. 旅游安全规划

旅游安全在旅游景区的发展中扮演着极为重要的角色。首先，安全是旅游活动进行的保障，使旅游者能真正融入旅游地的异地生活体验中。其次，旅游安全是旅游业发展的前提。为确保旅游景区内的发展，给旅游者提供宽松的旅游环境，特制定本旅游安全规划：

（1）认真贯彻落实“安全第一、预防为主”的方针，坚持“统一领导、分层管理、基层为主”的原则，针对景区景点、公共场所、交通安全问题做出具体规定，责任落实到每个部门、每个岗位、每个员工。

（2）加强员工的安全意识，普及安全常识，提高安全技能，新员工必须经过安全培训合格后才能上岗。

（3）完善旅游安全监测设施及制度，建立灵敏可靠的旅游救援系统。这包括建立医疗呼救及服务、保险、咨询、紧急信息传递等业务。

（4）加强安全管理，凡旅游险要地段，均增加警示性标识，如前方坠石、事故隐患处等，提醒游客和管理人员注意。

（5）水上游乐区应配备齐全的安全设备、通信设备和水上移动求援与医疗救治中心，并定期检修。

（6）与保险部门合作，积极推行旅行社旅客责任险、旅游人身伤害险、旅游意外保险、旅行社责任险、旅游救助保险等，推进旅游与社会保险的结合。

第十三章　景区投资财务分析

一、投资估算依据

1. 建筑工程费

依据工程各子项建设内容、所属行业，按照各行业主管部门颁发的有关工程估算编制办法，估算指标和自治区的现行建筑、市政工程计价定额等，并结合当地实际情况进行估算。

2. 设备购置费

按现行市场价格估算。

3. 安装工程费

按工程量并结合当地实际情况进行估算。

二、投资分年使用计划

按照项目建设进度安排，拟在建设期 10 年（2018—2028 年）中分三期投入建设资金：

第一期（2018—2020 年）：投入 40%，为 188 000 万元；

第二期（2021—2023 年）：投入 30%，为 141 000 万元；

第三期（2024—2028 年）：投入 30%，为 141 000 万元。

共计 470 000 万元。

三、资金筹措

本项目资金筹措方案如下：

（1）申请国家补助金 28 200 万元，占总投资的 6%，可用于项目可行性研究、规划设计、近期建设投资工作。

（2）银行贷款资金 112 800 万元，占总投资的 24%，用于基础设施建设。

（3）招商引资、其他渠道筹集 329 000 万元，占总投资的 70%。

共计 470 000 万元。

四、景区各工程（基础设施）投资估算（表4）

表4　景区各工程投资估算

序号	项目	单价	规模	投资/万元	备注
1	工程费用				
1.1	景区公路		26km	560	初步通行能力
1.2	游山道	6万元/km	26km	156	
1.3	公厕	12万元/座	30座	360	
1.4	标示牌	2000元/个	30个	6	
1.5	停车场	300元/m^2	2000m^2	60	
1.6	游客中心		2座	700	
1.7	给水工程		150m^3/d	46	
1.8	通信工程			20	基本通信能力
1.9	垃圾收集工程			16	收集点及小型中转
1.10	观景台	15万元/个	6个	90	
1.11	民俗展示村（闫家寨子、旅游小镇等）			60 000	
1.12	入口标志	10万元/处	1处	10	
1.13	绿化工程			300	
1.14	度假酒店区			16 000	
1.15	综合服务区			24 600	
1.16	其他			20 630	
	总计			123 554	

五、各景区投资匡算

1. 闫家寨子景区投资匡算（表5）

表5　闫家寨子景区投资匡算

序号	项目名称	投资规模/万元	投资时期
01	军事文化园区	12 000	中期
02	红色教育展示区	4500	前期
03	军事文化博物馆	6500	前期
04	闫家寨子园区	17 000	前期、中期、后期
05	西门台城遗址遗迹园区	9000	前期
总计		49 000	

2. 水上丹霞景区投资匡算（表6）

表6 水上丹霞景区投资匡算

序号	项目名称	投资规模/万元	投资时间
01	水上丹霞观光游览园区	31 000	前期
02	水上游乐园	9000	中期
03	水上丹霞夜游景观	25 000	后期
04	陕北民居观光休憩区	16 000	前期
05	水上丹霞低空观光项目	29 000	中期、后期
总计		110 000	

3. 丹峡谷景区投资匡算（表7）

表7 丹峡谷景区投资匡算

序号	项目名称	投资规模/万元	投资时间
01	观音庙整体项目打造	2000	前期
02	丹霞地质博物馆	30 000	前期
03	滑索体验基地	48 000	前期、中期
总计		80 000	

4. 波浪谷景区投资匡算（表8）

表8 波浪谷景区投资匡算

序号	项目名称	投资规模/万元	投资时间
01	打造摄影文化基地	13 000	中期
02	组织以地理文化观光游为特色的主题旅游	4500	前期
03	举办驴行探险活动	12 500	前期
04	热气球观光游览项目	32 000	中期、后期
05	波浪谷滑翔体验基地	38 000	中期、后期
总计		100 000	

六、投资匡算结果

景区项目投资（包括景区旅游接待设施）共计约 330 000 万元，其中：闫家寨子景区项目建设投资约为 40 000 万元，水上丹霞景区项目建设投资约为 110 000 万元，波浪谷景区项目建设投资约为 100 000 万元，丹峡谷景区项目建设投资约为 80 000 万元；旅游基础设施建设投资约为 123 554 万元，用于道路、水电气卫等各项基础设施建设；旅游营销费用约为 5000 万元（年均 500 万元），用于每年的营销推广和节事举办等；运营管理费用约为 5000 万元，用于景区日常运营管理、设备修护、智慧景区构建等；其他费用，主要为不可预知费用等，按运营管理费用的10%计，约为500万元。

总体来说，龙洲丹霞景区投资共计约464 054万元（不含旅游居住地产投资）。

七、效益评价

收益分析：根据对游客人数的预测以及接待能力控制，龙洲丹霞地貌景区年接待能力近期三年内共计500万人次，预计远期十年内共2000万人次。景区收入预测表如表9～表10所示。

1. 近期（2018—2020年总计）

表9　景区收入近期预测表

序号	项　目	平均消费/(元/人)	人数/万人	占总人数比例/%	收益/万元
1	门票	50	500	100	25 000
2	餐饮	30	400	80	12 000
3	内部交通	20	400	80	8000
4	参与性项目	50	350	70	17 500
5	购物	30	200	40	6000
6	合计	180			68 500

2. 远期（2018—2028年总计）

表10　景区收入远期预测表

序号	项目	平均消费/(元/人)	人数/万人	占总人数比例/%	收益/万元
1	门票	60	2000	100	120 000
2	参与性项目	150	1200	60	180 000
3	内部交通	40	1200	60	48 000
4	住宿	80	500	25	40 000
5	购物	30	800	40	24 000
	总计				412 000

本项目的实施，不仅能为建设业主提供直接经济效益，还可为当地提供较多的就业机会，其经济效益较好；可带动当地第三产业的整体发展以及商品流通、产品开发、信息交换、交通运输、餐饮娱乐业等的全面进步，有力促进地方经济水平、文化素质的提高，促进广安市国民经济和社会事业的发展。同时，本项目的实施也有利于国家资源保存、生态环境保护、生态意识增强和国民素质提高，其社会效益显著。

云南勐根音乐小镇旅游发展总体规划

（2018—2024）

吴　娟　余　静　冉邵平　周迎年　朱春桃

第一章　综合分析

一、规划总论

1. 规划范围

勐根村范围内的回塘、老达保、勐根大寨以及西边的南根河，总面积20平方千米，规划区北至回塘，南至勐根大寨。核心规划区包括回塘、老达保、勐根大寨及周边山体、水域等用地，以老达保乡村特色旅游发展来带动周边小组的旅游发展。

2. 规划年限

规划期限为2018—2024年，分近期、中期、远期。近期为2018—2020年，中期为2021—2022年，远期为2023—2024年。

3. 规划目的

本规划为旅游区总体规划，是为了保护、开发勐根村现有的旅游资源，充分挖掘勐根村老达保小寨的音乐文化，经营管理勐根村旅游度假区，使其发挥多种功能和作用而进行的各项旅游要素的统筹部署和具体安排。勐根村旅游发展成为以民族音乐元素为主、田园茶文化为次的格局。

4. 规划任务

本规划的主要任务有：

（1）界定勐根音乐小镇范围，进行现状调查和分析，对旅游资源进行科学评价。

（2）对客源市场的需求总量、地域结构、消费结构等进行全面分析与预测。

（3）明确勐根音乐小镇的总体定位、主题形象、空间布局及功能分区。

（4）明确勐根音乐小镇内重点片区发展方向，进行重点项目策划。

（5）规划勐根音乐小镇的内外交通系统布局和主要交通设施。

（6）对勐根音乐小镇的旅游要素体系、基础服务设施进行总体布局。

（7）系统分析土地利用规划，明确开发范围和资源保护范围，并对旅游容量进行预测。

（8）提出总体规划的实施步骤、措施和方法以及规划建设运营中的管理意见，并提出近期规划建设项目。

（9）对勐根村建设进行总体投资分析。

5. 规划依据

1）重要法律法规

（1）《中华人民共和国城乡规划法》（2007）。

（2）《中华人民共和国土地管理法》（2004）。

（3）《中华人民共和国环境保护法》（1989）。

（4）《中华人民共和国文物保护法》（2007）。

（5）《中华人民共和国自然保护区条例》（1994）。

（6）《风景名胜区条例》（2006）。

（7）《大理市旅游管理条例》（2010）。

2）相关行业标准

（1）《旅游规划通则》（GB/T18971—2003）。

（2）《旅游景区质量等级的划分与评定》（GB/T17775—2003）。

（3）《旅游资源分类、调查与评价》（GB/T18972—2003）。

（4）《风景名胜区规划规范》（GB50298—1993）。

（5）《旅游饭店星级的划分与评定》（GB/T14308—2010）。

（6）《旅游厕所质量等级的划分与评定》（GB/T18973—2003）。

（7）《旅游汽车服务质量》（LB/T002—1995）。

3）相关文件文献

（1）《国务院关于加快发展旅游业的意见》（国发〔2009〕41号）。

（2）《中国旅游年鉴》（2011）。

（3）《关于进一步加快旅游产业二次创业的意见》（2006）。

（4）《云南省旅游文化产业发展规划（2016—2020）》（2016）。

（5）《云南省旅游文化产业发展规划实施方案（2016—2020）》（2016）。

（6）《云南省旅游市场秩序整治工作措施》（2017）。

（7）《澜沧拉祜族自治县土地利用总体规划（2010—2020）》（2010）。

大体布局：由政府牵头，政府出台相应的政策，地方予以配合，对勐根村进行一定的旅游规划开发，带动各地的发展。

二、发展条件分析

1. 基础条件分析

1）地理区位

勐根村位于澜沧县偏南地区，澜沧县东接普洱市，南连西双版纳，西与缅甸接壤，北连临沧，并延伸到大理、丽江、迪庆、保山、德宏等地，形成“一县连三地（州）七县（市）”的特殊区位优势。勐根村全村面积61平方千米，海拔1200米，距酒井乡政府所在地28千米。勐根村东邻税房村，南邻惠民乡，西邻糯福乡、酒房村，北邻岩因村、东回乡，辖老达保、回塘、勐根大寨、勐根茶厂二队、南波别等9个村民小组。

2）交通区位

澜沧县交通十分便利。G214从县城穿过，从县城沿G214往南行172千米可达西双版纳景洪市，澜沧县到勐海县打洛国家级口岸和缅甸小勐拉分别仅114、119千米，思澜公路属省道二级油路，全长173千米；澜沧至孟连的通县油路工程2018年3月完工，全长57千米，从澜沧至邦康异国风情旅游行程不超过 2 小时；澜沧江—湄公河航道在我县境内 104 千米，我县隔江相望的思茅港属国家级口岸。勐根村距离澜沧景迈机场 57.4 千米，距离澜沧县城 43.4 千米，该村道路为柏油、水泥路面；勐根村距离最近的车站（码头）1 千米，距离最近的集贸市场 0.5 千米。勐根村在 G214 左侧 2 千米左右。

3）经济区位

勐根村 2014 年农村经济总收入 1473 万元，其中：种植业收入 912 万元，畜牧业收入 134 万元；农民人均纯收入 2535 元，农民收入以种植业为主。2017 年 6 月 29 日，澜沧老达保快乐拉祜演艺有限公司挂牌成立，是勐根村第一家农民自发、自创的演艺有限责任公司，展示老达保多姿多彩的原生态民族文化，让传统拉祜歌舞走遍全国、走向国际。

4）自然环境

景区地处澜沧拉祜族自治县酒井哈尼族乡，山势奇峻多姿，原生植被丰富，植物种类繁多；空气清新宜人，生态环境极其优良。山、林、河一应俱全，旅游资源极为丰富。海拔为 930 米，年平均气温 23 度，森林覆盖率为 75%，属亚热带气候。

5）文化底蕴

勐根村生活着拉祜、哈尼、佤、傣、彝、布朗等民族，由此形成了不同的民族服饰、民族风情、民族歌舞、民居建筑及节庆等。葫芦是拉祜族的吉祥物和生活中的亲密伴侣，每年的农历十月十五到十月十七都要举行隆重的“阿朋阿龙尼”即葫芦节。拉祜族人穿上最漂亮的民族服装，跳“三跺脚”、“打秋千”、“打陀螺”、放焰火，以歌颂母爱的伟大，还有拉祜族的长裙、长房子、芦丝、摆舞、芦笙舞、“三跺脚”、“扩塔节”、“猎神节”、“男人节”等也显示出独特的拉祜民族文化特色。酒井乡勐根村是国家级非物质文化遗产保护名录《牡帕密帕》的传承基地之一，房屋仍然保留拉祜族传统干栏式建筑风格，拉祜文化底蕴深厚，有国家级《牡帕密帕》根古传承人 2 人，市级《牡帕密帕》根古传承人 1 人，拉祜芦笙舞市级传承人 1 人，拉祜摆舞市级传承人 1 人，民间文艺表演队 1 个，群众历来能歌善舞，擅长吉他弹唱、芦笙舞、摆舞、无伴奏合声演唱，常年开展拉祜族民间文化艺术传承、演出活动，多次参加央视、国家大剧院及全国性大型演出。这里自然风景秀丽、拉祜族特色民居建筑突出，是拉祜族原始文化保留和传承较为完整、拉祜文化底蕴十分丰富的村寨。

2. 相关政策衔接

1）国家实施西部大开发战略

国家实施西部大开发战略，将为澜沧县旅游业发展创造空前的历史机遇。为加快西部地区的发展，国家已逐年加大对西部少数民族地区的投入力度，东部地区也将以各种形式给予大力支持。澜沧县抓住西部大开发的机遇，加快产业结构调整步伐，积极储备和申报各种旅游开发项目，使其进入西部大开发的计划盘子，因而国家实施西部大开发战略为澜沧县深化开发力度创造了重要的政策机遇。

2）澜沧江—湄公河次区域合作开发

澜沧江—湄公河素有“东方多瑙河”之称，该河沿岸有两个首都城市和多个重要城市，与四条铁路、十多条高等级公路连接，昆曼高速公路建设加快，区域内自然资源丰富，特别是水电和旅游资源更为可观，次区域合作开发是带动区域发展、促进区域经济发展的重要手段。澜沧江穿过澜沧县域，属“澜沧江—湄公河次区域”的中间地带，水电、矿产、旅游等资源极为丰富，随着开发的不断深入，为澜沧县带来了扩大对外开放、加快旅游业发展的机遇，特别是糯扎渡电站的建设，将形成“高山平湖、水上人家”的壮丽景色，旅游业将空前发展。

3）澜沧县旅游业发展的总体布局

旅游业发展布局是对旅游业发展中的开发重点、开发层次、开发序位、开发方式和组织管理等诸多要素所进行的合理安排和科学布局，其目的是确保旅游业发展目标的有效实现。根据这一原则，我县旅游业发展的总体布局定位为“一个中心、二个品牌、三条游线、四项旅游工程”的发展框架。

三、旅游资源分析

1. 资源现状概述

勐根村老达保村寨内共有芦笙坊、青竹坊、陀螺坊、艺织坊、农耕坊、根雕坊、茶吟坊、春香坊 8 个展示区供游客观赏和体验。拉祜原生态歌舞《快乐拉祜》充分发挥老达保寨擅长的多声部合唱优势，聚集全县各地域拉祜族丰富的文化艺术资源，在保留民族民间原生态表现形式的前提下进行挖掘、整理、打造、提升。把拉祜族各地、各类优秀的原生态歌舞节目和拉祜族独特的风情巧妙结合，在舞台上集中展现出来，让广大观众充分感受拉祜族无穷的文化艺术魅力。

2. 旅游资源分析

旅游资源分布于勐根村各村寨，主要以各少数民族文化、老达保民族音乐为主。村庄以农业为主，旅游资源开发程度不高，2006 年勐根村被列为第一批国家级非物质文化遗产传承基地，2007 年，该村的李扎戈、李扎倮进入国家级非物质文化遗产传承人名录。2011 年，老达保成为澜沧县新建的第一批国家级非物质文化遗产保护名录《牡帕密帕》保护传承基地之一。该寨自然风光秀丽、生态良好，寨内拉祜族传统干栏式建筑保存完好，具有浓郁的拉祜族特色，拉祜文化底蕴深厚，是拉祜族歌舞保留最多的地方，是拉祜族传统文化保存最完好的地方。人文资源具有很大的吸引力，能够吸引中远距离游客，自然资源相对竞争力较弱。勐根村资源分类如表 1 所示。

表 1　勐根村资源分类

主类	亚类	基本类型	资源单位
B 水域风光	BA 河段	BAA 观光游憩河段	南根河
	BD 泉	BDA 冷泉	茶山古泉
C 生物景观	CA 树木	CAA 林地	竹海
		CAC 独树	双生树
	CB 草原与草场	CBA 草地	高山针叶林、沟谷低海拔阔叶林
	CC 花卉地	CCA 草场花卉地	花海

续表

主类	亚类	基本类型	资源单位
F 建筑与设施	FA 综合人文旅游地	FAC 宗教与祭祀活动场所	教堂
		FAH 动物与植物展示地	千亩茶园
		FAK 景物观赏点	观光车
	FD 居住地与社区	FDA 传统与乡土建筑	传统干栏式建筑
	FG 水工建筑	FGA 水库观光游憩区段	南根河水库
G 旅游商品	GA 地方旅游商品	GAA 菜品饮食	茶餐、拉祜杂炒、茶叶炒蛋、拉祜口味鸡、烤肉、火烧干巴、包烧鱼、傣族竹筒饭、哈尼韭菜薹焖泥鳅、葫芦宴、马帮宴、茶韵宴、石斛宴、拉祜烧鸡、糯米粑粑、烧河鱼
		GAB 农林畜产品与制品	云南大叶种晒青毛茶、菠萝、西瓜、香蕉、甘蔗、牛肝菌、竹荪
		GAC 水产品与制品	甲鱼
		GAE 传统手工产品与工艺品	傣族慢轮陶、拉祜包、拉祜头饰、葫芦、陀螺、哈尼族竹编
H 人文活动	HA 人事记录	HAA 人物	厄莎
	HB 艺术	HBA 文艺团体	雅厄艺术团、达保兄弟组合、达保姐妹组合
		HBB 文学艺术作品	《牡帕密帕》
	HC 民间习俗	HCA 地方风俗与民间礼仪	送猪头、忌吃狗肉
		HCB 民间节庆	葫芦节、扩塔节、尝新节、火把节、新米节、祭祖节、卡腊节、搭桥节、抢新水、芦笙舞会
		HCC 民间演艺	《快乐拉祜》、芦笙舞、摆舞、唱葫芦史诗、《老达保拉祜风情实景剧》孔雀舞、象脚鼓舞、三脚歌、神谷舞
		HCD 民间健身活动与赛事	陀螺、射弩、秋千
		HCG 饮食习俗	剁生肉、舂糯米粑粑
		HGH 特色服饰	拉祜族服饰、傣族服饰、哈尼族服饰
	HD 现代节庆	HDB 文化节	泼水节、音乐节、采茶节

3. 资源竞合分析

勐根村地处云南省普洱市澜沧县酒井哈尼族乡，位于澜沧县偏南地区，在它的东北部有自然旅游资源和人文旅游资源丰富的糯扎渡镇，在它的南部有著名的千年古茶山所在地景迈。勐根村、景迈、糯扎渡镇之间的旅游资源呈一定的互补性。勐根村有以老达保音乐文化、拉祜芦笙舞蹈文化、传统干栏式建筑文化为一体的民族风情文化旅游；糯扎渡镇有古渡口、古歇场、古战场、茶马古道的古文化和自然保护区旅游；在思普六大茶山中，景迈有历史最早、规模最大、连片面积最大的澜沧江西岸的景迈芒景千年万亩古茶园的茶文化旅游；打造“一音一古一茶山”线路，三者之间可以错位发展、优势互补、相得益彰。根据三地的空间位置分析，打造澜沧县东南部旅游区。三地以各自不同特点的文化联系起来，又各自突出当地的特色文化与自然景观，打造“一音一古一茶山”的旅游路线。

4. 开发现状的分析

目前勐根村耕地总面积为 12 936 亩（其中：田 1929 亩，地 11 007 亩），人均耕地 5 亩，主要种植粮食茶叶甘蔗等作物；拥有林地 71 867.50 亩，其中经济林果地 1124.08 亩，人均经济林果地 0.45 亩，主要种植经济果林；其他面积 361.30 亩。主要经济收入来自农业。除老达堡村寨进行了一定程度的旅游资源开发，其他村落的开发程度较低。勐根村具有很大的开发潜力，也具有很强的新奇性，力求打造以老达保为中心，带动勐根村整体旅游的休闲度假文化体验旅游。

四、市场分析

1. 国内市场分析

1）云南旅游市场

随着近年来云南旅游产业规模迅速壮大，旅游业已成为支柱型产业，旅游产品体系完善、结构丰富，满足市民多样需求。云南人口基数大，居民消费水平提高，市场整体消费水平逐步提高，旅游的需求日益增长，旅游市场消费潜力巨大。勐根村距云南主城区 650 千米，交通便利，公路、铁路均可到达，目前近郊旅游日渐火热，勐根村应抓住云南旅游发展的契机，增加游客逗留时间，以统筹城乡带动旅游发展。

2）大理旅游市场

据悉，2017 年 1 月，全州旅游大数据中心建成投入使用；同年，据旅游大数据统计，有 2000 多万外地游客来大理旅游。就全州旅游热点地区分布情况来看，2017 年，大理州共接待近 2100 万外地游客。其中，大理古城是大部分游客的首选，全年共接待 1292.37 万游客，占 61.94%；喜洲古镇接待 204.94 万游客，占 9.97%；双廊接待 111.51 万游客，占 5.34%。就游客来源分布来看，来大理旅游的外地游客中，本省（州外省内）游客最多，占 15.02%；第二位至第十位的客源地依次为四川（12.74%）、广东（10.63%）、北京（7.30%）、湖南（5.46%）、重庆（4.76%）、河北（4.59%）、上海（4.08%）、江苏（3.71%）、浙江（3.20%）。就游客性别及年龄构成来看，来大理旅游的外地游客中，男性游客占 56.6%，女性游客占 43.4%。就年龄来看，30 至 39 岁游客最多，占 40%；20 至 29 岁游客占 37%，40 至 49 岁占 11%，19 岁以下占 7%，50 岁以上占 5%。可见 20 至 39 岁游客占了近 8 成，说明大理最受年轻游客的青睐。

3）湘西旅游市场

近来来湘西旅游市场日渐繁荣，旅游业呈现出超常规和跨越式发展的态势，大品牌统领下的旅游产品体系日渐完善，湘西旅游整体营销初见成效，美誉度普遍提高，旅游目的地效益凸显，同时湘西旅游市场趋向成熟，游客结构发生了较大的变化，自助游和自驾车游客明显增多。边城景区置身于大湘西旅游圈中，积极参与区域协作，可协同开发“大旅游”格局，借势周边国际级的旅游吸引物，形成多条黄金旅游线路。湘西州旅游发展轨迹、旅游收入发展轨迹如图 1、图 2 所示。

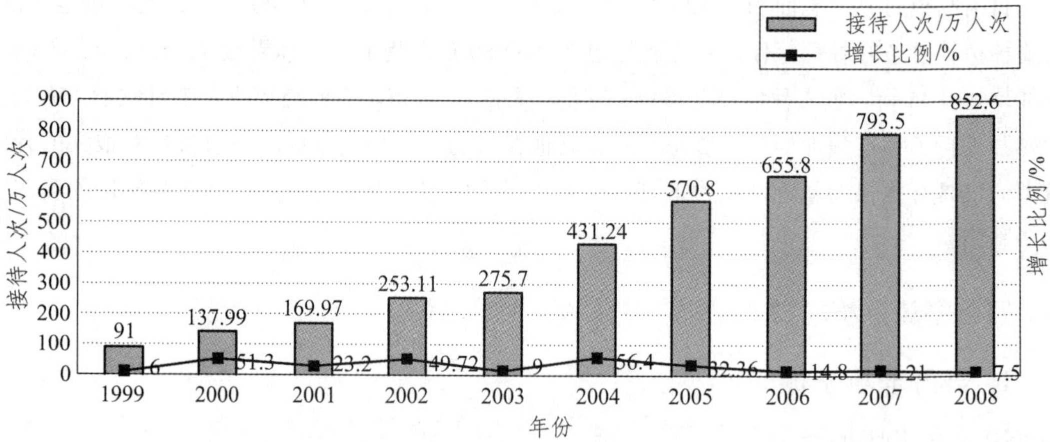

图 1　湘西旅游发展轨迹图

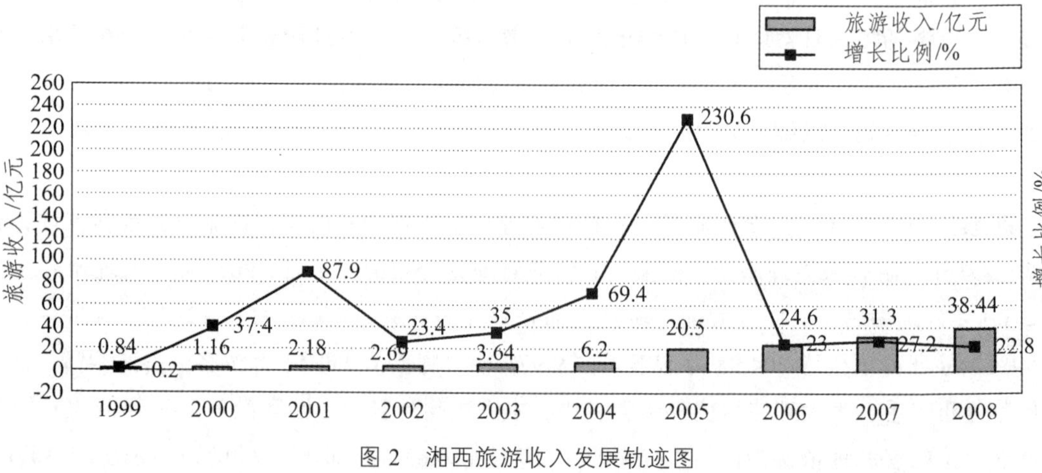

图 2　湘西旅游收入发展轨迹图

2. 特色小镇市场分析

产业是特色小镇发展的重要基础，勐根村前瞻性地从产业分类入手，将特色小镇分为 7 + X 类型（图 3），打造特色音乐小镇，既有文化底蕴基础，又有国家政策支持，使之能够进入旅游市场。

图 3　特色小镇类型图

3. 细分市场分析

从年龄构成、人员结构、旅游目的、旅游偏好、出游方式等不同的因素对市场细分并分析得到以下结果，如图 4 所示。

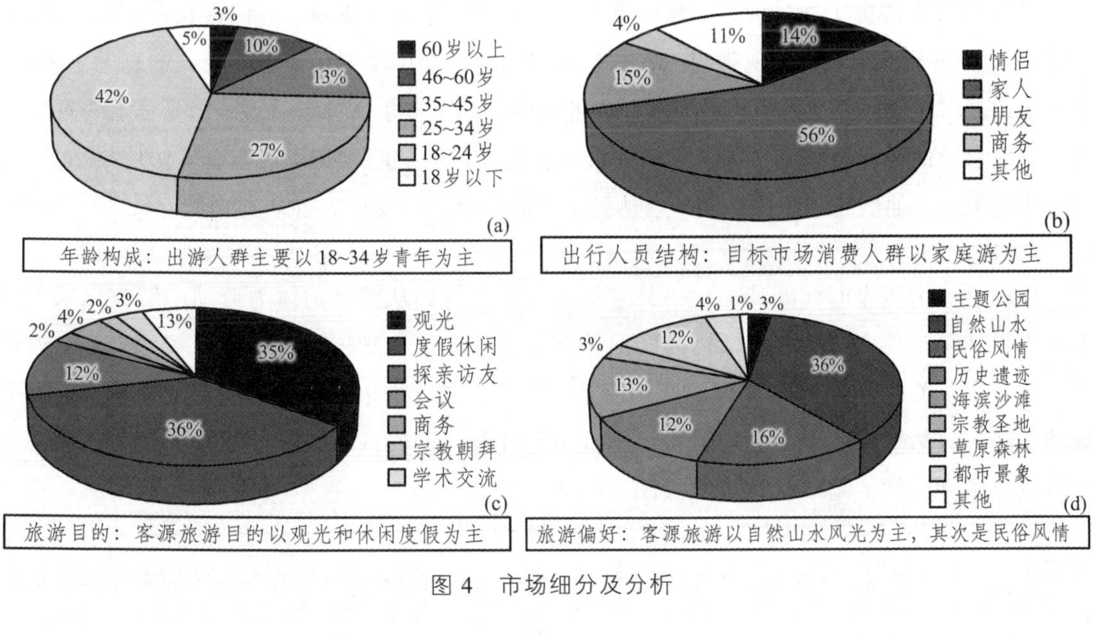

图 4　市场细分及分析

4. 市场规模预测

分高、中、低三种增长方案，对办边城景区进行市场规模预测：

低增长方案下，2019 年游客规模达到 15 万人/次，2021 年游客规模达到 33.2 万人/次，规划期末游客规模达到 67.4 万人/次。

中增长方案下，2019 年游客规模达到 16.6 万人/次，2021 年游客规模达到 42 万人/次，规划期末游客规模达到 83.9 万人/次。

高增长方案下，2019 年游客规模达到 18.5 万人/次，2021 年游客规模达到 65.6 万人/次，规划期末游客规模达到 94.2 万人/次。（受核心游览区域的环境容量限制，高增长方案下规划期末市场预测规模难以达到）

五、发展定位与战略

1. 总体定位

勐根音乐小镇构建“音乐文化 +”的旅游产品体系，带动文创产业、健康养生产业以及特色农产业的发展，打造全国知名的特色民族音乐小镇和休闲度假文创旅游目的地。

2. 总体定位关键词解析

1）民族音乐

勐根村拥有云南省特有少数民族拉祜族 44%左右的人口，拉祜族是中国最古老的民族之一。拉祜族创世史诗《牡帕密帕》，歌词通俗简练，曲调优美动听，演唱以字行腔，有说唱的特点，是拉祜族历史文化研究不可或缺的宝贵资料，2006 年被列入第一批国家级非物质文化遗产名录。少数民族“会说话就会唱歌，会走路就会跳舞”的特性在勐根村老达保小组这个纯拉祜族的村寨得到了充分展示。寨子里无论男女老少都能歌善舞，他们擅长芦笙舞、摆舞、无伴奏多声部合声演唱及吉他弹唱。寨子里 80%的村民会弹奏吉他，年龄最大的有七十多岁，最小的还是求学幼子。他们虽然从未受过专业训练，甚至连乐谱都不认识，但是凭着对音乐的热爱，以自己的体验和感受，创作出了一首首脍炙人口的歌曲，其代表作有《快乐拉祜》《实在舍不得》等，他们自创的拉祜民歌已达到了 300 余首，深受广大群众的喜爱。

2）休　闲

休闲已成为当今时代的特征之一，它标志着人类开始从繁重的体力劳动中解放出来；标志着人类从满足现实的基本生活需要转向精神生活的向往；勐根村森林资源较为丰富，总面积约 1 万亩，覆盖率达 60 %；以生产经营茶叶为主，兼营水果种植和畜牧渔业。植被随着海拔的不同，自然形成 3 个不同的类型，即高山针叶林、沟谷低海拔阔叶林、次生灌丛草地。这些资源条件造就了勐根村休闲的特性。

3）文　创

文化是国之根本，“文化 +”的理念也被广泛应用到各产业中，为产业注入了灵魂。旅游文创产业作为“旅游＋文创”的共生产品，是通过旅游这一手段实现文化产业化、产业文化化的重要途径。而在旅游文创产业基础上衍生出来的旅游演艺、主题公园、艺术街区、文创产业园等新兴旅游产品也引领着未来的旅游新生态。勐根村拥有多个少数民族，每个民族都有自己的民族文化，且文化内涵非常深厚，这对于开发文创类产品有很大的推动作用。

3. 分级定位

世界层面：具有一定国际知名度的民族音乐旅游休闲镇。

国家层面：国家 AAAA 级景区、国家级休闲旅游度假区。

云南层面：云南省音乐文化创意产业孵化基地。

4. 功能定位

1）民族音乐文化传承基地

集中在老达保村寨的拉祜族传统音乐是勐根音乐小镇的重点特色。拉祜族创世史诗《牡帕密帕》，曲调优美动听，演唱以字行腔，有说唱的特点，是拉祜族历史文化研究不可或缺的宝贵资料，2006 年被列入第一批国家级非物质文化遗产名录。由此可见，音乐对于这个地方来说是非常宝贵的东西，在开发时应该注意适度挖掘音乐文化，让这里的音乐文化一代一代地传承下去。

2）西南部休闲度假基地

勐根音乐小镇位于云南省的西南部，这里因所处的地势地貌，远离城市的喧嚣，保留着原生态的自然风光，每年的负氧离子高达 80%，森林覆盖率为 60%以上，是一个休闲度假的好去处。

5. 形象定位

1）定位分析

勐根村位于酒井乡的西边，坐落在大山的半山腰上，正是这样的地理位置，使它保留了原生态的自然风景。它拥有拉祜族、哈尼族、傣族等多个少数民族，是民族聚集地，在此民族文化内涵十分丰富，我们可以感受到不同民族间的生活差异。其中以拉祜族的音乐文化最具特色，每位拉祜族人扛起锄头就是地地道道的农民，拿起吉他、芦笙等乐器就变成了艺术家。拉祜族的音乐文化在整个澜沧县是独具一格的，几乎没有竞争对手，所以在此次规划中要牢牢地抓住这个音乐文化元素，以这个音乐文化元素为依托，发展勐根村的旅游经济。

2）形象定位

大山中的民族风情 · 农耕上的艺术人生。

6. 市场定位

1）分级市场定位

（1）境内市场。

核心市场：普洱市及云南省经济区。

基础市场：云南省及四川、贵州、广西等周边省份市场，珠三角及环渤海市场。

机会市场：西北地区等国内地区其他地区市场。

（2）入境市场。

核心市场：缅甸、老挝、越南。

基础市场：日本、韩国及中国港澳台地区。

机会市场：美国、西欧、澳大利亚等其他客源市场。

2）细分市场定位

按消费群体分：爱好民族音乐，爱摆弄吉他、木鼓等乐器的群体；茶文化爱好者、少数民族文化爱好者以及以休闲度假为主的消费群体。

按年龄分：游客以成年人居多，中年人次之，青少年和老年人较少，即勐根音乐小镇的游客在年龄构成上呈现出中间大、两头小的特征。

7. 目标定位

1）总体目标

勐根村有良好的田园景观、神奇的山水文化和独特的民族音乐文化，通过旅游资源整合、特色主题提炼、旅游产业培育、重点项目建设、旅游品牌打造，促进当地旅游业向休闲化、现代精致乡村旅游方向发展；将勐根村打造成为国家 AAAA 级旅游景区、国家级休闲旅游度假区以及具有一定国际知名度的民族音乐旅游休闲小镇。

2）分期目标

近期目标（2018—2020）：创建系列精品旅游景区，构建集民族文化传承、文化研究、产品制作、音乐创作为一体的产业链。

远期目标（2021—2024）：具有一定国际知名度的民族音乐旅游休闲小镇，以及国家级休闲旅游度假区；通过特色旅游开发，带动勐根村的经济发展，从而使勐根村的人民能够脱贫致富。

六、规划布局

1. 总体布局

根据规划范围的地貌地势特征，规划整体采用具有逻辑性的分散形式的翼型布局，使游客服务中心位于整个翼型的中轴区域偏右，从入口综合服务区进入后以分散的形式让游客产生具有序列和向心的空间感受，遵循景区规划的原则，不走回头路。通过夸张的建筑手法演绎当地特色建筑文化和民族文化、人文底蕴。红线图、总体平面布局图如图 5、图 6 所示。

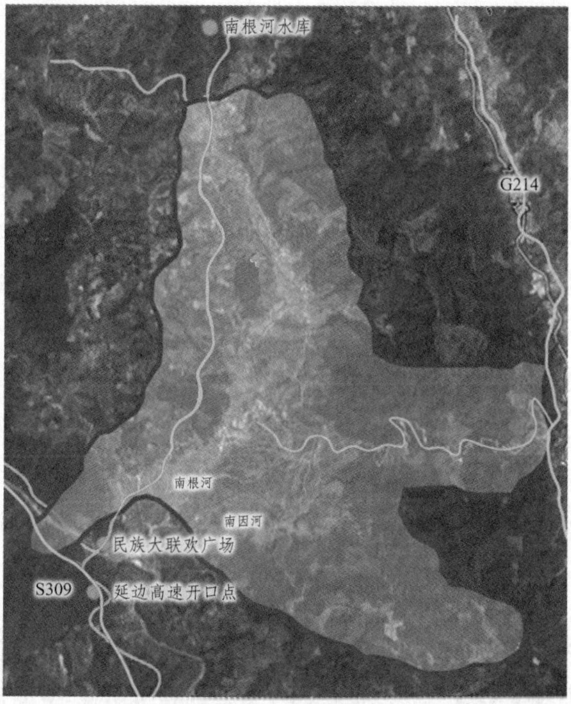

图 5　红线图

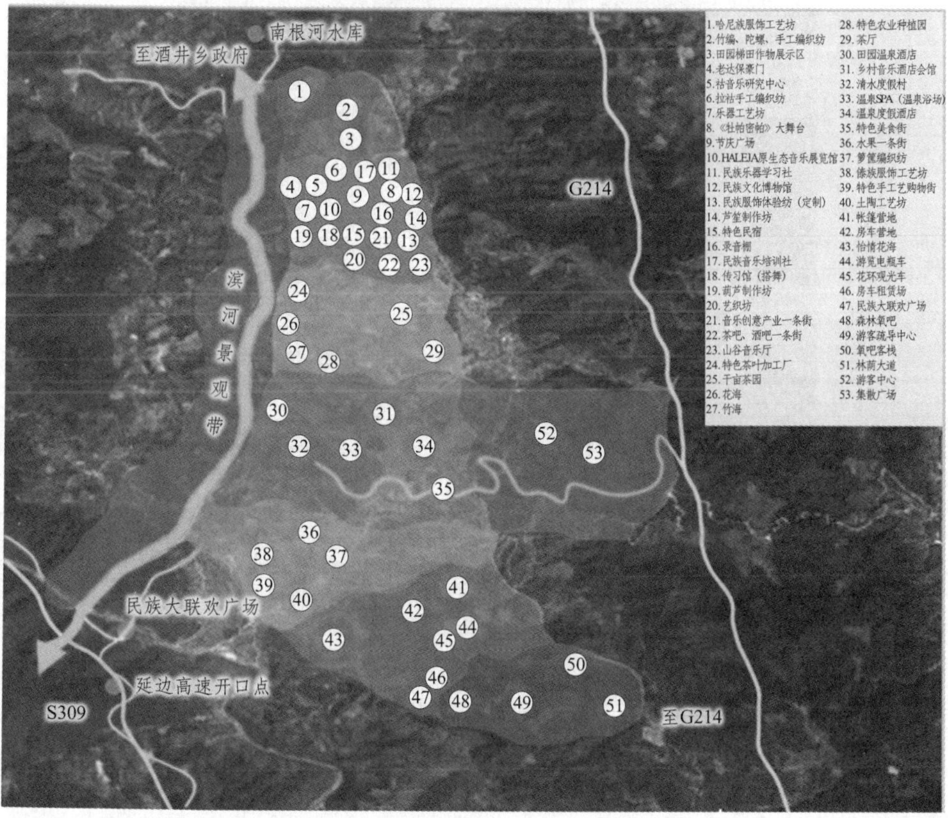

图 6　总体平面布局图

2. 空间布局

空间布局上通过对现有地块的打造，形成特色小镇区主要空间轴线，整体空间设计为“一带两轴两组团”的空间结构（图 7）。

一带：滨河景观带。沿着长约 10 千米的南根河的边缘建立滨河景观带，规划面积 4.2 平方千米，建设两条景区道路，分别是景区游览道、景区游步道.景区游览道主要供游客乘坐观光车，或者自行骑行电瓶车；景区游步道主要供游客散步慢行，可以细细品味这水域风光，颐养性情，陶冶情操。

两轴：南北向主要发展轴和东西向次要发展轴。南北向主要发展轴连接整个民族音乐小镇规划区域，从南波别到回塘，两头分别接近 G214 和南根河水库；东西向次要发展轴从入口综合服务组团到延边高速开口点，两头分别接近 G214 和 S309。

两组团：主要是民族音乐小镇组团和入口综合服务组团，还有各功能配套组团的有力支持。

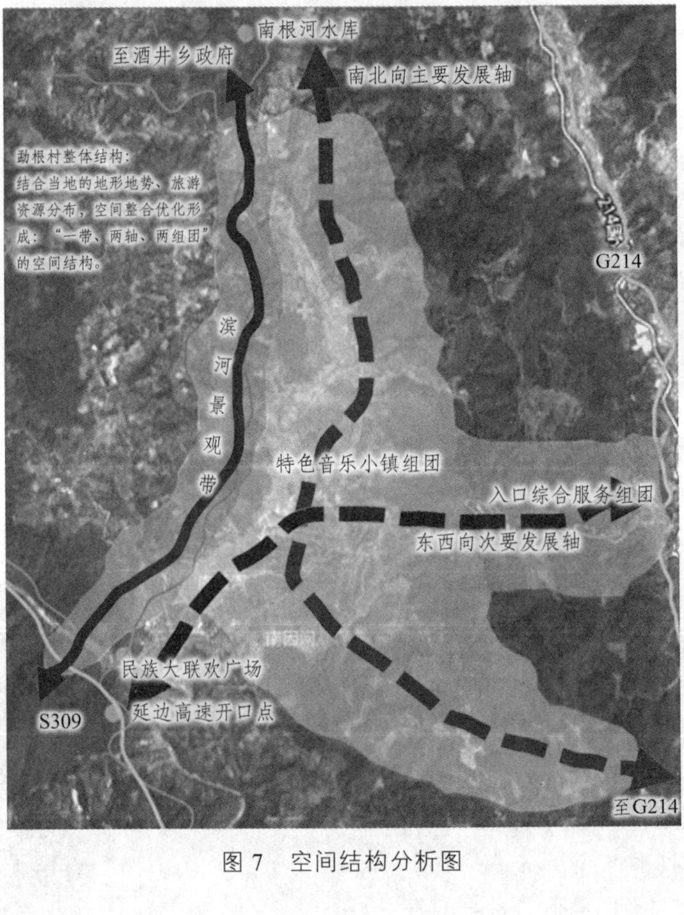

图 7　空间结构分析图

3. 功能分区

核心规划范围共分为八大功能区（图 8），分别为回塘哈尼文化体验区、老达保拉祜音乐风情核心区、茶文化养生区、音乐温泉度假核心区、勐根傣族文化体验区、房车营地休闲区、南波别片区、入口综合服务区。

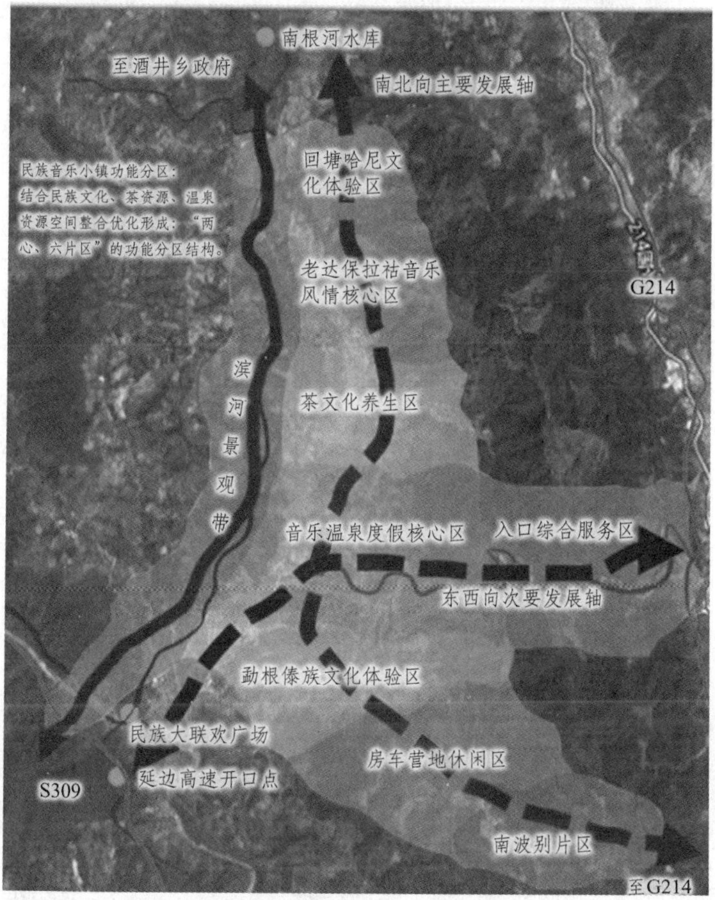

图 8　功能分区图

4. 服务设施分布

根据规划的区域范围，结合不同地块的功能特征，形成各区域相对独立的服务特点和管理模式。在满足服务半径（200 米至 70 米）的同时，各服务区尽量结合区内的重要节点，配套相应的旅游公厕、餐饮、住宿、银行、电话亭、停车场、问询处、游客中心、商店、医疗点、废物箱等服务设施。服务设施分布图如图 9 所示。

七、分区规划

1. 入口综合服务区

入口综合服务区位于勐根村规划范围的东侧，接近 G214，且位于景区的中轴线上。它包含游客服务中心和集散广场两部分，总规划面积 2.5 平方千米（涵盖了从入口进入勐根音乐小镇的道路区域）。主要功能有景区形象展示、集散服务、综合接待、售票服务、问询服务、交通换乘、旅游购物、公共服务等。入口综合服务区位置图、平面布局图如图 10、图 11 所示。

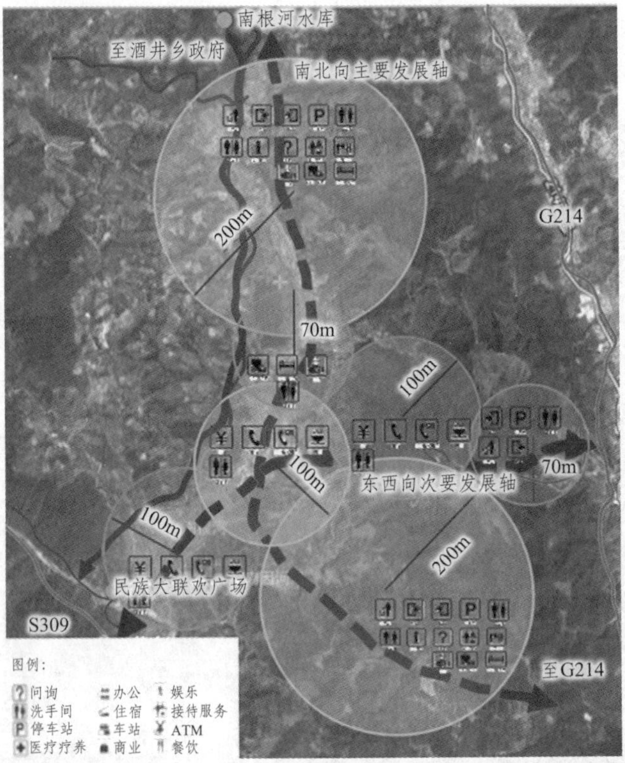

图 9　服务设施分布图

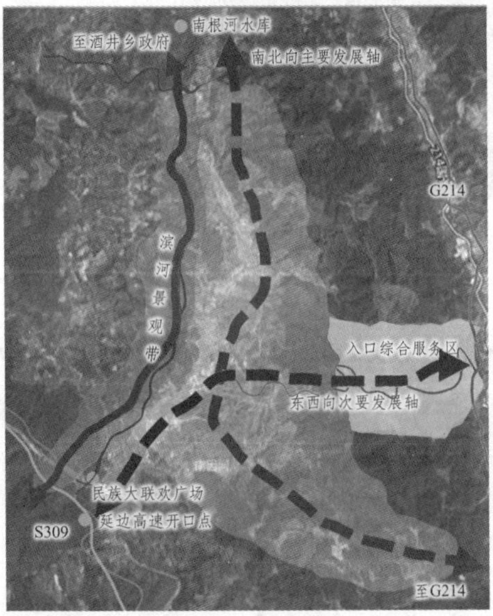

图 10　入口综合服务区位置图

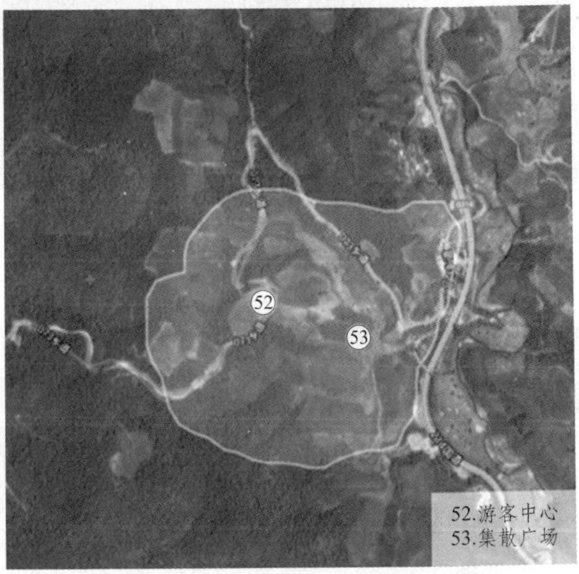

图 11　入口综合服务区平面布局图

1）集散广场

规划用地面积 0.017 平方千米，位于勐根村规划范围的中轴线上，北接游客服务中心，地势开阔、平坦。广场为游客集散的空间，满足游客的停留和聚集，是景区人流量最大的地方。通过采用当地石材雕刻游客中心标识和“HALEJA”（读“哈列贾”，就是拉祜语“快乐”

的意思），具有清晰的吸引力；中轴处设立一个集吉他和葫芦元素为一体的标志雕塑，增加广场的民族文化氛围。两侧均由机理绿草坪构成，一方面，绿地内种植组团树木，为游客提供休憩纳凉的场所；另一方面，采用当地的草本植物且通过园林艺术手法展现音乐文化，构建民族音乐元素，让整个集散广场在保留原生态的绿色景观的前提下，充斥着当地民族特有的音乐离子。

2）游客服务中心

根据《旅游景区质量等级的划分与评定》（修订）（GB/T17775—2003），创建国家AAAA级景区。游客服务中心的建设标准是游客中心位置合理，规模适度，设施齐全，功能完善；咨询服务人员配备齐全，业务熟练，服务热情；游客公共休息设施布局合理，数量充足，设计精美，有特色，有艺术感；尊重自然地貌，依山就势，顺坡起伏，将建筑、缓坡、退台等融入其中。

场地位置开阔，总建筑面积0.011平方千米，用地面积0.0167平方千米。

功能：提供人性化游览和全程无障碍服务以及智能服务。

2. 回塘哈尼文化体验区

回塘哈尼文化体验区位于特色音乐小镇的北部，处于南北向主要发展轴的最上方。回塘小组面积5.94平方千米，规划面积0.7平方千米，海拔1000米，年平均气温20℃，年降水量1700毫米，适宜种植粮食、茶叶等农作物。在这里洋溢着哈尼族的文化气息，演绎着哈尼族的生活场景，对回塘哈尼文化体验区的打造必须结合当地的民族特性，进行保护性开发，充分利用当地的民族特色开展以体验为主的旅游活动。利用当地哈尼族的原生态生活，从哈尼族服饰出发，打造哈尼族服饰工艺坊，供游客观赏购买，还可以体验服装租赁拍照等项目。打造一个手工编织坊，出售各种竹编制品，让哈尼族人民不再局限于编制生活用具，更让哈尼族的竹编工艺文化走向竹编艺术，与现代竹编艺术相结合，扩展当地竹编的范围，传承那些古老而美好的手艺。回塘哈尼文化体验区位置图、平面布局图如图12、图13所示，哈尼文化体验意向图如图14所示。

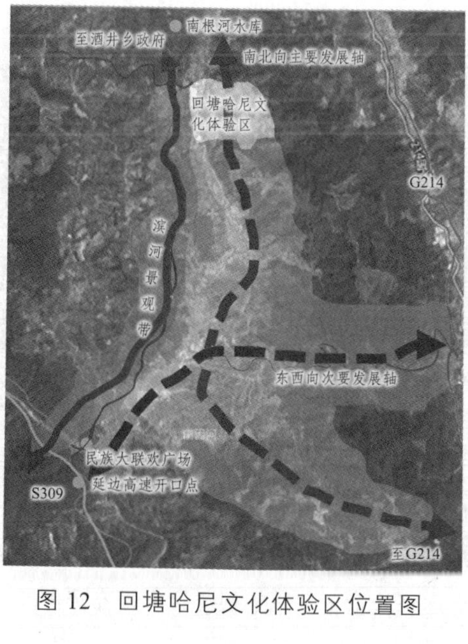

图12　回塘哈尼文化体验区位置图

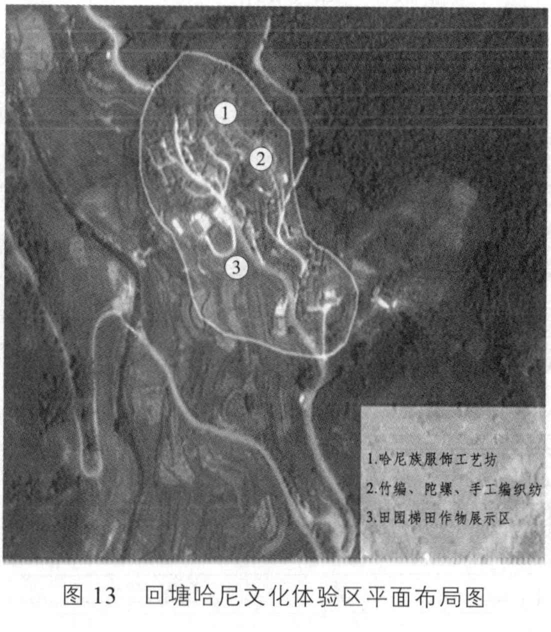

图13　回塘哈尼文化体验区平面布局图

图 14　哈尼文化体验意向图

3. 老达保拉祜音乐风情核心区

老达保拉祜音乐风情核心区位于南北向发展轴的中北部，距离回塘小组 2 千米，该区域以老达保小组为依托，规划面积 1.3 平方千米。老达保小组是一个以拉祜族人口为主的村寨，有 200 多人擅长吉他弹唱、芦笙舞、摆舞、无伴奏合声演唱等。他们自己创作了大量的拉祜语歌曲。从音乐风格来说，有些歌曲带有拉祜族传统音乐的特点，有些则是流行音乐，当然还有一些赞美诗的风格融合在一起，形成一种多元的音乐风格。老达保拉祜音乐风情核心区位置图、平面布局图如图 15、图 16 所示。

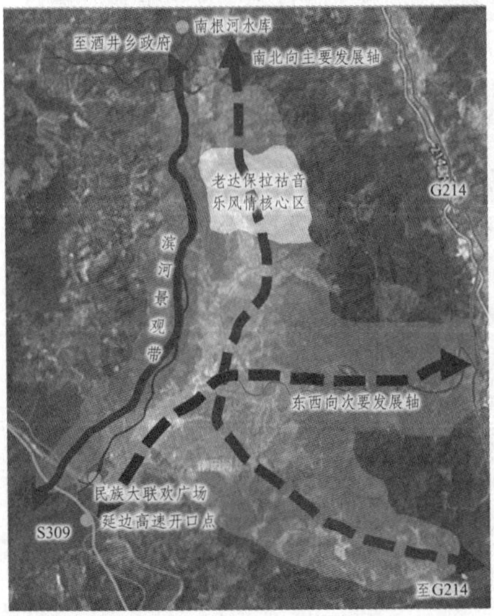

图 15　老达保拉祜音乐风情核心区位置图

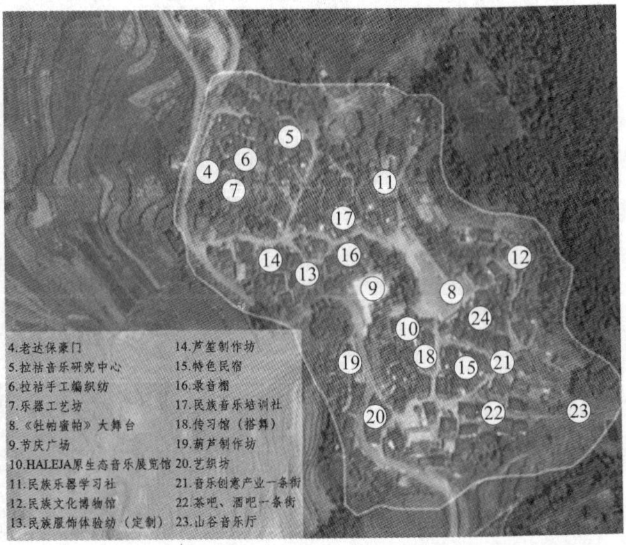

图 16　老达保拉祜音乐风情核心区平面布局图

户外的场地是《牡帕密帕》大舞台，由于户外演出，互动性会更强，同时场地中拉祜族的元素也会更加突出，场面会更加壮观。打造一个 HALEJA 音乐酒吧，在这里将拉祜族的民族音乐和现代流行音乐相结合，仿照现代流行的一些酒吧，但又不失拉祜族的传统特色，无论是外观的建筑、内饰还是具体的演出，都要加入拉祜族本身的元素，使酒吧风格融合民族化和现代化。

4. 茶文化养生区

该片区位于规划两核心片区之间，规划面积 2.7 平方千米，主要是针对与满足追求养生健体需求的游客进行规划建造的。这一片区主要位于勐根茶场二队，这里因海拔变化幅度较大，受生物、气候和地形的影响，土壤的垂直分布较为明显。我们可以清楚地观看采茶、洗茶、揉茶、晒青、压饼、包装、储藏的全过程及每一个环节，在此过程中空气中馥郁的茶香令人陶醉。不仅如此，游客们还可以将自己采摘后的茶叶加工成想要的茶产品，还可以包装成礼品赠送给亲朋好友。茶文化养生区位置图、平面布局图、意向图如图 17 ~ 图 19 所示。

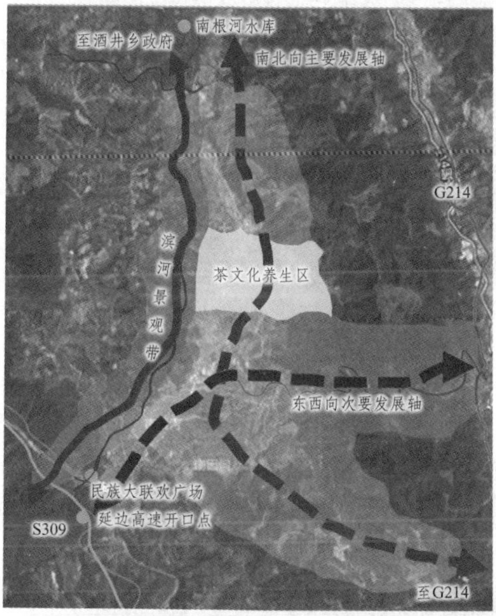

图 17　茶文化养生区位置图

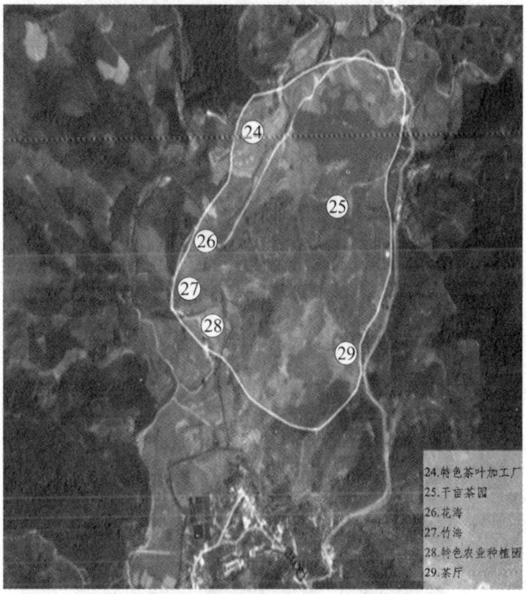

图 18　茶文化养生区平面布局图

图 19　茶文化养生区意向图

5. 音乐温泉度假核心区

音乐温泉度假核心区位于整个规划景区的中轴线上，处于南北向主要发展轴和东西向次要发展轴的交界处，距离入口综合服务区 2 千米左右，规划面积 3.6 平方千米。整个区域是一个中高端接待区，利用了勐根村南根河旁的天然温泉，该温泉一年四季水质清澈见底，水温高达 75 °C 左右，所以就地取势，在此处打造一个融合乡村音乐的温泉度假区，内部包含温泉 SPA（温泉浴场）、中高端酒店、乡村音乐温泉会馆、特色美食街等旅游单体。在泡温泉之时，使可欣赏到动听悦耳的乡村音乐，将音乐与温泉相结合，打造出一个休闲度假和民族音乐为一体的温泉度假区。音乐温泉度假核心区位置图、平面布局图如图 20、图 21 所示。

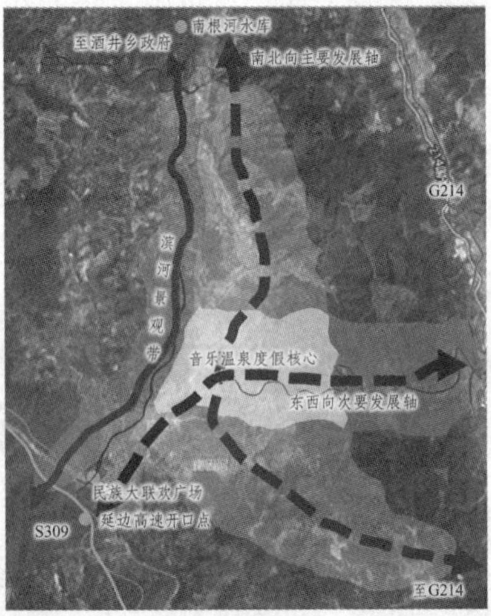

图 20　音乐温泉度假核心区位置图

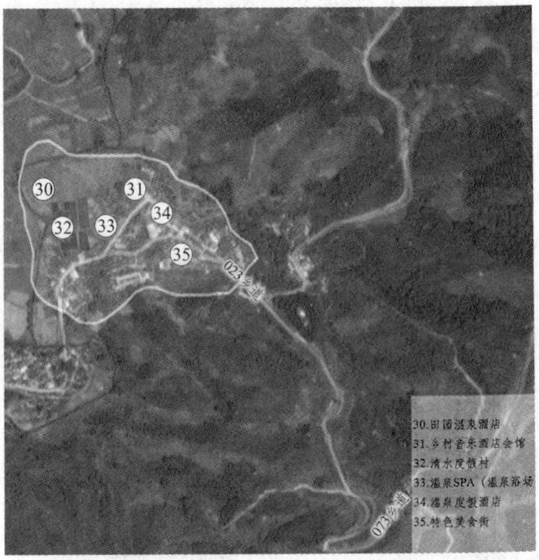

图 21　音乐温泉度假核心区平面布局图

6. 勐根傣族文化体验区

勐根傣族文化体验区规划面积 1.7 平方千米，因为勐根大寨片区属于傣族人民居住的地方，所以在此片区主要打造与傣族人民生活相关的特色景区，能够让游客们更加亲近傣族人民，了解他们的生活习性及其独具特色的民族文化，特将此片区打造为勐根傣族文化体验区。勐根傣族文化体验区位置图、平面布局图如图 22、图 23 所示。

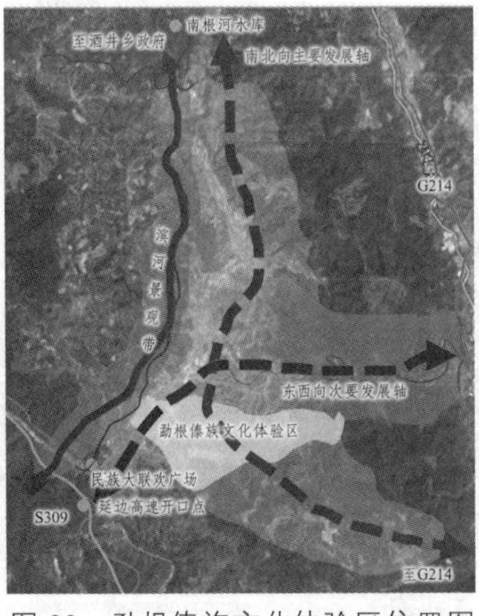

图 22　勐根傣族文化体验区位置图

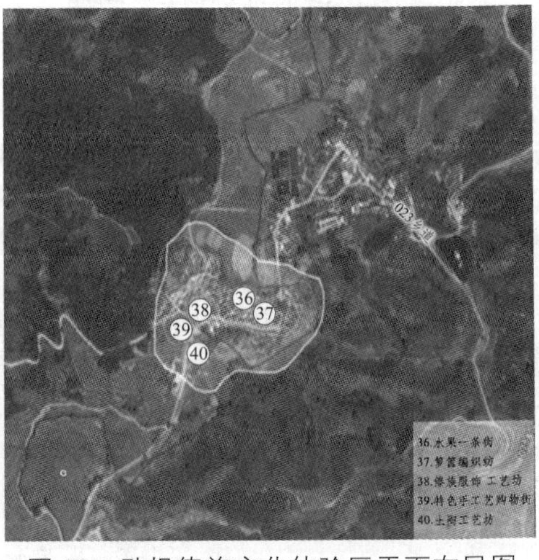

图 23　勐根傣族文化体验区平面布局图

7. 房车营地休闲区

房车营地休闲区位于整个规划区的南部，规划面积 2.4 平方千米，利用这一片区域的平坦地势和周边的秀丽自然景色，打造一个田园里的“房车院子”。前期在政府的支持下加强对道路系统的改善和修整，使房车有可进入的条件，同时依据这里具有优势的地理条件，将现代年轻人喜欢的野外露营纳入这一片开发区域中，迎合当代旅游业的发展趋势。依托政府的支持和协助，在当地设置房车帐篷租赁场和基本生活用品的售卖处，为游客提供生活上的基本消费品，为游客带来方便快捷，从而使游客更好地参与体验。将动与静相结合，使这一片区的旅游更加具有特色和吸引力。房车营地休闲区位置图、平面布局图如图 24、图 25 所示。

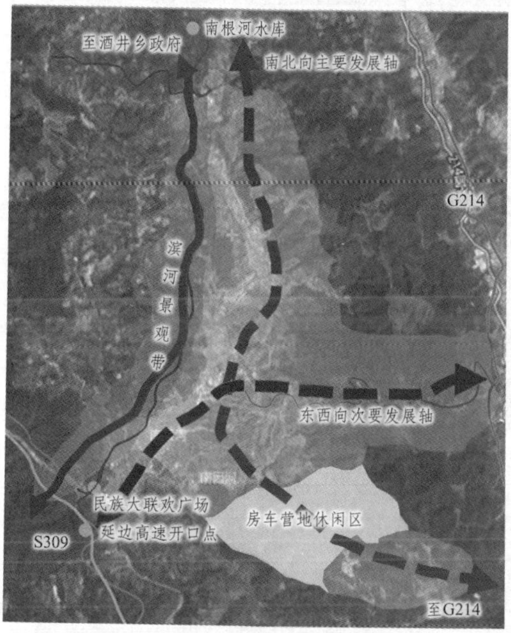

图 24　房车营地休闲区位置图

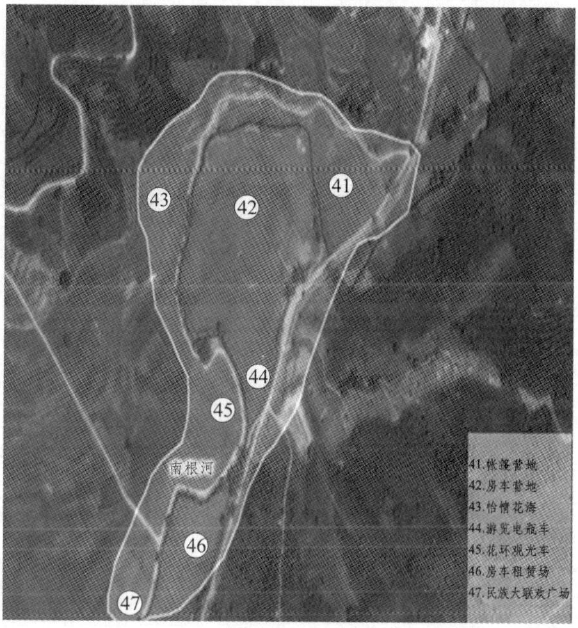

图 25　房车营地休闲区平面布局图

8. 南波别片区

南波别片区位于南北向主要发展轴的最下端，坐落在勐根村音乐小镇规划区的东南部，是南北向主要发展轴连接 G214 的重要驿站，也是整个规划区的又一出入口，规划面积 0.9 平方千米，在整个规划区中占有重要地位。南波别拥有林地 22 132.4 亩，其中经济林果地 700 亩，人均经济林果地 2.16 亩，主要种植茶叶等经济林果；荒山荒地 1114 亩；其他面积 56 亩。它的森林资源十分丰富，其小寨周边几乎被绿色森林所覆盖，对开展森林氧吧休闲和探险活动提供了有利条件，可以让游客真正地回归自然，感受大自然的无穷魅力。南波别片区位置图、平面布局图、意向图如图 26～图 28 所示。

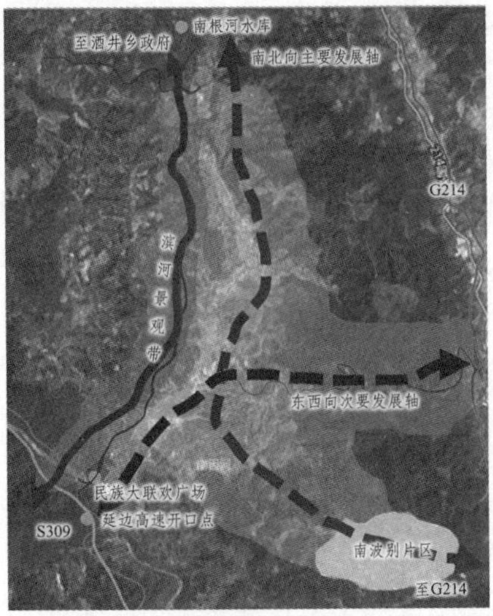

图 26　南波别片区位置图

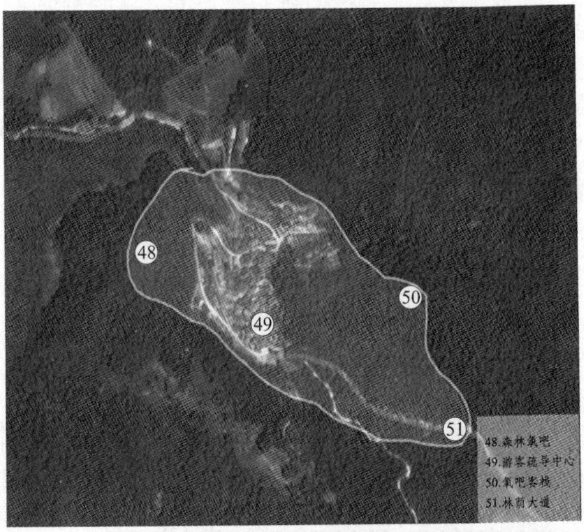

图 27　南波别片区平面布局图

图 28　南波别片区意向图

八、产品规划（表 2、图 29）

表 2　产品体系分布表

产品体系分类	种　类	特　点
观光旅游产品	田园梯田作物展示区、千亩茶园、花海、竹海、特色农业种植园、乡村音乐温泉会馆、怡情花海、森林氧吧、林荫大道、竹编陀螺手工编织坊、葫芦制作坊、艺织坊	观光旅游产品的层次最浅，它与旅游者的关系是分离的，缺少深层互动。观光旅游持续的时间比较短，属于走马观花式的旅游。观光旅游的突出特点是视觉冲击力，以广袤、雄伟、高大、深远、奇异等特点对旅游者产生震撼
度假旅游产品	田园温泉酒店、滨水度假村、温泉 SPA、温泉度假酒店、帐篷营地、房车营地、氧吧客栈、特色民宿	度假旅游产品关注旅游者休闲、度假、求放松、求安逸的心理需求，为他们提供了一个舒适、优雅、安静、私密的空间。度假旅游产品追求与旅游者互相融入的目标，产品符合旅游者的心理感觉，旅游者投身其中，享用度假旅游产品的各项服务。度假旅游持续的时间比较长，是旅游者在一段时间内的一种生活方式。度假旅游的突出特点是强调身心感受，为旅游者提供紧张生活之外的闲适

续表

产品体系分类	种　类	特　点
文化旅游产品	哈尼族服饰工艺坊、音乐创意产业一条街、《牡帕密帕》大舞台、节庆广场、民族文化博物馆、HALEJA 原生态音乐展览馆、傣族服饰工艺坊、民族大联欢广场、传习馆	文化旅游产品是指在旅游中包含的有关文化的产品，其中既有关于旅游地的文化传统的无形产品，又包括一些特产的有形商品。这些产品往往带有比较浓厚的文化色彩，与旅游目的地有着一定的联系，或体现了旅游目的地人民的生活过程
休闲旅游产品	茶吧酒吧一条街、山谷音乐厅、茶厅、乡村音乐温泉会馆、水果一条街、特色手工艺购物街、游览电瓶车、花环电瓶车	放松身心是休闲旅游产品的基本要求。休闲就是要在一种“无所事事”的境界中达到积极的休息。休闲旅游产品是指以旅游资源为依托，以休闲为主要目的，以旅游设施为条件，以特定的文化景观和服务项目为内容而设计的产品
专项旅游产品	茶园骑行、海滨骑行、森林远足、实景演出	专项旅游产品是个性化旅行的代表形态，是人们从泛旅行度假到精细旅行过渡的开始。专项旅游产品相对传统意义的观光产品与度假产品而言，更侧重于旅行产品设计的专业性，以及旅行者与旅行目的地结合的“深度”

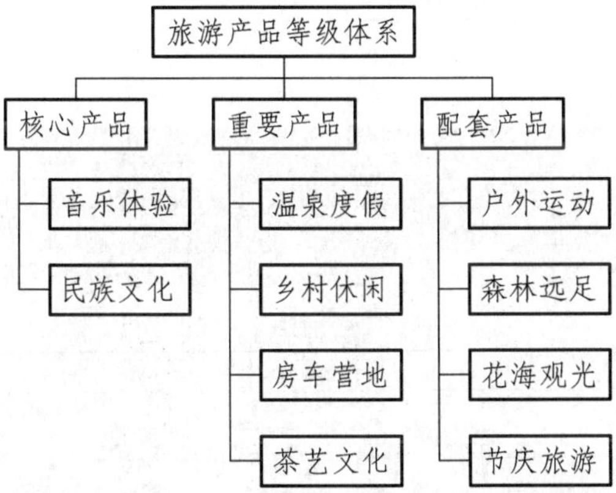

图 29　旅游产品等级体系分布图

九、交通体系规划

1. 交通现状分析

1）外部交通

勐根村隶属云南省普洱市澜沧拉祜族自治县酒井哈尼族乡，地处该乡西边，距乡政府所在地 28.00 千米，交通比较方便，距县 45 千米。目前，勐根村的外部交通主要有 G214 以及景迈机场，景迈机场距离勐根村 70 千米左右。

2）内部交通

目前，勐根村景区内部道路以乡道为主，路面基本上以水泥路面为主，部分路段为泥土路面；村内 1765.5 米长的道路主路硬化，4183 米长的串户路硬化。

主要存在的问题：各景区间道路通达性较差，仍然存在未硬化大路，下雨天泥泞，需新增、修整道路；道路等级较低，宽度存在错车困难的问题，需提高道路级别。

2. 外部交通规划

机场：澜沧机场，澜沧景迈机场，景东支线机场，以及景谷、镇沅、江城、墨江 4 个通用机场，思茅机场。

铁路：玉磨铁路，大普铁路（普洱至临沧段）。

公路：澜沧县酒井乡坡头老寨公路，南岭桥至新城、糯扎渡镇至柏木箐等 4 条移民公路，淘金河至邦崴通乡油路，澜阿一级公路，景东至文东、南涧至景东、墨江至临沧、思茅至澜沧、景谷至宁洱等 5 条高速公路。

3. 内部交通规划

1）景区主干道

景区主干道（图 30）为贯穿项目地南北、东西两大轴的主要道路，用于连接外部交通以及老达保景区各个分区的连接贯通。主干道路基宽度 15 ~ 18 米，两侧绿化宽度不得少于 1 ~ 2 米。

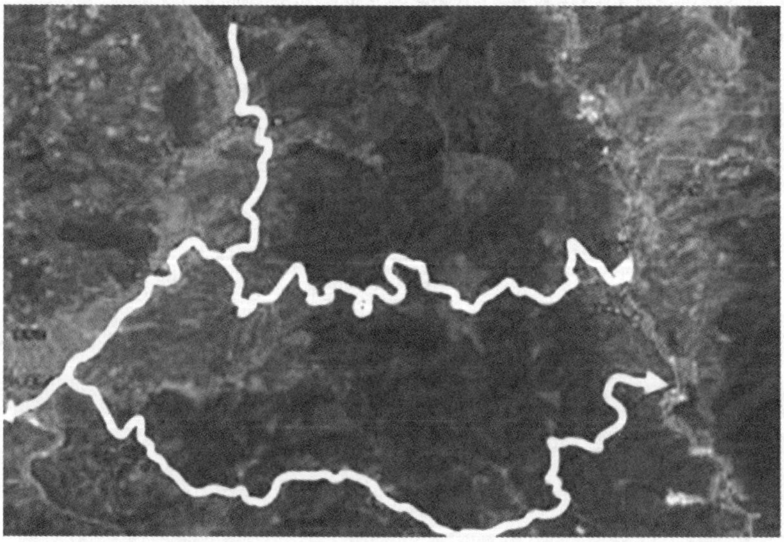

图 30　景区主干道分布图

2）景区次干道

景区次干道（图 31）主要为缓解主干道的交通压力以及直接通往各个景区景点。次干道路基宽度 6 ~ 8 米，两侧绿化宽度不得少于 0.5 ~ 1 米。

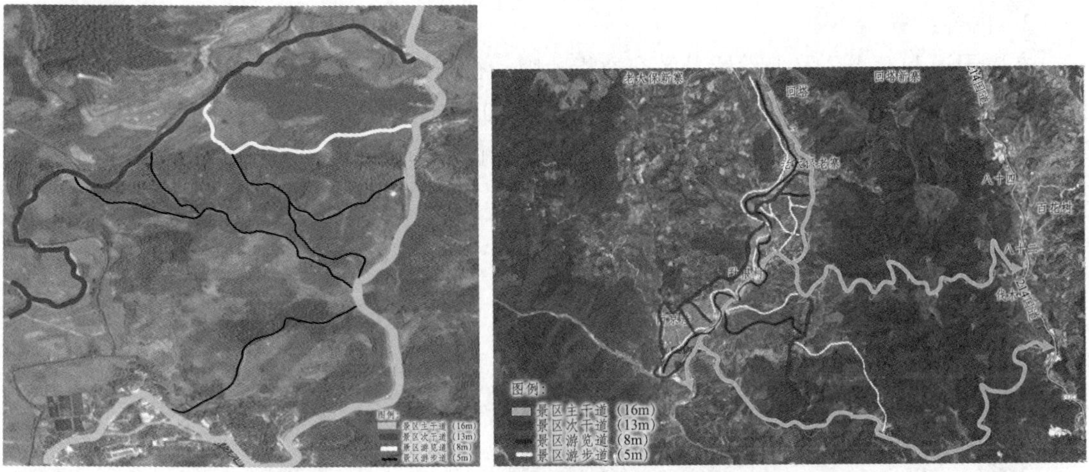

图 31　景区次干道分布图

3）景区游览道

景区游览道主要为各个功能区内部连接的道路，只允许景区观光车、电瓶车、山地车或摩托车等内部车辆通行。路基宽度为 8 ~ 10 米，两侧路肩宽度各 0.5 米，两侧绿化宽度不得少于 2.0 米。

4）景区游步道

景区游步道主要用于游客的徒步观光、游览等，在进行生态旅游，周边拥有一定的田园风光旅游资源之时，可在合适的地势上修建一条观光小路，仅供游客步行使用，路基宽度为 3 ~ 6 米。路面根据不同地势进行处理，保证游客的通行安全。景区游步道分为沿主路人行道、景区步道（公共游步道）、社区步道（专用休闲步道）、步行活动空间四种步行类型。修建景观步行小道连接音乐温泉度假区和滨河景观带，连接各个景观区与展示服务区。

4. 交通设施规划

1）交通方式

勐根村位于澜沧县酒井乡，距县城 51 千米，距景迈机场 55 千米，开通适应旅游市场需求的景迈机场—酒井老达保旅游专线车，沿线合理布置相关停靠站点，方便团队、自由行游客出行。在景区内主要采用旅游观光车、摩托车、电瓶车、山地车等交通工具，因为景区主要位于山上，多为上坡路和崎岖山路，所以在游览时可骑山地车以节省体力。

2）停车场地

在入口综合服务区、过南波别通向 G214 的出入口、在沿边高速开口点到达 S309 的出入口设置集中的停车场，在其余各个景区景点进入口分设停车位。停车场包括机动车停车位和非机动车停车位。

5. 交通标识系统

1）位置设置

外部标识主要设置在外部交通连接的出入口和路口交叉处，旅游专线车乘坐地点指示停靠点，内部交通各个景区景点相距的位置及景区所处方向的标识。

2）内容设置

在主干道和等级公路上设置景区交通指示牌、行车距离标识、警示安全语、旅游专线车停靠站点。分级设置间距标识，距离景区分别为 10 千米、5 千米、3 千米。在景区内部的交通标识是对于各个景区景点相离间距的提示以及方位的指示确定，方便游客计划前往。如图 32 所示。

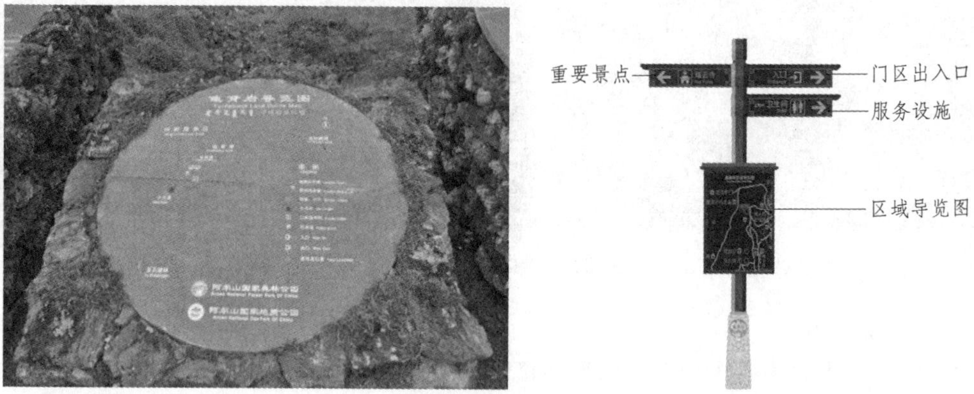

图 32　标识标牌示意图（一）

3）设计制作

标识设置要合理，结合当地特色，符合民族文化和音乐气息，可以在标识牌周边采用音乐音符串联起来，设计突出艺术，采用棕色木制材料进行展示，并且需要景区管理人员定期检查维修，不仅检查外部破损情况，还应检查内部交通指示牌是否受外部影响，避免指示方向错误的情况出现。交通指示是让游客清楚地知道前行的去处，所以需要起到正确的指示作用。如图 33 所示。

图 33　标识标牌示意图（二）

十、服务要素规划

1. 接待服务规划

中心门户服务区与旅游接待服务设施相关的区域主要有三个，分别为入口综合服务区、音乐温泉度假区、老达保拉祜音乐风情区。

“入口综合服务区”指临近 G214 的出入口处，主要有游客服务中心、旅游服务咨询点、外来车辆停车场、停车场旁旅游厕所、景区导视系统、景区信息系统，建设集智慧管理、智慧服务、智慧营销和智慧体验功能模块的智慧旅游体系。景区有免费 Wi-Fi，景区设置的指示牌下面张贴二维码，游客扫描二维码就可直接进入勐根村官方网站、通过语音导游等游玩勐根村。“智慧旅游”里有语音导游功能，只需指尖一点，就能收听到该景区的智能讲解。

“音乐温泉度假区”经过东西、南北两轴的交汇处，本区的主要功能是提供游客住宿与餐饮服务，设置星级宾馆与停车场，根据旅游产业发展需要沿其左侧的南根河设置各类休闲茶楼与各类游憩、购物、观光设施，形成滨河景观带。设沿河休闲步道 5 千米，制作设置木制勐根村导览图 1 个。

“老达保拉祜音乐风情区”为景区的核心景点之一，民居采用拉祜族传统干栏式建筑，可设置为农家民宿点。本区以有着葫芦标志的大门为入口，通过景观步行道路连接音乐温泉度假区和滨河景观带。

两块核心区域加上入口综合区，主要是为游客提供服务的场所，这三个区域相辅相成、关系密切，相应的配套设施应设置齐全。

2. 旅游住宿规划

1）规划思路

根据不同片区接待能力，以及所处周边环境和所具备的特征来打造不同类型的住宿建筑，比如特色民宿、高低端酒店以及房车帐篷营地等，来满足有着不同层次的游客的需求。在音乐温泉度假区建设高端温泉酒店，可满足商务、会议旅游所需接待能力。利用当地拉祜族、哈尼族、傣族各民族所居住的建筑特色，即在老达保、勐根大寨、回塘片区分别打造三种不同特色的民宿。利用在勐根大寨到南波别中间这一森林覆盖率较高的片区，打造房车帐篷露营地，满足游客亲近大自然、感受乡村清新空气的需求。

2）住宿设施规模预测

根据中期规划预测，床位数约有 1 万张。

3. 旅游餐饮规划

1）规划思路

根据勐根村的民族特色文化，打造方式多样、形式多种、菜品丰富的民族饮食文化，打造融多民族特色为一体的美食街，在街道两边修建具有民族风貌的小铺子以及餐馆。美食街的位置设立在音乐温泉度假区的外部，因为这一片区域属于度假型的区域，游客在泡完温泉之后可以到美食街品尝拉祜族、傣族、哈尼族各个民族的特色美食，感受当地的民俗风情。

2）餐饮设施规模预测

中期预测餐位 5000 个。

4. 旅游商品规划

1）提升旅游商品经济比重

从当地旅游收入来看，主要经济来源为实景音乐演出所得，所以在中期规划中，不仅保证旅游收入来自演出所得，还应该大大提升当地旅游商品的经济比重；从规划期限来看，预计旅游商品经济比重提升到30%。

2）建设旅游商品购销网络

建立旅游商店，完善当地购物点的线上销售渠道，同时需要改善当地的物流状况，连通网络进行产品特色宣传，利用智慧营销手段持续宣传。当游客在智能设备上有各个景区的介绍时，可以推荐当地的特色旅游产品，将产品所具有的功能、特色介绍清楚，促使游客产生购买欲望。

3）整合生产加工渠道

融合各个民族特色的产品，与商家联合打造具有当地特色的旅游商品。

4）特色商品提炼

勐根傣族文化体验区：傣族服饰品、傣族陶制作品、热带水果干。

老达保音乐风情核心区：录音棚特制纪念磁带（游客自己所录）、拉祜包、拉祜芦笙、拉祜民族手工吉他。

茶文化养生区：特色普洱茶加工品。

回塘哈尼文化体验区：哈尼族服饰品、手工竹编艺术品。

5）核心产品打造

打造民族大礼包，将勐根音乐小镇三个主要民族的手工艺品和美食（如傣族的水果干货）进行相应的混合，然后用精美的纸包装；针对不同层次的、不同旅游形式的消费者，民族大礼包分为普通装、精品装、豪华装，从而满足每位顾客的消费需求。

6）商业设施规划

主要是在音乐温泉度假区旁边的美食街进行商业合作，老达保拉祜音乐风情核心区、勐根傣族文化体验区、回塘哈尼文化体验区、茶文化养生区周边商铺合作进行推广旅游商铺，联合出售。

十一、基础设施规划

1. 信息服务规划

勐根音乐小镇休闲区信息服务系统应该可对旅游产品、旅游文娱、旅游交通、旅行社、旅游饭店、旅游商店、旅游住宿等各个方面的信息展示查询，通过采集旅游资源信息，在统一的平台进行管理，并且游客可以通过此平台了解小镇的功能分区，选择自己喜欢的游览方式或者安排的游览方式。通过网络传输系统，与回塘哈尼文化体验区、老达保拉祜音乐风情核心区、茶文化养生区、音乐温泉度假核心区、勐根傣族文化体验区、房车营地休闲区、南波别片区分支网站，进行小组合作实现有效对接，并进行数据的实时传输、实时更新。游客可以利用网络平台看到回塘哈尼文化体验区、老达保拉祜音乐风情核心区、茶文化养生区、音乐温泉度假核心区、勐根傣族文化体验区、房车营地休闲区、南波别片区的即时状态，并进行有效的交流沟通，提高游客出行的满意度、自由度和认可度，也可使勐根村各个小组整体围绕音乐发展起来。信息服务系统具体包括旅游资讯系统、旅游信息系统、数字勐根村系统、电子商务系统。

2. 给排水系统规划

1）给水工程规划

从勐根村旁边的南根河引水，以修建中、小型水库等蓄水工程为主，配套建设引水、提水工程，形成重点水源工程输水系统。勐根村共布置水库两座。结合地质地形，修建一定数量的小型雨水集蓄工程，作为补充水源或解决小组村民缺水的燃眉之急，或者断电的时候用于发电。建设集中式供水工程 2 处，日供水规模约 3000 立方米，分散式工程 8 处，“两核心六分区”每处有一分散式供水工程，可解决规划区内各小组村民的生产和生活用水问题，还可解决街道清洗、游客用水等一些基础设施用水问题。

为了使勐根音乐小镇项目成功完成开发建设，积极推进勐根音乐小镇开发建设水源工程及配套水利设施，规划南根河建设两座大型水库即南根水库一站和南根水库二站，以及每个小组的分散式工程小型水库等项目。

2）排水工程规划

排水体制采用雨污分流制。

雨水处理：河流汇水区的雨水通过地面散排、道路组织排水等方式进入河流周边预设的溢流井，排向溪流。溪流汇水区外的雨水则进入雨水管道，汇入区内雨水排放系统。

雨水排放要严格执行国家规范，杜绝无组织排放。区内最高日污水量按给水量 90%的标准计算，污水经排污系统进行收集，防止渗漏，禁止流入南根河和村庄内的稻田中。

在回塘哈尼文化体验区、茶文化养生区、音乐温泉度假核心区、勐根傣族文化体验区、房车营地休闲区、南波别片区各建一个小型的污水处理站，实现污水区内处理。

3. 通信邮政规划

1）邮政规划

在勐根村 G214 旁的入口综合服务区和音乐温泉度假核心区内设置邮局，为游客和当地村民提供邮政服务；在回塘哈尼文化体验区、老达保拉祜音乐风情核心区、茶文化养生区、音乐温泉度假核心区、勐根傣族文化体验区、房车营地休闲区、南波别片区增设邮政纪念品和音乐明信片的售卖点，并且在民宿或者老达保拉祜音乐风情核心区中增设照片拍摄地，反映在明信片中，或者相册中。

2）有线电视

勐根村有线电视纳入澜沧县广播电视系统，在民宿和高档酒店中，每套客房至少配备一台电视机，配备既能与前台沟通又能够拨打国内及国际长途的有线电话。在入口综合服务区和回塘哈尼文化体验区、老达保拉祜音乐风情核心区、茶文化养生区、音乐温泉度假核心区、勐根傣族文化体验区、房车营地休闲区、南波别片区这“两核心六分区”中，各设置一间公共信息亭，具备固定电话通信、自助式服务、紧急呼救等功能。

3）移动通信

规划移动电话普及率达 80 部/百人以上，特别是工作人员，必须每人都有移动电话方便工作；在入口综合服务区和回塘哈尼文化体验区、老达保拉祜音乐风情核心区、茶文化养生区、音乐温泉度假核心区、勐根傣族文化体验区、房车营地休闲区、南波别片区这“两核心六分区”中，每个区的最高点规划一个移动通信信号塔，信号覆盖范围为小组内部，满足勐根音乐小镇移动通信网络需求。

4）互联网

营造便捷的网络环境，在每家民宿和高档酒店中，入口综合服务区的前台人员都必须配备电脑，以方便网上住宿条件的订购，并且客房均有专线互联网接口，其他设施也应配备互联网借口。

4. 环境卫生规划

1）厕所建设及改造

“两核心六分区”的沿途、景点区域设置厕所，一般公厕之间的距离为 750 ~ 1000 米，以步行 30 分钟为宜。

2）固体废弃物

制定严格的卫生环境管理措施。“两核心六分区”的沿途、景点区域配置足够数量的垃圾桶，垃圾桶之间的距离一般不超过 100 米，并在“两核心六分区”的最外围建设垃圾收集站和转运站。

3）环境卫生维护

增设秩序巡查员，负责监管内部人员车辆停放、各小组内乱堆乱放现象等，保证场地内无乱堆、乱放、乱建现象。对出现剥落现象的建筑物及时进行粉刷、修复，保证建筑物外观美观。每条街道配备两个垃圾清理人员，保证街道的整洁干净和美观。

5. 供电工程规划

各类用地按使用性质分别选取不同的估算用电负荷指标：

居住用电：取 4 千瓦/户，同时系数 K=0.4；

公建用电：取 60 ~ 80 瓦/平方米（建面），K=0.6；

道路用电估算：2 瓦/平方米（用地）。

在“两核心六分区”中坚持环保生态节能理念，试行风力发电，并辅以太阳能发电，逐步使整个勐根音乐小镇形成良好的新能源利用体系，环保节能伸入村民心中。

6. 燃气工程规划

规划采用天然气作为勐根音乐小镇的第一气源，利用澜沧县的输气管道，将天然气延长到勐根音乐小镇的各个小组中，在滨河景观带新建配气站一座，主供各个小组的村民生活用气，设计规模 2000 标立方米/日，但以村民的柴火生活能源作为第二气源。

7. 防灾系统规划

1）防震

“两核心六分区”中的设施及建筑工程必须按国家颁布的《建筑抗震设计规范》（GB50011—2001）所规定的建筑抗震设防分类标准进行抗震设计和建设，抗震设防烈度为 7 级。

2）防洪

加强勐根村旁南根河的管理，严禁在河道内乱采挖、倾倒垃圾杂物和乱排放污水，严禁侵占河道及在河道内修建妨碍行洪的建筑物、构筑物和发电系统装置。建设排洪沟，完善勐根音乐小镇内排水设施，对勐根音乐小镇旁的南根河及勐根音乐小镇内的河道疏浚清淤，勐根音乐小镇内外的防洪标准按 10 年一遇。

3）防地质灾害

“两核心六分区”的建设过程中，选择适宜的建设用地，不能影响村民的正常生活。避开可能的灾害多发地带，减少灾害对各类设施的影响，森林斜坡地带尽量以观光为主，拒绝建筑物的修建。通过人文和生态的有机结合，维持勐根音乐小镇人文和自然的平衡，减低一些地质灾害的发生。

建立完善的地质灾害预警预防系统，逐步建立包括灾害风险分析和评估、灾害预报与预警、灾害防御和治理等灾害防御体系。有效做好地质灾害预警工作，尤其是每年的汛期，针对山区易发生的滑坡、崩塌、泥石流等灾害，做好地质灾害气象预警预报。

4）消防与防火

勐根音乐小镇内消防的重点是“两核心六分区”中的生活用电用火用气和周边的林地集中区域及建筑物。

各项建设严格执行国家颁布的消防规范、防火等级，健全消防设施，在工程规划建设时保留消防通道和建筑物的防火间距。

8. 医疗设施规划

规划在入口综合服务区、老达保拉祜音乐风情核心区、勐根傣族文化体验区、南波别片区建立四家医院，既不占较多的位置，还能改善医疗条件；建立勐根音乐小镇与医院的合作关系，双方签订长期合作协议，提高医疗设施。

在回塘哈尼文化体验区、茶文化养生区、音乐温泉度假核心区、房车营地休闲区设立 4 个医疗急救站，并在回塘哈尼文化体验区、老达保拉祜音乐风情核心区、茶文化养生区、音乐温泉度假核心区、勐根傣族文化体验区、房车营地休闲区、南波别片区设立医疗急救点 8 个，彻底完善勐根村的医疗条件。

十二、营销策划

1. 营销思路

以基础和核心市场游客的需求为目标，开发音乐之旅、文化休闲、民俗体验、休闲度假、生态养生等旅游产品和旅游线路，首先打响音乐小镇的名号。因为勐根村本身的旅游发展严重滞后，所以进行开发就要全面整合其资源进行包装，而其核心资源的特殊性、目前中国市场该类旅游产品的稀有性，使勐根音乐小镇有突出优势成为国内知名特色小镇、国家级旅游度假区。

2. 营销推广口号

1）主要营销口号

聆听大山天籁，感受民乐情怀——勐根音乐小镇。

2）备选营销口号

与拉祜共耕共织，于田间共演共奏——勐根音乐小镇；

大山深处的音乐天堂——勐根音乐小镇；

歌声飞出勐根村，唱响音乐哈列贾——勐根音乐小镇；

大自然中的放声歌唱，你我共同的音乐梦想——勐根音乐小镇；

中国唯一特色音乐小镇——勐根音乐小镇。

3. 营销策略

1）线上营销

（1）目前网络上能查到的勐根村相关资料非常少，所以首先要在勐根村村委会、澜沧县政府、普洱市政府甚至云南省政府完善其相关旅游咨询，并在官网上分出专栏大力宣传勐根音乐小镇的特色旅游产品。

（2）与途牛、去哪儿、携程、马蜂窝等知名旅游网站、旅游频道合作，线上推出勐根音乐小镇旅游线路及产品，并设置云南旅游主题专栏广告，宣传勐根音乐小镇。

（3）推出微博、微信公众号，定期更新旅游资源和旅游动态，积累旅游人气和名气。

（4）邀请网络红人录制宣传影视，微博红人、旅游博主、知名公众号等网络红人的传播效应非常快，可以迅速提高勐根音乐小镇的知名度和影响力。

2）交通线广告投放

在 G214、澜沧县公路、国道、普洱市航空港、铁路、公路干线等出入口和沿途各点设置大型广告牌，还有 DM 直投、手机导引等方式，快速提高勐根音乐小镇的知名度和影响力，拉动周边客源市场。

3）举办特色节庆

除了勐根村本地的少数民族节庆之外，还可以举办勐根村采茶节、勐根村音乐节、勐根村美食节等特色节庆，不仅可以吸引游客互动，还可以展示勐根音乐小镇的活力，彰显其文化特色。

4）承办演唱会、音乐会，举办歌舞比赛等

举办哈列贾音乐会，承办明星歌手演唱会，利用明星效应，提高勐根音乐小镇的知名度，在当地举办民族歌舞比赛，男女老少皆可参加，创造小镇音乐文化活力。

第二章　项目分析

一、可行性分析

1. 政策可行性

项目的策划或规划，一般都会涉及一些国家的政策或地方和部门的法规，政策是否允许，是鼓励还是限制；法规是否符合，是抵触还是遵守，都必须充分地进行分析、考虑。有了政策、法规的支持和保护，项目的开发就比较容易推进，容易获得成功。反之，项目根本就无法进行。在勐根音乐小镇项目的开发设计中，我们利用《中华人民共和国城乡规划法》《中华人民共和国土地管理法》《中华人民共和国自然保护区条例》《云南省旅游文化产业发展规划（2016—2020）》《云南省旅游文化产业发展规划实施方案（2016—2020）》《澜沧拉祜族自治县土地利用总体规划（2010—2020）》等法律法规，进行勐根村的项目开发，实现勐根村经济在旅游业的带动下快速发展起来，在一些建设中可能会征用土地，但是有政策的保障，形成村民失地不失业的良好局面。

2. 环保可行性

环保问题已经成为国民经济发展中十分突出的问题，再也不能以牺牲生态环境为代价，谋求经济的发展，旅游事业的发展尤其是这样。对于旅游来说，生态环境是第一位的，丢了生态环境就是丢了第一“卖点”。因此，破坏生态环境的项目，经济效益再好也是不允许的。当然，旅游开发会带来旅游者的大量涌入，这必然会给环境带来或多或少的影响。因此，我们必须从规划一开始，就力保环境影响度接近零的目标，达到环保可行性的要求。在勐根音乐小镇项目的开发设计中，在回塘哈尼文化体验区、老达保拉祜音乐风情核心区、茶文化养生区、音乐温泉度假核心区、勐根傣族文化体验区、房车营地休闲区、南波别片区的建筑和民宿采用的是符合国家环保标准的材料与设计，并且厕所垃圾桶随处可见，每条街道都配有 2 个保洁人员；森林资源以观赏为主，没有什么大的开发，并且在总体定位中以维护生态资源作为重点项目；环保要求以国家为标准。

3. 技术可行性

规划任务的实现要有技术上的保证。所有项目的设计都要有严格的技术论证，有的重要项目还应该进行灾害性评估和可靠性试验。旅游开发和休闲娱乐设计越来越多地依托现代科技、全面自主创新，这是非常可喜的现象，但是，我们一定要采用成熟的技术和可靠的设计，必须在功能和安全两方面确保其技术的可行性。在勐根音乐小镇项目的开发设计中，在房车营地休闲区我们就采用了灾害性评估，因为坡度和森林资源的丰富性，房车建设必须依靠技术，必须进过反复的实验，才能选择确切的位置，因此在技术上我们对每个片区都做了一定的规划。

4. 投资可行性

规划的落实需要有资金投入的保证。无论是资金一次到位，还是分期建设滚动开发或者采取招商引资合作开发建设，都必须根据不同情况进行分析，确保项目投资的可行性。在勐根音乐小镇项目的开发设计中，澜沧老达保快乐拉祜演艺有限公司在此成立，并且在老达保音乐的开发中占主导作用，音乐项目的开发、演艺舞台的搭建等都是澜沧老达保快乐拉祜演艺有限公司投资修建的；在基础设施规划方面，我们要征得政府的同意，积极拉动政府投资。

5. 市场可行性

市场是规划项目能否生存的关键，我们开发的项目必须植根于市场。没有市场，没有客源，就没有了生存和发展的条件。因此，必须对策划、规划的项目进行周密的市场调研，客观地做出市场分析，科学地进行市场预测，得出市场可行性的明确判断和可靠结论。在勐根音乐小镇项目的开发设计中，我们首先做的就是市场调研，我们发现老达保是唯一一个有拉祜族的村庄，并且每位拉祜族村民从小就喜欢音乐，吉他从不离身；在知道拉祜族音乐文化浓厚的背景下，根据当地的傣族文化、哈尼文化等独特旅游资源进行整合开发。对境内市场和入境市场，我们都做过较为详细的分析，从小的市场逐步定位到大的市场，从云南到世界各地都有爱好吉他音乐的人，从内到外抓住这一部分人群，使其成为勐根音乐小镇的主要客源市场。

6. 战略定位可行性

定位是规划项目成功的关键，是整个项目的核心发展关键。我们开发的项目必须要有战略定位作为我们整体规划的指导，这样我们的规划才有中心思想，并且贯穿于整个规划之中。在勐根音乐小镇项目的开发设计中，我们的战略定位为“大山民族情，农耕艺术村”，这是我们结合勐根村自身的资源优势所做出的定位。勐根村四周环山，内部建筑以拉祜族、哈尼族、傣族等传统民族建筑为主，其中以老达保拉祜音乐最具特色，吉他本是城市的奢侈品，却成为一个小小村落的象征；村民扛起锄头是农民，拿起吉他是音乐家，所以将其定位为“大山民族情，农耕艺术村”，将其特色完全展示出来，并且正在以保护传统村落、维护生态资源、传承地域文化和自然相和谐、积极构建“音乐文化＋”的旅游产品体系，真正将战略定位落到建设开发的实处。

二、环境保护与影响分析

1. 规划原则

1）生态保护优先原则

重点保护现有原始生态环境，使之成为重要的生态景观资源与开放空间，力求创造更加自然舒达的生态环境。

2）尊重当地文化原则

充分挖掘当地现有的人文元素、民族风情、自然景观和人工景观的要素与潜力，精心创造特色音乐小镇景区空间，提升景区形象。

3）科学规划与规模控制原则

对旅游人口和建设用地规模进行科学规划和双重控制，同时完善配套的基础设施和公共服务设施，使景区的环境建设更为科学。

4）动态规划原则

景区开发是一个动态的过程，顺应旅游市场发展需要，努力寻求经济效益、社会效益和环境效益三者结合最优化的开发模式。

5）因地制宜的原则

尊重物种的多样性，维护栖息地质量，利用当地特有的音乐元素，构建有助于自然发展、社会和生态健康的环境，以及适宜的人与自然相互依赖与共存的空间。

2. 规划措施

1）法律法规

严格贯彻实施《中华人民共和国环境保护法》《中华人民共和国森林法》《中华人民共和国水土保持法》《中华人民共和国清洁生产促进法》《中华人民共和国循环经济促进法》等国家法律法规，对资源与环境进行有效保护。

2）建立环境保护管理体系

制定相关的规章制度，建立环境保护管理体系，将环境与人相结合形成一种人为管理模式；开展多种渠道、多种形式的环境保护宣传活动。

3）可持续发展策略

维护、合理使用并且提高自然资源基础，加强宣传可持续发展发展策略，增强环保意识，依法治镇。

3. 分级保护规则

根据资源与环境的现状、价值和脆弱性，把旅游资源保护分为三个级别：

1）一级保护区

一级保护区指资源价值高、环境承载力较低的地段，在旅游开发中应该有限度地对游客开放，要控制游客行为、游客量和开发建设规模，禁止修建任何破坏小镇原始度和美观度的建筑，杜绝污水、污物、乱建、乱放现象。它主要为勐根村的核心区及音乐温泉度假核心区、老达保拉祜音乐风情核心区，以拉祜族吉他音乐为主。

2）二级保护区

二级保护区指资源价值稍逊，但有一定环境承载力，游客容量可相对放宽，但要控制游客行为和开发建设规模。它主要为围绕老达保音乐小镇开发的回塘哈尼文化体验区、茶文化养生区、勐根傣族文化体验区、房车营地休闲区、南波别片区。

3）三级保护区

三级保护区指资源条件一般，难以单独吸引游客，但对旅游区的意境氛围的塑造和旅游项目设施的建设至关重要，应进行建设控制，不得在此范围内乱建房屋和其他建筑物。它主要为勐根村规划以外的区域，重点为游客服务中心、酒店服务区及游客接待区。

4. 森林资源保护

1）保护范围

保护水源涵养林、山林、常绿针叶林、落叶阔叶林、针阔混交林、暖性针叶林、温性针叶林等森林资源。

2）保护措施

森林防火：认真贯彻《中华人民共和国森林法》和《森林防火条例》，坚持“预防为主，积极消灭”的方针，强化森林防火的各项措施。

病虫害防治：坚持“预防为主，综合防治”的方针，建立健全病虫害防治机制，保护森林资源。

人工栽培：坚持以保护森林为主，扩大森林资源，人工栽培森林资源，做到以森林保护为主、开发为辅的原则。

5. 水体保护

音乐小镇内，限制工业项目的建设，杜绝工业污染源；居民和游客集中区域的生活污水必须及时处理，并经环保部门检查达到排放标准；适度开展水上游乐项目，控制规模以不影响污染水体为度；建立必要的机构，加强水质的监测和管理。

重点加强区域内勐根村老达保、勐根河等饮用水源地区域的水体保护。明确水源保护区域范围，严格执行云南省《饮用水水源保护条例》。保护区内，禁止污水排入、周边开展向水体排放污染物的建设项目、破坏与饮用水源保护相关的植被等可能污染饮用水源地的行为。

老达保每户产生的生活污水，通过地下管网收集，统一进入沉淀池。沉淀池中可以去除污水中的漂浮物，还能沉淀一些无机物，随后进入湿地，经过湿地的介质渗透，并通过芦苇吸附水中各种有机物。这种处理方式的先进性就体现为5层介质，每层由不同介质按特定配比混合组成，为好氧、厌氧微生物提供最佳生长和活动环境，使污水处理工艺效果最佳。

6. 环境污染源治理

对生活污水、旅游垃圾、粪便、粉尘、废气及噪音等环境进行分类防治，保障音乐小镇内的基本生活环境。

7. 旅游环境容量

旅游环境容量法：

$$C = A \times D / a$$

式中　C——日环境容量，单位：人次；

a——每位游客应占有的合理游览面积，单位：平方米/人；

A——可游览面积，单位：平方米/人；

D——周转率（D = 景点开放时间 8 小时/游览景点所需时间）。

经测算，勐根音乐小镇日环境容量为4.26万人次，音乐小镇全年可游览天数按300天计算，则年环境容量为1278万人次。

经测算，勐根音乐小镇日合理游客量为2.86万人次，音乐小镇全年可游览天数按300天计算，则年合理游客量人次为867万人次。

三、保障运营规划

1. 政策保障体系规划

1）加快立法进程，完善相关法律法规

旅游业作为一项行业跨度和关联度极强的经济产业，尤其需要政府发挥其宏观调控作用加以大力扶持。勐根村所在市区普洱市应该加快完善相关旅游法律，积极实施鼓励休闲、会议、度假等新兴旅游形态发展的相关法律法规，从宏观上对该地区旅游业发展有实质性的支持，并且要走依法治旅、依法兴旅的道路。

2）引导民营资本，健康发展旅游

（1）建立大项目鼓励政策，对投资过固定金额以上的旅游项目，给予优惠措施予以引导民营资本集中发展精品项目，创金字品牌。

（2）建立政策引导资金，鼓励民营资本进入公共产品开发与管理领域，推动公共设施转化为旅游产品，并促进公共设施的市场化管理机制的建立。

（3）建立行业信息公开发布制度，利用行业市场信息引导资本投入。

3）制定优化旅游企业组织结构的政策

（1）优化产权结构，明确产权关系。

目前勐根村的旅游文化产业正处于起步阶段，一些旅游企业才刚刚开始，这时候正需要明确产权关系、优化旅游企业的产权结构，使其政企分离，产权清晰。

对于勐根村的旅游企业来说，政府应该做到从宏观上调控、从政策上扶持，鼓励旅游企业的成立和发展，但是要放手企业自身去经营发展；应该鼓励企业树立自身产权保护意识，优化产权结构意识；鼓励组建不同形式的行业协会，充分发挥民间行业协会自治自律作用和监督咨询的职能，切实维护旅游企业自身的合法权益和行业的公平竞争秩序，使之成为企业与政府之间的协调者、沟通者。

（2）扩展旅游企业的资金融通手段。

为了提高旅游企业的竞争力，增强旅游企业的资金实力，提高企业使用资金的效率，提高资金使用的周转率就非常有必要了。除了常见的政府投资融资外，政府应该在政策上鼓励旅游企业借助现代化的融资渠道和手段进行融资。

旅游企业发展前期可以通过 PE、VC 或者银行贷款实现融资，等企业发展到一定阶段，利润稳定后再通过银行融资和定向募集实现融资。政府还可以在政策上保证旅游企业能够有效利用这些融资渠道，从而增强自身的竞争力。

（3）改善旅游企业外部经营环境。

政府可以从政策上为旅游业的发展提供良好的经营环境，减少其经营成本。

因目前勐根村旅游基础设施还不完善，对于旅游企业的经营也会造成不良影响，所以应该加快基础设施的完善；对旅游企业可以适当降低税收、水电等方面的收费标准，使其经营利润有所增加；完善相关行业管理制度，使其企业间形成良性竞争，避免价格竞争。

4）促进旅游业区域合作的政策

开展区域旅游合作，利用不同区域的旅游资源，实现优势互补，以此扩大旅游经营的规模和影响力。

在澜沧县东南区域范围内，可以结合景迈、糯扎渡镇的旅游资源，充分利用景迈的千年万亩古茶山和茶文化，糯扎渡镇的古战场、古歇场、古渡口等文化古迹，打造澜沧县东南区“一音一古一茶山”的旅游发展片区。

完善区域旅游发展总体规划，整合普洱市甚至云南省内的旅游资源，有方向、有计划地联合旅游资源，打造特色旅游片区，加强它们之间的联系，并在政策上鼓励促进区域内旅游合作。

5）加强基础设施建设的政策

由于目前勐根村旅游基础设施相对落后，所以急需加大基础设施建设力度，政府在这方面需加大投资力度。

在建设旅游道路、专用码头、机场、扩建通信等基础工程方面，适当提供倾斜性政策，吸引社会资金投资。

6）培养旅游人才的政策

目前勐根村整体旅游服务水平较低，对于专业的策划、管理、营销、服务等方面的人才十分缺乏，所以急需培训或引进人才。除了人才引进，还需要提高当地教育水平、提高当地人才培养的能力：

（1）培养或引进人才，建立一支精通外语，了解旅游市场需求、旅游业运作与管理规则的工商管理人才队伍；

（2）可以从当地村民中培养一批了解当地的导游人才；

（3）培养目的地或旅游区营销与产品策划人才；

（4）培养一批公共管理人才，以实现高效率的宏观层次的调控和管理；

（5）从当地村民中选出或培养会烹饪当地特色美食的厨师等；

（6）建立旅游培训中心，在学校中设置旅游专业，加强企业与学校、企业与旅游培训中心之间的人才合作。

2. 市场保障体系规划

1）完善和强化行业管理制度

（1）制定和完善行业管理制度，规范旅游相关企业运营行为。勐根村的旅游业发展可以说刚刚起步，这时候就需要制定出行业相关管理制度，这样才能保证旅游企业快速健康地发展起来。

（2）对于行业内的某些经营管理行为，简化其行政审批过程，提高其行政审批效率，使企业的经营管理能够高效率进行，而不会错失某些市场机遇。

（3）提高企业的环保成本，加强对企业破坏生态环境、过度开发利用资源等行为的约束，加强环境保护的监管力度。同时在行业中树立企业标杆、树立模范引领企业管理行为。

（4）对行业中某些物价进行统一管理，并对企业进行监督和管理。

（5）制定行业考核标准，定期每三年一次对企业和从业人员进行考核。

（6）对企业的经营和服务进行定期和不定期的检查，建立起行业奖惩制度，并严格依照制度执行。

（7）通过媒体宣传，激励优秀企业的发展，对某些企业不当的经营管理行为进行社会舆论压制。

2）市场规定的制定和执行

由于勐根村旅游业发展刚刚起步，还没有发现其市场运行中的规律和问题，但是对于企业市场行为应予以控制和管理，所以目前可以参照我国已经制定的众多旅游标准，依照国家旅游标准体系来进行市场管理。

3）服务质量监控和价格管理

（1）旅游服务质量和价格是旅游行业管理的关注焦点，所以在规划时就应该划入规划范围根据勐根村目前旅游业发展状况进行管理。

（2）对行业中的某些价格进行规范化管理，如门票价格的制定、特殊商品的价格等，采取统一管理，避免企业之间的恶性竞争，维护市场良性的竞争环境，保证企业之间竞争的公平性和公正性。

（3）由于勐根村的旅游业发展刚刚起步，某些行业的服务质量还有待提高，所以可以定期组织培训，召集企业头脑组织开会，强调服务质量的重要性，保证勐根村的旅游服务质量。

（4）成立监督小组对相关旅游企业进行不定期的视察和监督，以保证旅游行业的经营管理规范化，保障旅游者的切身利益。

（5）后期根据勐根村的旅游业发展状况，探索符合该地特色的质量和价格社会化监控网络和联合管理体系。

3. 人力资源保障体系规划

1）旅游教育与培训体系的设计与优化

（1）旅游教育和培训是自主培养旅游专业人才的重要途径之一，而目前勐根村的教育水平整体不高，所以前期还需要从普洱市县至其他市区征集人才，适当提高高学历专业旅游人才的职工福利，以吸引专业人才。

（2）除了高等院校内的人才培养，还可以成立政府或社会主办的培训机构，将基础教育培训和定向的专业人员（如饭店经理、前厅、客房、餐饮、厨师等服务人员）培训同时展开，以快速培养出可以从事旅游业的专业人才，以补足勐根村旅游业发展前期的人才缺乏。

（3）制订相关企业与培训机构的人才合作计划，强化旅游从业人员的专项技能操作及应变能力，提高他们的从业适应能力。

（4）完善普洱市旅游人才培训计划。

2）旅游从业人员数量与结构的设计

勐根村现有乡村人口 2802 人，其中农业人口 2789 人，劳动力 1674 人；从事第一产业人数 1275 人，而从事第三产业的人数非常少，所以旅游业的从业人数也非常缺乏。目前勐根村入口受教育程度为大专以上的有 15 人，小学到中学的达 766 人，而未接受九年义务教育的人数多达 2018 人，大概占全村的 72%，这说明勐根村的教育水平亟待提高。针对于此，我们对勐根村的旅游从业人员有一个大概的发展阶段目标设计。

（1）前期（3 年）。

目前勐根村有 1 家注册音乐文化公司，没有旅行社，所以应该先在政策上鼓励民营企业的建立发展，同时推行持证上岗制度和职业资格认证制度，对各旅游企业的从业人员进行岗位培训和技术考核，努力争取全村的旅游从业人员持证上岗率达 30%。

勐根村的教育水平相对较低，所以提高当地教育水平、适当提高高学历专业人员的工资以鼓励人们提高自己的文化水平非常有必要。在培训机构中也要加强基础教育，争取全村旅游从业人员中高中文化水平的达 50%，从业人员中的管理层人员会使用电脑的达 60%。

（2）后期（3 年）。

争取全村旅游公司达 5 家以上，旅行社有 3 家左右，全村旅游从业人员中 70%达高中以上文化水平，持证上岗率达 60%，其中管理层人员除了电脑以外还需要掌握一般会话外语。

建立全村旅游人才信息库，逐步改变传统的人才资源归部门所有、企业所有的状态，促使其向社会化、市场化发展。旅游企业和事业单位初步实行双方选择、合同用工制。

旅游管理部门也要引进和培养各类高级人才，如旅游规划、客源市场开发、旅游企业经营管理、电子商务等方面高素质人才。

四、建设时序

1. 近期建设计划（2018—2019 年）

1）重点建设板块

云南省澜沧县酒井乡勐根音乐小镇。

2）近期建设目标

使勐根音乐小镇的住宿条件得到完善，区域主干道交通得到有效的改善，老达保音乐小镇与入口综合服务区的可进入性得到极大的提升；整个勐根村的基础设施条件提升一个档次，全面改变设施条件，旅游服务设施基本满足近期旅游发展要求；根据项目建设时序的安排，全面落实近期建设项目，实现勐根村老达保音乐小镇旅游吸引力的全面提升，使其音乐小镇的影响力在全国范围内快速提升；通过对勐根村的功能分区划块、基础设施完善、旅游配套建设，初步将勐根村建设为特色较为突出和有一定接待能力的旅游音乐小镇；初步展开部分小组区域的特色商业街、音乐表演街和民宿街的开发，满足伴随着旅游开发而增加的置业与旅游经营性需求，使小镇初具规模。

3）优先建设内容

勐根村内外区域主干旅游交通路网，以及勐根村音乐小镇和入口综合服务区的基础设施配套；勐根村周围除 G214 以外，从入口综合服务区到勐根村音乐小镇的各个功能板块的交通道路，功能板块内有助于核心吸引力和旅游接待能力快速提升的重要旅游项目；勐根村各大板块内，除老达保拉祜音乐外，其他功能板块内，旅游投资规模较小，但能快速提升旅游体验性和旅游接待能力的旅游服务接待项目；在 G214 旁，建设的入口综合服务区需以音乐元素为主体，任何服务中都带有音乐元素。

4）其他建设内容

实现部分小组区域的特色商业街、音乐表演街和民宿街的开发，根据游客量预测进行适度建设，但在总量上形成严格控制，避免供大于求而造成的资产的闲置与浪费；勐根村老达保音乐小镇要做好音乐表演等建筑的建设的控制和改造；勐根村除老达保音乐小镇外其他功能区做好简单的民族文化开发、生态旅游开发和民宿旅游接待，不做大体量的旅游设施建设；入口综合服务区要做好接待工作，在人员素质要求方面要严格控制；在勐根村的建设中，完成各个小组中村民的安置工作。

2. 中期建设计划（2020—2021 年）

1）建设目标

G214 旁的入口综合服务区、勐根村音乐小镇内的各大功能板块，除需要精致雕刻的建设外，主要旅游项目全部完工；回塘哈尼文化体验区、茶文化养生区、音乐温泉度假核心区、勐根傣族文化体验区、房车营地休闲区、南波别片区开发基本完成，老达保拉祜音乐风情核心区开发初步完成；滨河景观带区域和入口综合服务区的基础设施、交通路网得到全面完善和提升；老达保拉祜音乐风情核心区的吉他音乐特色和拉祜民族特色进一步突出，旅游接待能力得到全面加强，旅游集散和服务核心作用得到有效发挥；勐根村音乐小镇成为旅游经济产业，带动酒井乡区域经济发展，成为酒井乡的经济支柱产业。

2）建设内容

勐根对音乐小镇各个功能区的公路连线建设基本完成，除 G214 到入口综合服务区再到音乐小镇的主干交通外，进一步提升各个功能区之间次干道，丰富区域路网；进一步提高“两核心六分区”景区近期已建设项目的开发质量，并根据项目建设时序安排，有效推进中期建设项目，增强音乐特色带来的冲击感和民族特色旅游产品的供给；老达保拉祜音乐风情核心区，展开全面的拉祜音乐建设和旅游开发，中期内所有旅游开发项目全部完成；回塘哈尼文化体验区、茶文化养生区、勐根傣族文化体验区，展开除高端消费旅游产品外，建设代表其特色的民宿；音乐温泉度假核心区、房车营地休闲区、南波别片区，展开建设高端产品、高端酒店等。

3. 远期建设计划（2022—2024 年）

1）建设目标

勐根音乐小镇旅游项目建设全部完成，旅游接待能力大幅提升，基础设施全面完善，形成以音乐、休闲养生旅游产品为主的旅游产品结构，打造区域范围内具有较强吸引力并且具有独特音乐元素的国家级音乐休闲养生区；音乐小镇的旅游产业成为区域经济的龙头产业，旅游要素产业成为区域内小组村民重要的就业渠道，村民人均收入得到极大提升。

2）建设内容

全面落实安排在远期建设的景区项目建设，完成所有的勐根村旅游项目建设；在勐根村成功带动经济发展之后，着力开发勐根村以外的村落的建设，拓展旅游开发空间，带动区域内旅游关联产业发展；进一步优化旅游服务环境和服务水平，强化旅游管理水平。

五、投资预算

1. 项目投资预算

1）投资预算范围

投资预算范围为规划区内的各项基础设施建设、旅游项目建设及运营管理等费用。

2）投资预算（表 3）

表 3　景区投资预算分析表

序号	建设工程	建设区域	建筑工程量	投资预算/亿元
一	主体工程			5.52
1.1	入口综合服务区	G214 与 Y073 交界处	0.0337	1
1.1.1	游客服务中心	G214 与 Y073 交界处	0.0167	0.8
1.1.2	集散广场	G214 与 Y073 交界处	0.017	0.2
1.2	回塘哈尼文化体验区	回塘小组	0.5	0.02
1.2.1	特色工艺坊	回塘小组	0.48	0.02
1.3	老达保音乐风情核心区	老达保	0.0864	0.9
1.3.1	民族工艺品商业街	老达保	0.08	0.8
1.3.2	HALEJA 音乐酒吧	老达保	0.0014	0.03
1.3.3	特色民宿	老达保	0.005	0.07
1.4	茶文化养生区	勐根茶场二队	1.2023	0.21
1.4.1	茶园、加工厂等	勐根茶场二队	1.2	0.2
1.4.2	茶馆、茶厅	勐根茶场二队	0.0023	0.01
1.5	音乐温泉度假核心区	勐根村	2	3
1.5.1	中高端酒店	勐根村	—	1.8
1.5.2	乡村音乐温泉会馆	勐根村	0.45	0.3
1.5.3	特色美食街	勐根村	0.72	0.9
1.6	勐根傣族文化体验区	勐根大寨	0.7	0.03
1.6.1	特色水果街	勐根大寨	0.38	0.012
1.6.2	土陶工艺坊	勐根大寨	0.32	0.018
1.7	房车营地休闲区	勐根村	1.9	0.23
1.7.1	房车营地休闲地	勐根村	0.7	0.12
1.7.2	怡情花海	勐根村南根河旁	1.2	0.11
1.8	南波别片区	南波别	0.6	0.03
1.8.1	森林氧吧	南波别	0.6	0.03
1.9	滨河景观带	南根河	2.1	0.1
二	旅游基础设施建设	勐根村	—	20
2.1	厕所	勐根村	24 个	0.1
2.3	道路	勐根村	—	12
2.4	其他	勐根村	—	7.98
三	旅游营销费用	勐根村	—	0.3（年均 0.05 亿元）
四	运营管理费用	勐根村	—	0.2
五	其他	勐根村	—	0.05
总共			总规划面积 15.8	26.07
预留费用				5

2. 项目融资方式

1）引进战略投资者，实现共同发展

勐根村音乐小镇是一个系统的中长期规划过程，可以考虑引入优质战略投资者来共同运作。战略投资者的引入可解决短期资金流的不足，同时还有助于音乐小镇开发的迅速启动。

2）发行企业债券，从债券市场融资

通过发行企业债券的方式进行项目融资有诸多优势：债券融资规模大、时间长，适合音乐小镇开发需要；发行债券可以为音乐小镇的项目开发创造一种持续融资的能力；与银行贷款相比，债券融资属于直接融资渠道，成本较低。

3）招商引资，引入优质的项目投资者

在严格按照空间规划和功能布局要求、限制售价的前提下，区域运营商可以有选择地对特色工艺坊、民族工艺品商业街、音乐温泉会馆、特色美食街、特色酒店与民宿等项目进行招商引资，采用灵活的方式引入优质项目投资者来建设或经营。

第三章　附　则

一、规划成果

本规划最终成果由规划文本、图件两部分组成。图件包括各类分析和规划图纸。

二、生效时间

本规划自普洱市政府批准之日起生效实施。

三、执行部门

本规划由普洱市旅游局负责具体解释。

四、规划图件

01 总平面布局图
02 空间结构分析图
03 功能分区图
04 服务设施分布图
05 入口综合服务区位置图
06 入口综合服务区鸟瞰图
07 入口综合服务区平面图
08 集散广场鸟瞰图
09 集散广场效果图
10 集散广场一角效果图
11 回塘哈尼文化体验区位置图
12 回塘哈尼文化体验区平面布局图
13 老达保拉祜音乐风情核心区位置图
14 老达保拉祜音乐风情核心区平面布局图
15 民族特色商业街效果图
16 茶文化养生区位置图

17 红线图
18 茶文化养生区平面布局图
19 音乐温泉度假核心区位置图
20 音乐温泉度假核心区平面布局图
21 温泉度假酒店效果图
22 特色美食街效果图
23 勐根傣族文化体验区位置图
24 勐根傣族文化体验区平面布局图
25 水果一条街效果图
26 房车营地休闲区位置图
27 房车营地休闲区平面布局图
28 房车营地休闲区效果图
29 南波别片区位置图
30 南波别片区平面布局图
31 旅游产品等级体系分布图
32 景区主干道分布图
33 茶文化养生区干路分布图
34 勐根音乐小镇道路分布图

附表如表 4、表 5 所示。

表 4　住宿设施规划

位置	名称	类型	档次	风格与功能	备注
回塘哈尼文化体验区	回塘人家	民宿宿舍	中档	极具地域风情的民宿体验	新建
老达保拉祜音乐风情核心区	拉祜园	民宿宿舍	中档	拉祜族原乡风情	新建
音乐温泉度假区	田园温泉酒店	度假酒店	中档	迎合田园风光	新建
音乐温泉度假区	乡村音乐温泉会馆	休闲会所	高档	集娱乐、养生、温泉 SPA 于一体的高档养生休闲会所	新建
音乐温泉度假区	滨水度假村	度假酒店	高档	适合家庭度假的精品度假村	新建
音乐温泉度假区	温泉度假酒店	度假酒店	高档	集温泉娱乐、度假休闲于一体的高档酒店	新建
房车营地休闲区	房车帐篷营地	营地体验	高档	自由流动式的住宿体验	新建
南波别片区	氧吧客栈	营地体验	中档	森林深处的生态木屋	新建

表 5　景区投资预算分析表

序号	建设工程	建设区域	建筑工程量	投资预算/亿元
一	主体工程			5.52
1.1	入口综合服务区	G214 与 073 乡道交界处	0.0337	1
1.1.1	游客服务中心	G214 与 073 乡道交界处	0.0167	0.8
1.1.2	集散广场	G214 与 073 乡道交界处	0.017	0.2
1.2	回塘哈尼文化体验区	回塘小组	0.5	0.02
1.2.1	特色工艺坊	回塘小组	0.48	0.02

续表

序号	建设工程	建设区域	建筑工程量	投资预算/亿元
1.3	老达保音乐风情核心区	老达保	0.0864	0.9
1.3.1	民族工艺品商业街	老达保	0.08	0.8
1.3.2	HELWJA 音乐酒吧	老达保	0.0014	0.03
1.3.3	特色民宿	老达保	0.005	0.07
1.4	茶文化养生区	勐根茶场二队	1.2023	0.21
1.4.1	茶园、加工厂等	勐根茶场二队	1.2	0.2
1.4.2	茶馆、茶厅	勐根茶场二队	0.0023	0.01
1.5	音乐温泉度假核心区	勐根村	2	3
1.5.1	中高端酒店	勐根村	—	1.8
1.5.2	乡村音乐温泉会馆	勐根村	0.45	0.3
1.5.3	特色美食街	勐根村	0.72	0.9
1.6	勐根傣族文化体验区	勐根大寨	0.7	0.03
1.6.1	特色水果街	勐根大寨	0.38	0.012
1.6.2	土陶工艺坊	勐根大寨	0.32	0.018
1.7	房车营地休闲区	勐根村	1.9	0.23
1.7.1	房车营地休闲地	勐根村	0.7	0.12
1.7.2	怡情花海	勐根村南根河旁	1.2	0.11
1.8	南波别片区	南波别	0.6	0.03
1.8.1	森林氧吧	南波别	0.6	0.03
1.9	滨河景观带	南根河	2.1	0.1
二	旅游基础设施建设	勐根村	—	20
2.1	厕所	勐根村	24 个	0.1
2.3	道路	勐根村	—	12
2.4	其他	勐根村	—	7.98
三	旅游营销费用	勐根村	—	0.3（年均 0.05）
四	运营管理费用	勐根村	—	0.2
五	其他	勐根村	—	0.05
总共			总规划面积 15.8	26.07
预留费用				5

重庆边城景区旅游提升规划
（2019—2023）

杨　红　杨婷婷　李嫒嫒　张　玲　陈雅芳

为促进边城景区旅游产业的全面提升与发展，提高边城景区旅游产业的综合竞争力，构筑边城景区个性化旅游目的地城镇，为边城景区旅游业可持续发展提供“预见问题、解决问题和谋求发展”的主要思路，特制定本规划。本次规划主要为边城景区确定未来发展方向以及解决宏观的发展问题，实现边城镇与洪安镇的区域联动发展，并对景区发展硬件设施提出指导性建议。

边城景区经纬度范围为北纬 28°30′56″～28°29′57″，东经 109°15′44″～109°16′54″，总面积约 2.12 平方千米。边城景区的花垣县位于以张家界为龙头、以凤凰和崀山为中心的大湘西旅游圈的辐射范围内。秀山县是渝东南旅游圈的主要片区，渝东南地区是重庆“一圈两翼”中的一翼。整个景区位于边城古镇旅游圈中心，与重庆山城、遵义红色旅游胜地、恩施土家族苗族自治州、张家界国家森林公园、长江三峡风景名胜区形成辐射湖北、湖南、重庆、贵州的大武陵旅游圈。边城景区的旅游发展具有一定的区位优势。

本次规划年限为 2019—2023 年，属于中短期规划。本次规划主要是对边城景区进行提升打造的旅游总体规划及总体策划，作为边城景区提档升级的指导性文件。

第一章 规划总论

一、规划范围

项目地位于重庆市秀山县洪安镇和湖南省花垣县边城镇交界区域，即 B05 县道以东、G315 以北、包茂高速公路以南、玉落屯旁乡道以西区域，经纬度范围为北纬 28°30′56″～28°29′57″，东经 109°15′44″～109°16′54″，总面积约 2.12 平方千米。

二、规划年限

此次规划年限为 2019—2023 年，分为两个阶段。其中，前期：2019—2021 年；后期：2022—2023 年。

三、规划目的

此次规划，主要是对边城景区进行提升打造的旅游总体规划及总体策划，作为边城景区提档升级的指导性文件。本次规划主要为边城景区确定未来发展方向以及解决宏观的发展问题，实现边城镇与洪安镇的区域联动发展，并对景区发展硬件设施提出指导性建议。

四、规划依据

- 《中华人民共和国旅游法》
- 《中华人民共和国土地利用法》
- 《中华人民共和国城乡规划法》
- 《旅游规划通则》（GB/T 18971—2003）
- 《旅游资源分类、调查与评价》（GB/T 18972—2003）
- 《旅游景区质量等级的划分与评定》（GB/T 17775—2003）
- 《城市用地分类与规划建设用地标准》（GJB137—90）
- 《旅游发展规划管理办法》
- 《秀山自治县农家乐（乡村酒店）等级评定管理办法》
- 《重庆市 4A 级旅游景区评定管理办法》
- 《秀山自治县历史文化名镇名村保护工作实施方案》
- 《秀山土家族苗族自治县城市总体规划》
- 《关于全面建成武陵山区文化旅游城市的实施意见（送审稿）》
- 《花垣县土地利用总体规划调整完善工作方案》〔2015〕52 号
- 《花垣县乡村旅游管理办法》〔2014〕10 号
- 《花垣县边城镇土地利用总体规划》

五、规划任务

本次边城景区规划主要是通过确定将边城打造成国家AAAA级景区的目标，通过了解边城景区周围的竞合关系，对其资源进行整体把握，抓住核心优势的情况下，对当地景观及基础设施进行提升改造，提高边城的旅游吸引力，综合平衡旅游体系、支持体系和保障体系的关系，拓展文化旅游、观光旅游内容的广度与深度，增强旅游目的地的体验性，优化旅游产品的结构，保护旅游赖以发展的生态环境，保证秀山县、花垣县获得良好的效益，并促进秀山县、花垣县当地社会经济的发展。

主要任务有：对边城现有的资源进行提升打造；对边城景区重新进行功能分区，分别进行分区打造；加强边城镇与洪安镇的区域合作，共同打造边城风景区；一改古镇旅游的单一发展方式，增强景区的游客体验性；对排污系统、城镇建设、住宿环境等基础设施进行改造新建。

六、上位规划对接

根据《秀山县洪安镇旅游总体规划》(2009)、《边城旅游总规划》(2009)，边城景区重点打造古镇人文景观、民俗风情体验等，突出边城文化、红色文化、民族文化为主导的历史遗产保护与利用。本次五年规划主要在前期洪安镇与边城镇的总规划打造成果的基础上进行提升打造，对其基础设施、住宿环境以及民俗文化进行打造升级，加强景区的吸引力，着力于将边城景区打造为国家AAAA级景区、国家级历史文化名镇。

第二章　旅游发展条件分析

一、综合区位分析

1. 地理区位

边城景区位于重庆秀山县、湖南花垣县、贵州省三省交界之处，武陵山脉中段，四川盆地东南缘的外侧，为川东南重要门户。东和东北与湖南省龙山、保靖县毗邻，南和东南、西与贵州省松桃苗族自治县相连，北和西北与省内酉阳土家族苗族自治县相接。东北角距湖北省来凤县仅20余千米。边城景区距长沙604千米、武汉656千米、贵阳556千米、重庆650千米。

2. 交通区位

边城景区地处渝、黔、湘、鄂四省交界，距秀山县城74千米，距花垣县城32千米。G319穿越镇区的一段是景区里的主要车行道，其次是古镇新区内部的一条主要车行道，除此就是洪安镇的古街道，西端连接G319，东端与清水江的拉拉渡相接，形成古镇的特色街道，同时也是古镇里重要的生活道路。

3. 经济区位

2016年湖南省花垣县全县实现地区生产总值595 841万元，同比增长0.5%。全年共接待游客248万人次，同比增长6.3%，实现旅游收入6.9亿元，同比增长3.0%。

2016年重庆市秀山县全县实现地区生产总值150.6亿元，同比增长10.2%。全年完成旅游投资39.1亿元，游客接待量406万人次，旅游综合收入达18.8亿元，分别同比增长117.2%、29.6%、45.7%。

4. 旅游区位

花垣县位于以张家界为龙头、以凤凰和崀山为中心的大湘西旅游圈的辐射范围内，可以借助张家界作为大湘西区域旅游发展的龙头和带动作用，依托大湘西旅游圈的经济优势和城市环境发展旅游业。

秀山县是渝东南旅游圈的主要片区，渝东南地区是重庆“一圈两翼”中的一翼，所辖范围包括黔江、武隆、石柱、彭水、酉阳、秀山、南川、万盛等地。随着黔江机场的开通将其打造成集飞机、火车和高速于一体的交通枢纽，黔江逐步被建设成为渝东南地区旅游中心城市、大武陵山旅游集散高地，拉近了渝东南与全国各地的距离；秀山、武隆、石柱三大县城将被建成南通湘黔、西接主城、北连三峡的旅游进出口岸型门户城市；彭水、酉阳县城则将被建设成渝东南腹地旅游集散枢纽和旅游接待服务基地。

边城景区位于边城古镇旅游圈中心，与重庆山城、遵义红色旅游胜地、恩施土家族苗族自治州、张家界国家森林公园、长江三峡风景名胜区形成辐射湖北、湖南、重庆、贵州的大武陵旅游圈。

二、旅游资源分析

1. 资源概况

边城景区属武陵山八面山山系，为河流域山峰相结合的地貌，以山地为主，地貌复杂多变，山地、森林、水体等原生态景观融为一体。历史人文旅游资源比重大，底蕴丰厚，特色性强，具有自己民族独特的生产、生活、婚丧、岁时、娱乐等方面的特色和风俗习惯。土家族、苗族为秀山、花垣县主要的少数民族，在其长久的历史发展过程中，形成了各自独特的民族文化、民族语言、民族服饰、生活习惯、宗教信仰。神秘而多姿多彩的民族风情为景区发展提供了深厚的民族背景基础（表1、图1）。

表1　边城景区旅游资源分类

资源类别	单体资源
A. 地文景观	翠翠岛、三不管岛、象鼻吸水等
B. 水域风光	清水河、石浦河等
C. 生物景观	相思鸟、穿山甲、林麝、云豹、金钱豹、白冠长尾雉、水竹、慈竹、毛竹、苦竹、半坞茶园等

续表

资源类别	单体资源
E. 遗址遗迹	四大商号、西南服务团陈列馆、边城老街、刘邓大军挺进大西南纪念碑、二野司令部驻地旧址等
F. 建筑与设施	对古码头、拉拉渡、清水江大桥、九龙坡森林公园、鸡鸣三省亭、滨江路语录长廊及河滨公园、洪安大小四合院、洪茶渡口、渝东南第一门、观景楼、边城题刻、百家书法园、亲水平台、语录塔、白塔、贵塘坝生态旅游基地等
G. 旅游商品	《边城》、苗家腊肉、洪安腌菜鱼、米豆腐、豆腐乳、油茶、龙凤花烛、绿豆粉、油粑粑、土家社饭等
H. 人文活动	沈从文、端午民俗龙舟赛、土鸡文化旅游节、金银花文化旅游节、武陵山商品交易博览会、大型原创民族歌舞晚会——“梦幻边城”、《黄杨扁担》、土家背嫁哭嫁跳丧、土家摆手舞等

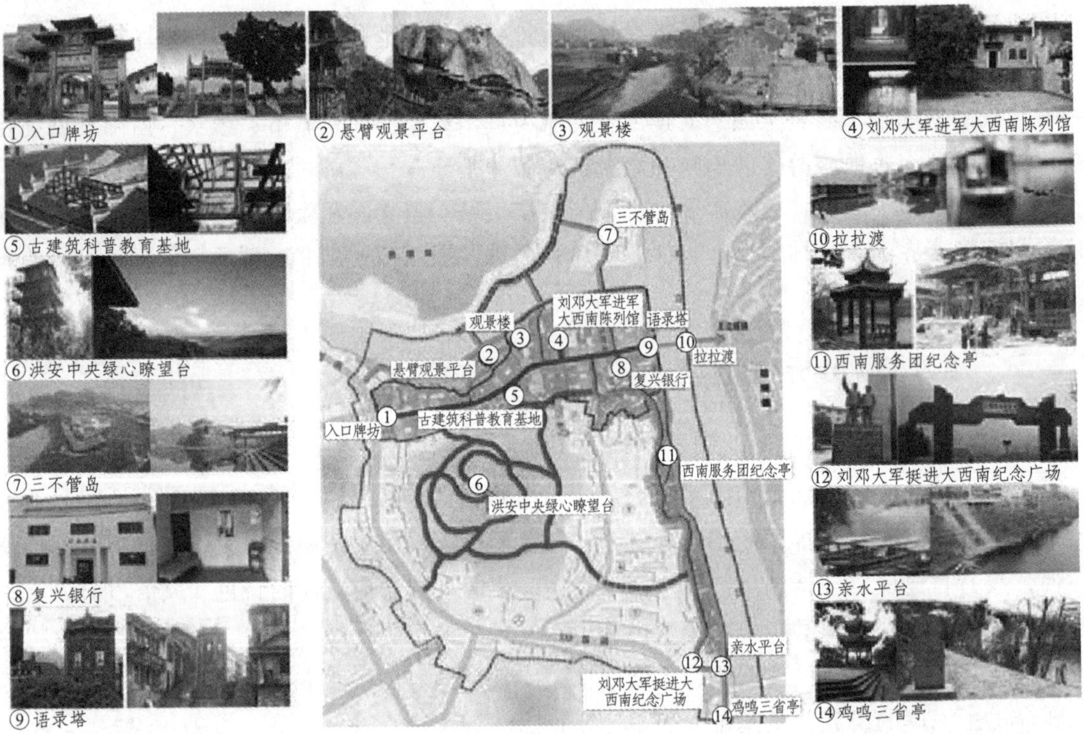

图 1　边城景区重点开发区域旅游资源分布

2. 边城景区地域特色

1）军事文化

边城景区历史上一直是军事防御要地，是湘西北门户、渝东南南门户。这里是内地入川、进黔的必经通道，也是川黔上特产、货运的水旱码头。四周修筑石硐城堡，至此边城五里一岗，十里一哨，军事地位大大提高。边城景区是刘邓大军（以刘伯承、邓小平为首的大军）入川驻军之地，1949 年解放军挺进大西南时经边城景区，由于当地国民党顽军及地方武装负隅顽抗，故刘邓大军先遣部队就地设立了一个临时战事指挥所。

2）码头文化

所有临水的古镇，其码头似乎成为其发展的一个重要原因和标识。与陆路相比，水运具有迅速、运载量大、运输成本低等优势，逐渐成为边城景区长途贸易的主要运输方式。常见清水江上普通农户以舟代步，往来于各墟市之间。

3）市井文化

边城镇、洪安镇于乾隆十六年（公元 1751 年）开辟集市，赶场逢五天一场，交错循环，称为“插花场”。各场交易品种主要包括粮食、油类、牲畜、巴盐、土布、农具等，每场成交额，大场 3000 串文，小场也数百串文。赶场时间很短，人们描述为“大场半日工，小场一阵风”。现在插花场仍是三省市边界最为活跃的商业贸易市场。边城每到赶场日便人山人海，呈现出与往日不一样的热闹场面。

4）移民文化

边城景区古属五溪地，因湘西的崇山峻岭、江河险滩等有利的避难条件，许多荆楚难民为躲避战祸移民到此。明清时期，明王朝实行“调北填南”“移民就宽乡”的策略，有计划地将大批汉人移入，大兴屯田，实行军屯、民屯、商屯三种形式，至此现边城景区的居民多为汉军的家属，改变了边城景区的人口结构。边城景区成为少数苗族山区中的一块以汉族居住为主的平原，形成了独具特色的苗汉交融的地域移民文化。

5）民间曲艺文化

边城景区民间流传的剧种有汉剧、阳戏、花灯戏、傩戏、话剧等，以汉剧、阳戏为主，但影响最为突出的是苗剧。

3. 旅游资源定性评价

边城旅游资源丰富组合度好，山水、人文资源具有原生态特征，适宜综合开发山水田园观光、边城文化体验旅游产品；旅游资源处于未开发阶段，发展潜力大；旅游资源特色突出，有利于与周边旅游地形成资源互补。

4. 旅游资源定量评价

依据《旅游资源分类、调查与评价》（GB/T 18972—2003），边城景区旅游资源单体 54 个，主要包含七大资源主类，占据资源主类类型的 87.5%。但是，资源亚类类型和单体数量都较少，其中建筑与设施类的资源单体数量占绝对优势，占到资源单体总量的近 30%，次之为遗址遗迹、人文活动等主类。采用此评价标准对景区内旅游资源分别进行分析评价，得到边城景区旅游资源单体评级表（表 2）和旅游资源单体评价汇总表（表 3）。

表 2　边城景区旅游资源单体评级表

	一级	二级	三级	四级	五级
分级标准	≥30～40 分	≥45～59 分	≥60～74 分	≥75～89 分	≥90 分
资源个数	17	18	11	6	2

选取边城景区旅游资源点共 54 个，从资源单体来看，五级旅游资源点 2 个，四级旅游资源点 6 个，三级旅游资源点 12 个，二级旅游资源点 19 个，一级旅游资源点 17 个。其中，优良级旅游资源（三级、四级、五级）19 个，占资源总量的 35%；普通级旅游资源（二级、一级）35 个，占资源总量的 65%。

表 3　边城景区旅游资源单体评价汇总表

资源等级	资源单体
五级资源	《黄杨扁担》、土家摆手舞
四级资源	翠翠岛、三不管岛、边城老街、二野司令部驻地旧址、拉拉渡、《边城》
三级资源	清水河、西南服务团陈列馆、刘邓大军挺进大西南纪念碑、滨江路语录长廊及河滨公园、洪安大小四合院、洪茶渡口、边城题刻、百家书法园、贵塘坝生态旅游基地、龙凤花烛、端午民俗龙舟赛、平马茶园
二级资源	石浦河、毛竹、穿山甲、四大商号、对古码头、洪安腌菜鱼、九龙坡森林公园、鸡鸣三省亭、观景楼、白塔、语录塔、米豆腐、绿豆粉、沈从文、土家背嫁哭嫁跳丧、土鸡文化旅游节、金银花文化旅游节、武陵山商品交易博览会、大型原创民族歌舞晚会——“梦幻边城”
一级及未获等级资源	象鼻吸水、相思鸟、林麝、云豹、金钱豹、白冠长尾雉、水竹、慈竹、苦竹、清水江大桥、渝东南第一门、亲水平台、苗家腊肉、豆腐乳、油茶、油粑粑、土家社饭

三、开发现状分析

边城景区 2017 年“十一”黄金周接待游客 6.49 万余人次，2018 年元旦小长假接待游客 3.62 万人次。旅游淡旺季明显，游览旺季主要在 5—9 月，其余时间段游客稀少，基本处于歇业状态。游览方式以观光为主，体验性不强，配套设施较为落后。

四、周边竞合分析

1. 与周边现有同类景区的竞合分析（表 4）

表 4　与周边现有同类景区的竞合分析

景区名称	位置	旅游发展	主要市场群体	竞合关系
后溪古镇	酉阳	以原生态观光为主，基本上尚未开展其他旅游功能	以渝东南市场为主	自然风光秀丽，人文内涵不足，并未进行深度开发
龙潭古镇	酉阳	古镇上的赵世炎故居、刘仁故居、万寿宫、“七宫八庙”以及吴家院子、王家院子、赵家院子、谢家院子、陈家院子、甘家院子等民居，具有很高的文物科考和旅游开发价值	以渝东南市场为主	水域面积较小，灵气不足，并且没有边城情怀，在这方面边城景区具有一定优势

续表

景区名称	位置	旅游发展	主要市场群体	竞合关系
凤凰古镇	湘西	古城内的青石板街道、江边木结构吊脚楼、众多古建筑，以及浓厚的苗族风情，构成了凤凰独具一格的味道	以重庆、长沙市场为主	凤凰打造边城的理论依据为“沈从文故居坐落在凤凰”，然而根据书中描写可见，边城的实际地理位置并不在凤凰。 边城景区开发主题与其有较大差异，难以形成竞争，甚至有些觉得凤凰太过商业化的游客还会在旅游时适当选择边城景区
龚滩古镇	酉阳	有长约三千米的石板街、150余堵别具一格的封火墙、200多个古朴幽静的四合院、50多座形态各异的吊脚楼、独具地方特色，是国内保存完好且颇具规模的明清建筑群	以重庆市场为主	在古镇休闲市场有较大竞争，可通过差异化发展与强化旅游线来弱化竞争
里耶古镇	湘西	为湖南十大文化遗产之一，同时与凤凰古城、老司城共同被评为湘西旅游经济圈中的三块金字招牌	以湘西市场为主	在古镇旅游市场上与项目地会有一定的竞争关系，因发展门票经济导致市场混乱，整体上竞争威胁较小

边城景区周边其他古镇发展大多处于以观光、休闲为主的模式。这种模式较为单一，旅游层次较低。我们在边城景区开发中增加了旅游的深度，以历史文化为主线，以《边城》小说为重点打造旅游产品对象，增强了游客的参与性、文化性和休闲娱乐性。如田园采摘、森林幽居等主题活动，可以让游客参与其中，使其充分体验当地民俗。通过差异化产品的打造，弱化竞争。

2. 周边不同类景区竞合分析（表5）

表5 周边不同类景区竞合分析

景区名称	位置	旅游发展	主要市场群体	竞合关系
凤凰山花灯民俗旅游区	秀山	凤凰山有桃花洞、莲花洞、元代古刹灵官殿、杨金砧炼丹处、明代观音阁、清代览胜亭等古迹遗址和自然风光等，旅游资源丰富	以渝东南市场为主	民俗文化浓厚，自然资源丰富，竞争力较强，可与边城景区联动发展
大溪酉水风景区	秀山	景色秀丽，风光迷人，有九寨风韵的梅家河风光，九溪十八洞之打妖家洞首府打绕寨，全国规模最大的金弹子古树林等，生态环境优良，自然资源丰富，山水风光秀美，民族文化独特	以渝东南市场为主	资源差异性较大，主要为市场合作关系

续表

景区名称	位置	旅游发展	主要市场群体	竞合关系
花垣大龙洞景区	花垣	溪河纵横，溶洞暗河相连；奇峰突兀，怪石林立，古树参天，野藤蔓延，其间不乏奇花异果、珍禽异兽	以湘西市场为主	资源差异性较大，不存在强烈竞争关系
古苗河	花垣	两岸山峰耸立，有“雄狮迎驾”、“蚩尤巡疆”、“天兵天将”、“万卷天书”以及融险美于一身的七梯岩瀑布等景点	以湘西市场为主	民俗风情不够浓厚，资源差异性很大，主要为市场合作关系

同为渝湘旅游区的重要组成部分，资源差异性大，主要为市场合作关系，同时重点强化与其的线路串联，分享其市场份额，开发与其具有差异互补性的旅游产品，合力做大渝湘旅游市场。

五、SWOT分析

1. 优势

（1）自然环境优越，山水景观、气候条件、文化氛围较好。

（2）交通区位优势明显，高速公路、铁路交通网络不断完善。

（3）是重庆通往湘西旅游、贵州旅游的南大门，是连接渝湘黔三地旅游的重要节点。

（4）边城故事的真实发生地，是边城旅游组成不可或缺的一极。

（5）洪安腌菜鱼等美食名声在外。

2. 劣势

（1）开发条件差，边城景区目前处于未开发状态，基础设施、市政配套设施、景观环境设施、游客接待设施不完善。

（2）当地政府与当地居民缺乏旅游开发意识。

（3）旅游资源缺乏明显优势，周边同质性旅游产品较多。

（4）古镇沿街建筑风貌保存不善，难以看出古镇的完整格局。

（5）本土民风民俗的遗存较少，特色不鲜明。

3. 机遇

（1）交通网络的不断完善为渝东南、旅游的发展带来了巨大的人流物流。

（2）渝湘高速路出口开于洪安镇内，为边城景区开发边城旅游、引导人流向新的旅游热点转移带来了更多机会。

（3）边城景区开发起步晚，旅游产品设置和旅游环境打造的余地较大。

（4）贵塘坝有大面积未开发农田，为边城景区形成新的旅游吸引力提供了可能性。

（5）边城景区周边乡镇成为湘西和渝东南一道特色风景线，其旅游业发展对边城旅游业的发展起到了促进作用。

4. 挑战

（1）湘西旅游开发相对成熟，景点集中；渝东南旅游开发晚，各旅游景点分散，区域协作尚须时日。

（2）行政区域的分隔，为边城景区旅游开发带来了较大的困难。

（3）全国古镇数量多，边城景区要脱颖而出面临不小的挑战。

第三章　旅游市场分析

一、边城景区旅游市场分析

1. 旅游市场现状分析

（1）市场规模小，旅游尚处于起步阶段（图 2）；

（2）市场消费水平及旅游收入占国民收入比重低，旅游消费结构单一（图 3 ~ 图 5）；

（3）旅游活动季节性差异明显（图 6）；

（4）现有旅游区中真正有特色、有影响的极少。

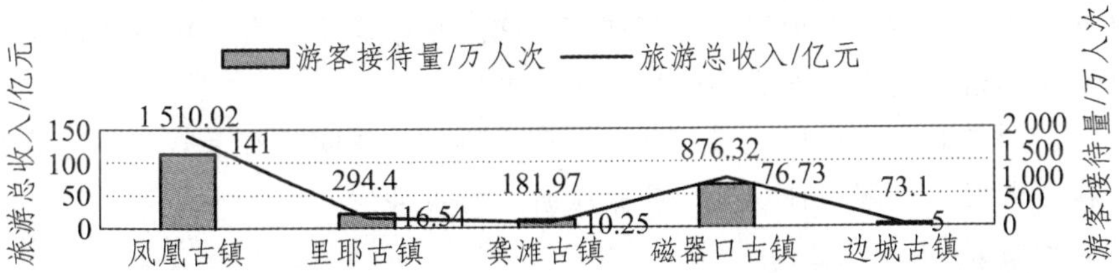

图 2　2017 年渝湘古镇旅游发展情况

图 3　古镇市场状况图

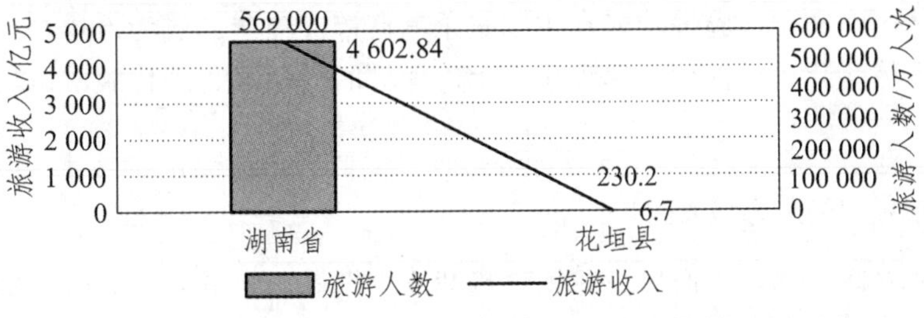

图 4　2017 年湖南省与花垣县旅游发展对比图

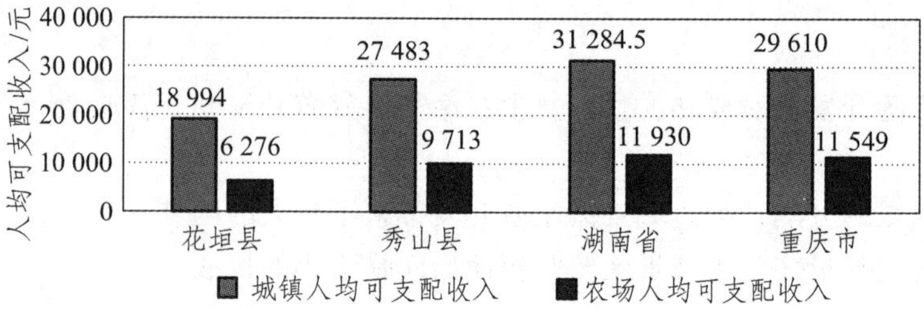

图 5　2017 年渝湘人均可支配收入对比图

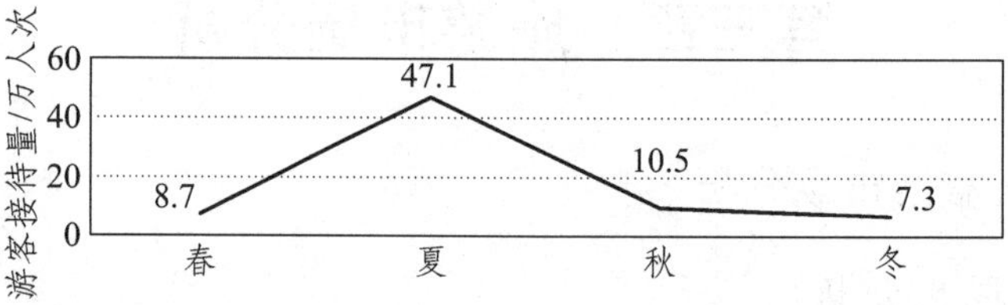

图 6　边城风景区四季游客接待量统计图

2. 旅游客源市场构成特点

（1）从游客来源上看，国内游客占绝对优势，海外游客极少。国内游客又以本地游客为主，重庆市、湖南省客源次之。这反映出边城景区客源市场仍以地区性旅游市场为主（图 7）。

（2）从年龄上看，游客主要以中青年居多，次之是中老年，青少年游客较少，即边城游客在年龄构成上呈现中间大、两头小的特征（图 8）。

（3）从出游目的和旅游动机上看，观光游客以避暑、休闲旅游者居多，这是由于秀山旅游资源缺乏深度开发，专程前往观光、体验旅游的游客甚少。

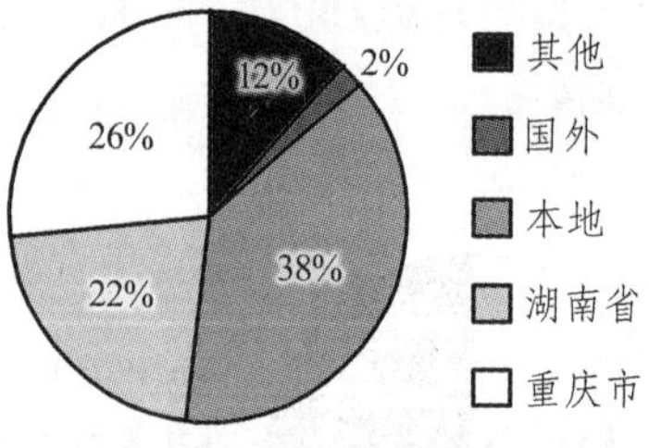

图 7　边城风景区游客来源

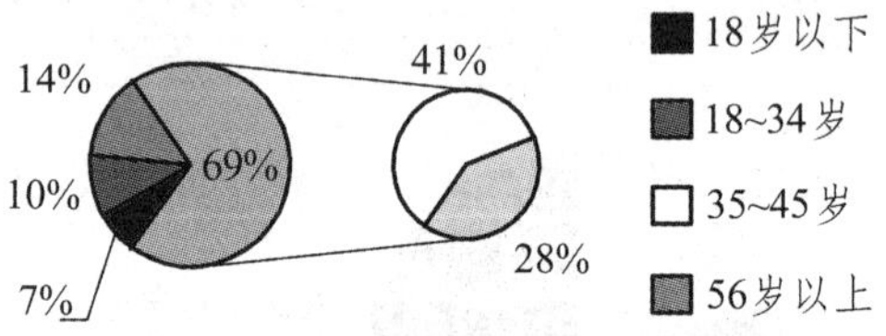

图 8　边城风景区游客年龄构成

二、旅游市场趋势

1. 国际旅游市场发展趋势

深度观光休闲、文化体验等功能和主题娱乐度假等专项产品成为市场供给主流方向。人本化、国际化、体验化、个性化、健康化、生态化、时尚化成为现代旅游市场需求的八大主要特征。

2. 国内旅游市场发展趋势

国内旅游体验深度化；人们更多地选择短期休闲度假；投资第二居所需求增加；自驾车旅游日益兴起；旅游需求类型多样化、个性化。

三、渝湘游客市场分析

渝湘经济区市民具有极强的休闲意识，且生活水平较高，旅游需求旺盛，庞大的旅游消费群体悄然形成，从而为周边各旅游区提供了充足的潜在客源市场（图 9）。

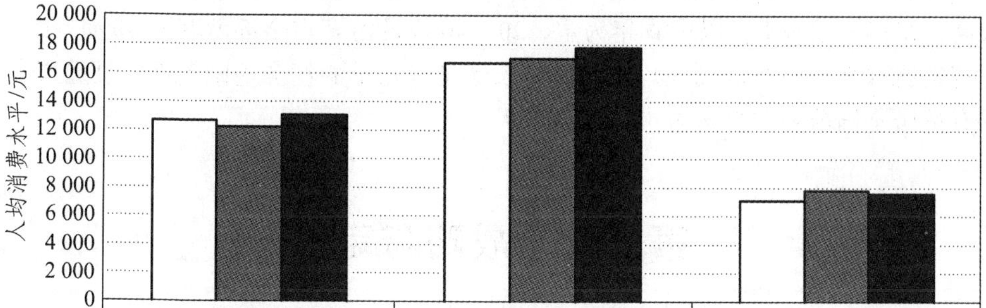

	居民人均消费支出	城镇居民人均消费支出	农村居民人均消费支出
□重庆市	12 714.58	16 732.79	7 065.6
■湖南省	12 225.45	17 085.52	7 781.23
■全国	13 162	17 846	7 623

图 9　2017 年 1—9 月渝湘居民人均消费水平对比

近中程旅游市场火爆，周边游成为市场主体。项目地仅距重庆主城区汽车约 4 小时车程、火车 5 小时车程，距湖南省会长沙火车 5 小时车程，完全符合渝湘游客的出游特征（图 10）。

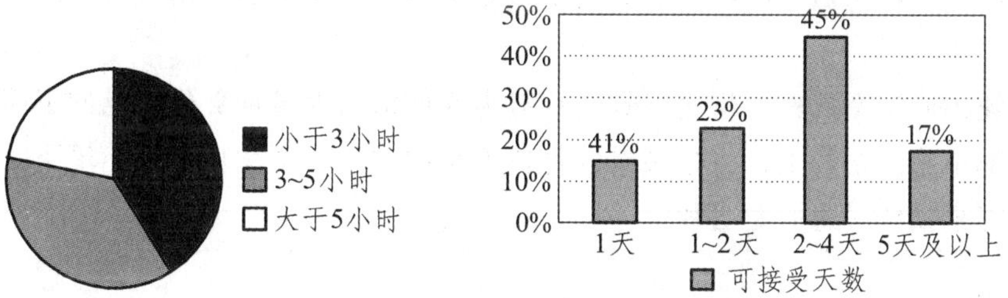

图 10　渝湘居民出游可接受时间和天数

四、细分市场分析

1. 青年及（大）学生市场

重庆是一座时尚都市，高校云集，拥有庞大的青年及（大）学生群体和惊人的市场消费潜力。湖南拥有众多高校，此市场对于文化、内涵、体验等的偏好，可作为项目地未来旅游产品开发的重要方向，且此群体喜爱结伴而游，可带动情侣市场等。

2. 家庭市场

“4 + 2 + 1”家庭结构成为主流，需要能够同时满足青少年、中年、老年等多群体需求的复合型旅游产品。项目地的资源复合性条件优越，并有一定的开发基础，随着景区的发展，渝湘本地以及周边地区的家庭旅游者将成为重要的日标群体。

3. 自驾游市场

随着经济的发展，我国有车族和有驾照人员迅速增多，自驾游发展火爆，更多的人群选择自驾游外出旅行。自驾游人士普遍具有较好的经济条件，基本上属于城镇居民中的中高收入者。在文化程度上，高学历化趋势显著，大专及以上文化程度占主体，旅游意识和旅游素养也较高。在年龄结构上，以中青年为主，20～40 岁的游客占全部游客的 80%以上，渝湘地区的经济发展水平较高，居民人均可支配收入满足自驾游的经济基础条件，且重庆和湖南的汽车保有量居全国前列，自驾游市场潜力巨大。

第四章　战略与定位

一、总体定位

以三省边城、田园、土苗民族风情、《边城》故事等资源为依托，以“记忆老街、民俗体验、悠居禅意、徜徉田园”等主题产品为特色，集休闲观光、主题游乐、度假地产、生态养生、民俗体验、文化感受等功能于一体的边城主题景区，打造国家 AAAA 级旅游景区、国家级历史文化名镇。

二、分层定位

在全国层面，将边城景区打造为以人文体验为核心主题和突出边城特色的一流的古镇型旅游区。

在大武陵山旅游圈层面，将边城景区打造为区域格局内最具文化特色的王牌景区之一。

在渝湘都市旅游格局上，将边城景区打造为全国唯一一个沈从文先生笔下《边城》故事的发生地，牢牢锁住《边城》名片。

三、案名定位

边城景区。

四、形象定位

1. 主题形象

边城之地，书里原乡。

2. 国内宣传口号

口号：清江水，边城情。

备选口号：

一山一水一边城，古意古街古名居；

浓缩的乡土风情，不老的边城古镇。

3. 渝湘地区宣传口号

来边城，巴适！

4. 旅游形象标识

标徽通过抽象图案和具体文字，体现了对边城的一种印象设计。标徽中设计了山、水、荡漾的芦苇以及停泊的渔船等景物，整体营造出一种闲适、宁静的自然风光；通过坐在渔船上的老人，以及左边隶书体的“边城”二字，结合标徽上的组合景色，生动地展现了《边城》一书的情景，让人很直观地联想到书中翠翠爷爷的形象。同时，在汉字“边城”的下方有一个印章体的“洪安”图案，更直观地表现了边城的地理位置。边城标徽如图 11 所示。

图 11　边城标徽示意图

5. 旅游形象吉祥物

吉祥物“翠翠”（图 12）是沈从文小说《边城》里的女主人公，她身上的服饰采用苗族传统服饰，并融入苗族的传统文化。吉祥物代表着边城人勤劳俭朴、勇敢无谓的精神。卡通版设计，更加俏皮可爱。

图 12　吉祥物——翠翠和旺财示意图

吉祥物“旺财”（图 12）取自沈从文的小说《边城》里翠翠家的小黄狗的形象，取名“旺财”，添加了浓浓的生活气息，而狗作为人类的朋友，更给人一种亲切、可爱的感觉。

五、湘西旅游市场

近年来湘西旅游市场日渐繁荣，旅游业呈现出超常规和跨越式发展的态势，大品牌统领下的旅游产品体系日渐完善，湘西旅游整体营销初见成效，美誉度普遍提高，旅游目的地效益凸显，同时湘西旅游市场趋向成熟，游客结构发生了较大的变化，自助游和自驾车游客明显增多。边城景区置身大湘西旅游圈中，积极参与区域协作，可协同开发“大旅游”格局，借势周边国际级的旅游吸引物，形成多条黄金旅游线路，湘西州近 10 年旅游发展、旅游收入发展轨迹如图 13、图 14 所示。

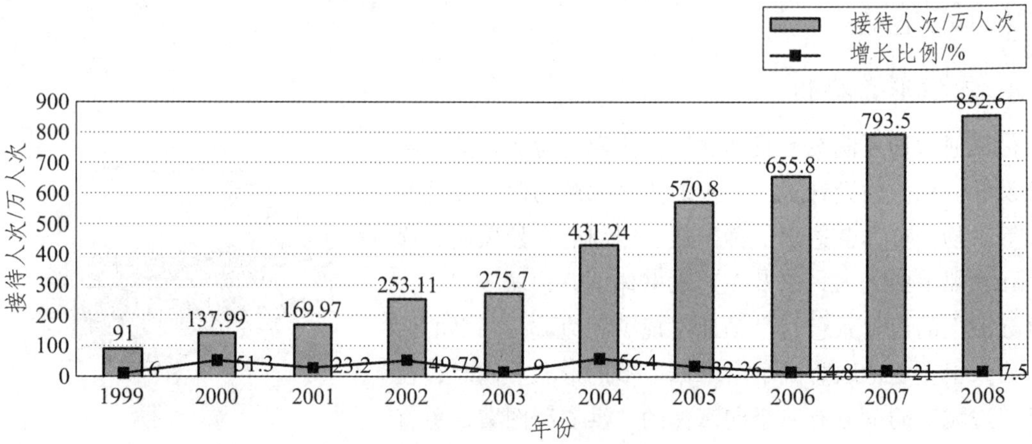

图 13　湘西州近 10 年旅游发展轨迹

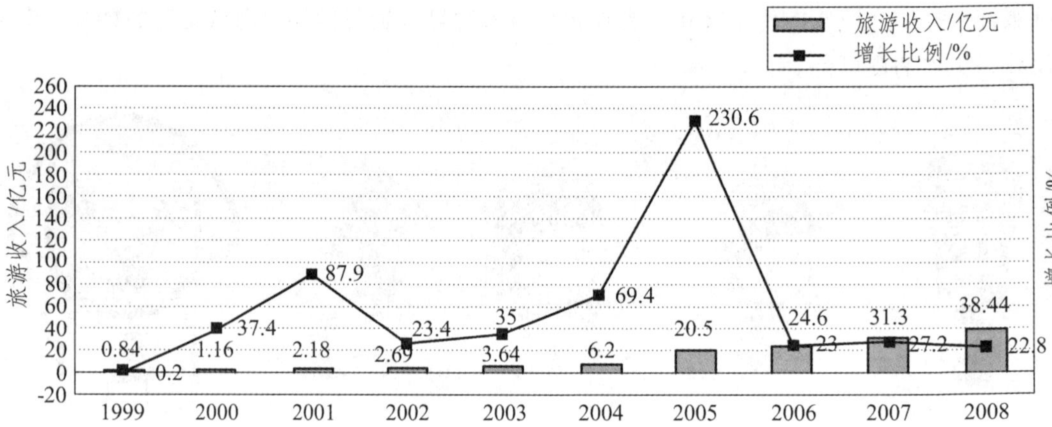

图 14　湘西州近 10 年旅游收入发展轨迹

六、市场规模预测

分高、中、低三种增长方案，对边城景区进行市场规模预测（图 15）：

低增长方案下，2019 年游客规模达到 15 万人/次，2021 年，达到 33.2 万人/次，规划期末达到 67.4 万人/次。

中增长方案下，2019 年游客规模达到 16.6 万人/次，2021 年，达到 42 万人/次，规划期末达到 83.9 万人/次。

高增长方案下，2019 年游客规模达到 18.5 万人/次，2021 年，达到 65.6 万人/次，规划期末达到 94.2 万人/次（受核心游览区域的环境容量限制，高增长方案下规划期末市场预测规模难以达到）。

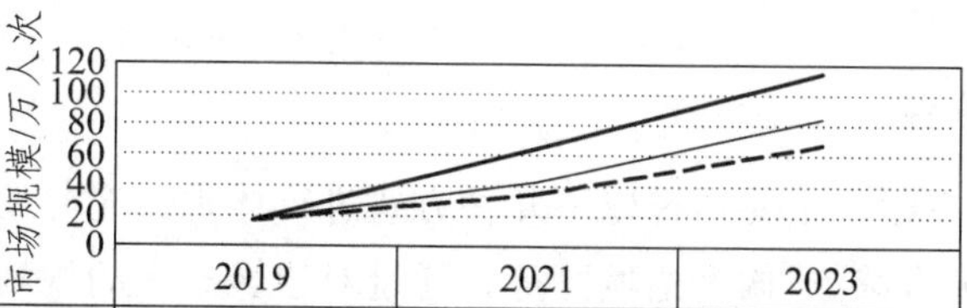

	2019	2021	2023
低	15	33.2	67.4
中	16.6	42	83.9
高	18.5	65.6	114.2

低 中 高

图 15　边城景区市场规模预测

七、发展战略

1. 主题聚焦战略

在未来发展过程中，在继续开展休闲度假观光的基础上，项目地建设必须尽量贯彻特定的边城主题，将项目地打造为边城主题特色突出的古镇生态旅游区。应以文化、生态、民俗体验为主题，将边城景区打造成以边城为主题的生态文化古镇。

2. 产业融合战略

项目地未来应以旅游发展为核心，以旅游项目、地产项目、文化体验项目、生态环保项目等为载体，构建起以旅游产业为纽带，房地产业、商贸产业、生态产业、文化创意产业、度假产业等几大产业复合发展的产业格局。

3. 区域联动战略

项目地应坚持强化与周边景区的合作，与周边地区连点成线，实行产品互补、客源互流、联合促销、共同发展。首先，必须强化与渝湘各景区的旅游合作，积极融入大武陵山旅游区，分享周边的龚滩古镇、凤凰古镇等旅游客源；其次，强化酉秀黔彭等片区内部、渝东南沿线以及大湘西旅游圈等的区域旅游合作。

4. 文化嫁接战略

项目地立足现阶段旅游市场需求和可持续发展角度，在景区开发过程中，加大无形文化与有形资源的嫁接力度，加大文化软开发力度，结合《边城》的背景及故事情节，培育接轨市场、具有特色竞争优势、多元复合的生态、文化型旅游产品，形成独特竞争力。

5. 营销先导战略

项目地以品牌营销为先导，创新营销手段，强化旅游市场营销。尤其在景区封闭建设期间，应充分利用此段景区对外运营的间歇期，全面展开景区的品牌营销，先期提升景区知名度，以保证景区正式开放后稳定持续的旅游客源输入。

八、开发思路

1. 边城主题表现

边城景区的边城主题，主要通过以下几种方式进行体现：充分发挥三省交界的特色，打造“地域边城”“文化边城”“饮食边城”等，通过对边城景区的规划建设，让游客在边城景区能够体验到“一日踏三省，一朝游三边”的空间移动；同时通过在边城景区规划民俗文化体验区，让游客在此地体验到苗族、土家族民族民俗、人文风情，由于地跨三省，饮食文化也各具特色，可以打造“三边美食，一锅煮三省”。

2. 文化包装策略

以《边城》文化作为景区的文化包装主题。沈从文先生让《边城》一书中的故事发生地洪安—边城镇片区名声大噪，越来越多的游客向往《边城》故事中的纯粹和民风，所以边城景区可以从建筑风格、景观装饰、展览展示、游览工具、文化演艺、旅游商品、标识系统等多方面，形成《边城》文化的内涵，并进行综合包装。将《边城》故事中的人物、情节、建筑等作为变现元素，渗透并体现于景区的建筑外观、景观小品、游览体系、公共活动区域以及文化体验包装中。

3. 原生民俗体验

边城景区拥有土家族、苗族等民族，地域风情浓厚，在此处可以体验到边城人民纯朴、善良、包容的民风。因为当地人在此居住了上千年，至今仍然保留着吊脚楼、苗寨等，古老的石板路、古朴的石拱桥、沧桑的窨子屋独具特色。通过对土家族、苗族的民族文化的挖掘和利用，打造最具特色的苗乡文化古镇，结合《边城》故事中的情节，打造民俗文化。

4. 田园风情感受

边城拥有最原始的农田、水乡、世居民族等，将边城景区打造成休闲舒适的度假景区，游客可以在这里参与农事采摘、感受田野风情，营造边城诗意田园生态美的核心区域，将边城打造成生态休闲旅游景区和生态农业示范基地。

第五章　空间布局规划

一、基址分析

1. 基址概况

规划范围内的土地基址，基本可以概括为民居、街道、林木、农田、水系五大核心要素。边城景区现状如图 16 所示。

图 16　边城景区现状图

2. 地貌肌理分析

边城景区多分布在山垄、缓坡山腰或山顶台地。它北靠香炉山、马鞍碉、曲乐坡等山体，再向北延伸至大木山、正直坡、大燕坡等大山体，形成一道天然的绿色屏障。南部更是崇山峻岭、连绵起伏、蜿蜒迤逦，一直向东北方向延伸。山体之间形成一条平均宽度约 500 米的山谷地带，景区就位于山谷地带的入河口处，中间一条清水江从南向北蜿蜒流过，成为三个地区的天然分界线。

3. 内部道路现状分析

边城景区内有边城老街、城内街、隘门老街、河街和桥脚街（图 17），均可供人通行和通车。边城老街从西水河边到 G319，长约 400 米。河街由于原有城墙被分隔为两段：上河街和下河街。上河街大致范围为从西渡口至怀远街的路口，长约 180 米。下河街从上河街的末端至镇北观河桥处，长约 310 米。桥脚街可以看作是河街的延续，沿着清水江的走势而展开，同样是因为古城墙的分隔，又由于受清水江冲击，街道由桥连接而成，由此得名。桥脚街从观河桥至镇北香炉山脚下，长约 220 米，由于临河受冲击呈内凹状走势。城内街作为古镇又一条重要的街道，是与河街相对而言的，因为其处于古城墙范围内，所以称为“城内街”。城内街从怀远街和河街的交叉至巷道北门街路口处，长 263 米，街道基本平行于河道和河街。隘门老街也是城内街在古城墙外的延伸，走势基本与清水江垂直，长 323 米。

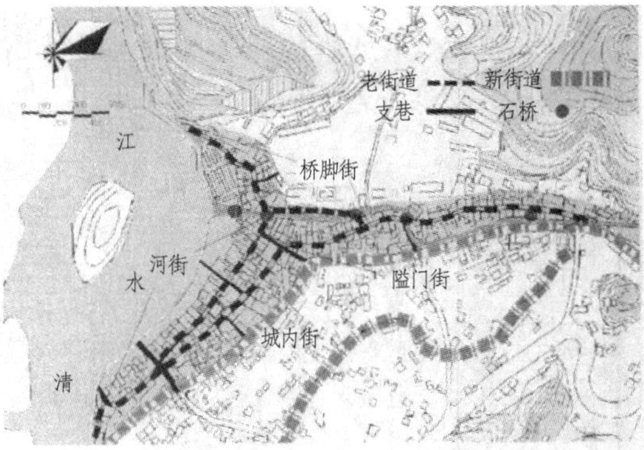

图 17　边城老街示意图

4. 水系现状分析

清水江发源于贵州省梵净山，是酉水上游的一个主要支流。东行 50 千米汇入酉水，再东行 150 千米汇入沅水，流经贵州、四川、重庆进入湖南。一直以来清水江是湘西山区乃至贵州、重庆东部山区联系外界的通衔大道，而且边城景区临水方便了水运交通及生活、灌溉用水等，因此河流对古镇的形成与发展起着决定性的作用。清水江不仅满足城市居民日常生活用水，清水江河道的形态也影响着街道的走势，街道基本上是沿河流平行布置的，河道对构成街道空间有着不可忽视的作用。

二、功能分区

“一核一带四区”分别为：

一核：古镇休闲度假胜地。

一带：一衣带水系两岸。

镇区洪安河、清水江两岸是原始崖壁（局部地段有悬棺）山地景观和田园景区，狭长的水面把美景串联在一起，穿梭于两岸的游船和渡船又把两岸的旅游线路紧密连在一起，以此打造滨水休闲度假旅游。

四区：洪安老街文化区、边城小镇风情区、贵塘田园花海生态区、香炉山山野涵养区（图 18）。

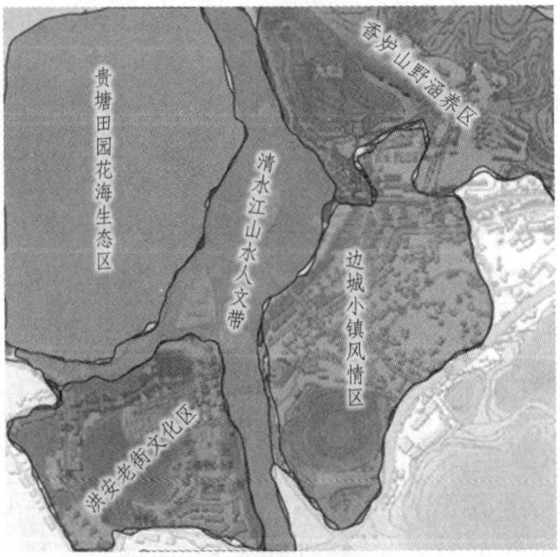

图 18　边城空间分布图

三、分区规划

1. 清水江山水人文带

规划区域：位于沿清水江，由清水江大桥至白塔处，其间包括三不管岛、翠翠岛、拉拉度一带，洪安镇区临清水江一侧的带状街区。

规划面积：183 400 平方米。

总体定位：“人文休闲、全域度假”，以亲水特色吸引市场人群、老城历史根脉调动全域休闲。

规划要点：

（1）在现有环境和景观整治的基础上，形成掩映于绿化景观中的立体格局休闲平台群。

（2）将沿江的人、建筑和历史融入其中，通过传统民俗活动的开展，打造具有浓厚人文环境氛围的水脉系统。

（3）依据秀山县洪安镇一侧极好的崖壁景观效果和开阔的视域范围，以品伯楼建筑形态为主，打造清水江两岸宁静悠远的聚落空间。梨水银滩通过筑橡胶坝水，开展清水江泛舟、漂流等休闲型水上游乐项目（图 19）。

主要功能：水上游乐、滨水休闲、游览观光、节庆活动、民俗文化观光体验。

重点项目：拉拉渡、翠翠岛、悬壁风情、贵塘水畔、科水银滩、“一脚踏三省”界石、三不管岛。

图 19　清水江山水人文带意向图

2. 洪安老街文化区

规划区域：秀山县洪安镇东北角老街文化、乡土文化、市斤文化集中部分，G319 以北，清水江以西。

规划面积：101 500 平方米。

总体定位：以 AAAA 级景区综合接待中心区标准进行打造，建成后的洪安老街文化区将成为边城景区的“客厅”。

规划要点：

（1）建设综合性旅游服务中心、大型停车场和交通换乘设施。

（2）建筑风格和景观打造以边城文化、红色文化为脉络，突出景区文化特色。

（3）综合配套购物餐饮、中端住宿、休闲娱乐等服务设施。

（4）设立标志性形象大门打造景区门户。

边城广场是古街入口区,边城景区综合服务区一样兼具游客集散中心和形象展示的功能，并辐射至贵塘坝和香炉山两个分区。边城古街则以拉拉渡、四大商号、二野司令部为主要节点，整合布局古镇核心区的商业业态。边城古街的旧房改造、特色街区整治、花灯装饰、益景与天井绿化等工程是营造边城古镇气氛的关键。

主要功能：游客集散、咨询服务、形象展示、综合服务、文化展示。

重点项目：边城广场、水恋山门、民族私塾、红色广场、生态停车场、游客服务中心、四大商号、边城记忆老街、二野司令部（图 20）。

图 20　洪安老街文化区意向图

3. 边城小镇风情区

规划区域：花垣县边城镇西北角，G319 以北，清水江以东。

规划面积：355 200 平方米。

总体定位：浓缩边城民族风情，打造“旅游+”特色小镇，使小镇风情与边城文化建设得以协调发展。

规划要点：

在复原开发城内街、隘门老街、河街和桥脚街，还原古街旧日繁华的基础上，结合现有道路、河流布局，形成四横两纵的街区布局特点，构建边城古街、边城美食街、边城风情街、边城新街的四条带状整体布局结构进行整体包装打造。各街区分布有若干标志性节点，成为古镇核心旅游区的亮点与形象标志。此外，由两横两纵的街区相结合，形成原红旗公社处的花灯边寨主题公园。

（1）旧房改造工程。对古街内的后建房屋进行外墙重装、改造，恢复木质板门，对危房、明房进行修缮，可以通过资助扶持方式，由政府、投资商、业主共同出资建设。

（2）特色街区工程。对四大街区进行主题规划，通过店铺装饰、景观雕塑等的设置，强化古街露天“博物馆群落”的环境氛围；对其他街区根据功能特色进行牌匾、景观小品装饰，与古镇旅游氛围协调统一。要求业主及经营者按照政府规划的要求进行改造和发展，政府给予适当的支持。

（3）灯笼与灯会工程。灯笼为古镇的宁静增添了色彩，但现有以灯笼为造型的灯饰，过于现代化，品味不足。因此鼓励民间制作丰富的古街区小挂灯、花灯造型，形成独具边城特色的灯笼文化和特色旅游商品。在运作手法上，政府可以出资几十万元，向全县征集灯笼，每年举办创意花灯比赛，以便全面启动灯笼创意产业的发展，同时各式各样的灯笼将成为最受欢迎的旅游纪念品，带动旅游经济发展。

（4）盆景与天井绿化工程。在古街上，开展可移动型小规模盆景绿化，道过对沿街盆景绿化小品的布置，弥补绿地系统严重不足的现状，实现街道灵气的提升。另外，鼓励院落天井绿化，并通过政府示范，提升天井绿化的水平。

（5）招幌牌匾美化工程。结合商铺内设置的经营项目，设置相应的招幌牌匾，在统一风格下突出特色，形成古镇的一道看点。

（6）街头民俗货车、货担项目。此类临时性项目规模较小，主要在重要节假日、民俗节庆、花灯节等节日设置，可设计几种不同的民俗货车、货担，活跃并增加古镇的气氛。

主要功能：生态人居、健康养生、旅游度假、住宿接待、民俗体验。

重点项目有：花灯边寨主题公园、边城美食街、边城风情街、边城新街、民居客栈（图 21）。

图 21　边城小镇风情区意向图

4. 贵塘田园花海生态区

规划区域：B05 县道以东，包茂高速公路以南，清水江以西，秀山县贵塘坝东南区域。

规划面积：487 200 平方米。

总体定位：营造边城诗意田园生态美的核心区域，打造生态休闲旅游景区和生态农业示范基地。

规划要点：

贵塘坝平缓区域将现有田间路网和水系加以改造，打造田园牧歌式环境空间，营造古朴绚丽、极具趣味性的梦中田园，构成对游客的强烈视觉冲击与核心吸引力。

以花卉大地景观为整个生态旅游的核心和纽带，以田园特色景观为切入点，拉开乡村旅游的大幕。

主要功能：生态采摘、婚庆旅游、花田漫步、休闲度假。

重点项目：花海游园、田园放歌、水漾湿地、花田人家、武陵边场、刺葡萄长廊、农田租赁（图 22）。

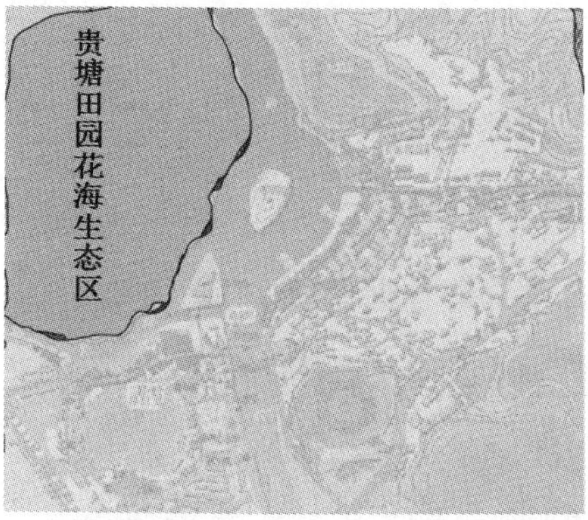

图 22　贵塘田园花海生态区意向图

5. 香炉山山野涵养区

规划区域：包茂高速公路以南，清水江以东，位于香炉山及周边山地区城。

规划面积：844 800 平方米。

总体定位：以山林为背景，与水脉相结合，作为边城旅游的山野休闲游乐配套区。

规划要点：

开辟露营地，营地内设立必需的公厕、饮水点，提供公共的森林娱乐项目，如林中秋天、露天舞台等森林娱乐项目，来吸引游客和丰富营地的游憩内容。

拓展山顶森林，设禅意休闲区，设素斋、佛心居、净心阁等休闲项目，给游客山野静居、清心寡欲的心灵洗涤。设展览厅介绍素食的起源与发展、素食与佛教的渊源、素食与名人、素食与养生、素食的菜谱等，并设斋房聘请名厨烹饪各种特色素食让游客大饱口福。所用食材要绿色环保无污染，斋房格调要清新淡雅，借用竹子、兰花等苗木花卉装扮。

整个山林进行道路改造、景观及植物配置。沿溪岸边将现有土路改造加高修成石板栈道，拓宽水面，栈道宽度约 1.8 米，亲水平台伸出约 1.5 米，岸上乔木多以本土植物为主，景区内栽种不同叶色、不同气味的树种，使其一年四季呈现不同的视觉和嗅觉效果。

主要功能：野外露营、山林休闲游乐，高品质山林度假，宗教文化旅游。

重点项目：栖凤茶楼、 素食斋、禅静寺院、禅居山庄、森林氧吧、纪念林、林中秋天、露天舞台（图 23）。

图 23　香炉山山野涵养区意向图

四、线路设计

规划游览线路有三种方式，分别是水上游戏、水陆结合游戏和陆上游戏。

1. 水上游线

水上泛舟游线：清水江大桥入口→清水江→三不管岛→洪茶渡口（图 24）。

图 24　水上游线示意图

洪安河漂流：入口→五彩船桥，水上漂流与滨河项目穿插进行。

2. 水陆结合游线

接待服务区→红色文化体验区→清水江→悬壁湿地休闲游憩区→三不管岛→拉拉渡码头→边城小镇风情区→河滨公园→花圃观光。

3. 陆上游线

水恋山门→接待服务区→民族小学→红色广场→四大商号→边城记忆老街→二野司令部→刘邓大军挺进大西南纪念碑。

洪茶渡口→花灯边寨主题公园→边城美食街→河滨公园→纪念林→栖凤茶楼/ 素食斋→禅静寺院。

花海游园→竹林人家→武陵边场→刺葡萄长廊。

第六章　重点项目策划

一、总体理念

充分依托边城景区优美的自然环境及丰富的人文内涵，打造民俗体验与自然观光相结合的主题景区。充分挖掘边城景区的旅游资源，以“边城文化”“土家族、苗族文化”为主线，辅以“革命历史文化”“田园文化”“森林文化”三条支线，将观光、休闲度假、民俗体验、养生等功能进行有机融合。

二、边城小镇项目策划

1. 分区范围

从边城题刻到文化广场（包括沿河大道和沿河吊脚楼）。

2. 功能定位

地域风情体验区。

3. 策划思路

作为边城景区的民俗风情体验区，必须要有浓厚的民俗风情和当地特色，能让游客直观地感受到边城的民俗风情并融入其中。

4. 核心亮点项目

1）特色民宿

民宿要突出生活性，如旧的、传统的、民俗的、故事性的、原生态的、原居民的。

（1）修复已经破坏的传统吊脚楼，融入传统的天井、封火墙、盆景外观融入的花灯、匾额楹联等传统元素打造特色民宿。

（2）设置主题客房，将《边城》文化、民俗文化、田园文化融入民宿的主题客房中，增强游客的体验感。

（3）完善民宿的基础设施及卫生条件，增加游客的舒适度。

2）边城美食街

美食街要突出品牌化、特色化、规模化、大众化。

（1）重视品牌效应，提升整体形象，挖掘“老字号”餐饮企业品牌，不断赋予其新的时代特色和文化内涵。

（2）边城景区的苗家腊肉、洪安腌菜鱼、米豆腐、豆腐乳、油茶等地方特色美食可以融入美食街内，而且这些美食都有很浓厚的历史文化内涵，让国内外游客了解边城文化，熟悉边城的风土人情。

（3）除当地特色美食外，还要融入其他美食，突出大众化、规模化，如烧烤、奶茶、面食、零食、汤锅、火锅、川菜馆、茶馆等。

3）边城风情街

（1）依托吊脚楼设风情酒吧，融入《边城》文化提供各类酒品、饮品及小吃，以供游客赏玩，增强游玩娱乐的氛围。

（2）将边城景区的特色商品比如蜡染、民族服饰租赁、花灯、龙凤花烛等，容纳到风情街的商铺中，并为游客提供亲手制作手工艺品的工具和材料。

（3）在风情街设主题书店、图书馆、明信片邮寄点，将边城景区的历史人文风情全面展示给游客。

4）边城文化广场

（1） 广场部分以艺术墙围绕，艺术墙按照小故事各自成独立体，按不规则形状排列，综合组成艺术墙展示区。

（2）利用广场场地组织文艺汇演和篝火晚会，如土家摆手舞、秀山花灯等。

三、清水江项目策划

1. 分区范围

清水江鸡鸣三省亭河段至白塔河段。

2. 功能定位

《边城》文化体验区。

3. 策划思路

依托清水江和翠翠岛的自然条件，以《边城》为原型，打造淳朴、和谐、宁静、美丽的边城形象。

4. 核心亮点项目

1）拉拉渡（图 25）

索拉渡河船，由一根钢丝连接两岸码头，也系住了渡船来往的动力依靠。满客之后，老艄公悠闲地坐在船屋内的木制四方条台上，用一根挖有细槽的两尺圆木作绞杆，卡在渡河钢丝上一点一点把船拖到对岸。

（1）增加拉拉渡数量，在船上贴上拉拉渡运作原理。

（2）保证安全的情况下让游客亲自体验用绞杆拉船的过程。

图 25　拉拉渡示意图

2）游船

（1）增设船上餐厅、茶馆、牌厅、船市。

（2）让游客亲自体验划船的乐趣。

（3）举办端午节赛龙舟活动。

（4）依托清水河两岸的自然和人文景观，利用游船带领游客全面了解边城景区。

3）翠翠岛《边城》主题展馆

（1）在翠翠岛上设立《边城》主题展馆，播放电影、上演话剧以展示《边城》文化。

（2）举办《边城》摄影展。

（3）在河岸举办放花灯许愿和抓鸭子等活动。

4）三不管岛特色酒店

（1）在原有的三不管酒店基础上进行改建，增设主题房间如以《边城》故事、爱情故事等为主要内容的主题房间。

（2）在楼层较高处修建沿江观景台，方便游客欣赏美景和龙舟比赛。

（3）大厅的装修也要融入《边城》、花灯、苗绣等元素。

四、洪安小镇项目策划

1. 分区范围

由洪安汽车站到拉拉渡景点。

2. 功能定位

红色文化、游客服务中心。

3. 策划思路

洪安小镇是边城景区交通最便利的地方，也是边城景区的入口，基础设施、服务系统必须完善，还要融入文化体验。

4. 核心亮点项目

1）刘邓大军挺进大西南纪念馆

刘邓大军挺进大西南纪念馆，在洪安老街上的一座四合院内。该建筑座北朝南，临街而建，地势逐步升高，前后建筑由石阶相连，层次分明，错落有致，相邻房屋之间有封火墙隔离。前排建筑内有会议室、警卫室、军床等，后排建筑为西南服务团陈列室。整个建筑群古朴典雅，很有观赏价值。

（1）在纪念馆设数字展厅，讲述刘邓大军的革命历史故事。

（2）设图书角普及红色革命故事和历史。

（3）增加中山装、红军军装租赁、摄影项目。

2）语录塔

（1）在语录塔旁边开设红色小商品铺，主要售卖草鞋、斗笠、蓑衣、搪瓷杯、语录装订册等红色小商品。

（2）在语录塔下举办爱国宣誓活动。

3）边城私塾

将摆手舞、土家族语、扎花灯、蜡染等项目融合到边城私塾中，可供游客学习，增强游客体验感。

五、贵塘项目策划

1. 分区范围

贵塘村 B05 县道与包茂高速、清水江围成的区域。

2. 功能定位

农事体验、田园观光。

3. 策划思路

利用边城景区清水江畔的田园风光，增加瓜果采摘、农事体验、垂钓活动，增强游客体验感。

4. 核心亮点项目

1）农事体验

（1）小范围场地种植体验认养区域，游客可通过认养农作物或农场租赁的方式，选择性地参与农作物施肥、剪枝、疏花、蔬果、套袋等各项技术劳作。

（2）在特色农舍里观赏少数民族歌舞、品农家美食、感受边城农家风情，打造边城风情农庄。

（3）结合当地特色果蔬、果林，如脐橙、板栗、葡萄、梨等，吸引游客到园内采摘，让游客享受到原汁原味的水果盛宴。

2）观光游赏

（1）农作物种植景观化，注重肌理、色彩组合变化，结合农具展览，让游客在观赏中体验农作物之美。

（2）在稻田间垂钓、观景、漫步、摄影、修身养性。

（3）DIY 式生态体验饮食，每一个小船作为一个单间，近距离亲近清水江，体验清水江文化，采摘、垂钓、捕捞、餐饮相结合，体验绿色饮食文化。

（4）根据季节不同栽种芳香类蔬菜、鲜花等，如油菜花、栀子花、凤仙花、灯笼花、月季等。芳香蔬菜和鲜花可以地栽，也可以盆栽；可以集中栽培，也可以散栽。

3）花田小居

在花海与田间修建小型别墅，将别墅与田园风光融合，打造诗意的、乡土的山水田园居所。

六、香炉山项目策划

1. 分区范围

香炉山。

2. 功能定位

休闲娱乐区。

3. 策划思路

依托香炉山的地形环境和自然植被设立户外营地、真人 CS、禅文化体验区等休闲娱乐项目，增强边城景区的趣味性和参与性。

4. 核心亮点项目

1）野外露营、树屋

建设以休闲、露营、树屋为主体的户外营地，辅以自助烧烤、徒步、健身、少儿活动等项目。

2）真人 CS

亲子 CS 活动：父母和孩子在亲子 CS 活动中，相互配合、协同作战，迅速拉近彼此间的心理距离。

青少年 CS 野战运动：通过 CS 野战运动，培养青少年团结合作的精神，增强青少年的体质。

3）禅文化体验区

“禅庭院”：如栖凤茶庄等景观内部禅境的设计，庭院的山石、植被等设计，建筑形式上与自然融为一体，突出自然禅化的意境。

“禅活动”：参禅、讲禅、静修、活动等。

“禅宴”：通过环境、菜名等方式来体现，采用素斋、鲜花宴等养生饮食来体现禅文化。

“禅居”：融合禅庭院、禅活动、禅宴，修建参禅舍，打造禅境、开发禅意。

七、节事项目打造

1. 边城端午龙舟节

举办时间：每年端午节假期。

举办地点：清水江、文化广场、边城风情街。

活动介绍：每年端午节举办龙舟节、延续边城景区端午赛龙舟的传统，加入一系列民俗娱乐活动，丰富游客的端午体验（图 26）。

具体内容：

（1）划龙舟比赛：游客可提前通过网上报名的方式参与到龙舟比赛中，比赛之前会由当地有经验的居民进行一个简短的划龙舟培训，也可以在沿河大道观看激烈的龙舟比赛。

（2）趣味游戏：比赛之余可以到文化广场参与“旱地龙舟”“钓粽子”等趣味游戏。

（3）特色商品制作：在边城风情街观看龙凤花烛、糖画、苗家蜡染等手工艺品的制作过程。

（4）文艺汇演：晚上在文化广场举办文艺汇演，包括舞龙舞狮、上刀山下火海等民俗表演。

图 26　龙舟节意向图

2.《边城》文化节

举办时间：每年 9 月。

举办地点：翠翠岛。

活动介绍：《边城》一直是多少人为之潸然泪下的故事，故事里描绘的生活场景也令不少人为之动容。作为《边城》的原型，边城景区自然要和大家一起延续《边城》的生命，让《边城》活起来。

3. 花灯美食节

举办时间：每年正月。

举办地点：边城美食街、边城风情街、文化广场。

活动介绍：秀山花灯是集宗教、民俗、歌舞、杂技、纸扎艺术于一体的民间文化现象和民间表演艺术，通过举办花灯美食节，将当地特色的民间音乐文化遗产带给游客。

4.“三月三”情歌会

举办时间：每年农历三月。

举办地点：贵塘田园花海区。

活动介绍：“三月三”被称为三月节、三月会，是苗族的情人节。“三月三”情歌会围绕爱情主题，有文艺表演、手工艺展示、山歌对唱等形式。

第七章　基础设施建设

一、旅游交通规划

1. 外部交通规划

目前，景区的外部交通通过包茂高速以及 G319 直接到达边城景区，并且在洪安边城分别设置有高速公路收费站，外部交通可进入性还算便利。但道路的状况却不胜理想，还需对景区外部交通进行改造：

（1）拓宽 G319 边城段为四车道，作为未来迎接游客的主要道路；

（2）拓宽洪茶大桥，增加人行道及非机动车道，作为洪安镇与边城镇的主要连接桥梁；

（3）增加 G319 及包茂高速上的边城景区指示牌，做好景区宣传与指引工作；

（4）设置旅游巴士，从秀山火车站直达边城景区。

2. 景区内部交通规划

将 B05 县道和 084 乡道改造为双向两车道，作为景区主干道；考虑到镇区原有的街巷尺度，规划道路宽度不宜过大，主要规划红线宽度为 24 ~ 30 米，次要规划红线宽度为 18 ~ 24 米，一般道路规划红线宽度为 12 ~ 16 米，在局部地段道路断面根据需要加宽人行道宽度；主要街巷位于古镇保护区内，规划原则为维持现有的宽度与路型。

在贵塘田园花海区规划一条交通性干道和一条环形步道，使整个区域形成一个完善的道路系统。

在白塔附近河上修建桥梁，连接清水河两边，桥梁设计元素为边城特色；沿河修建步道，为游客提供休闲散步、观赏河景的区域，在贵塘区域可修建亲水汀步道，在文化广场沿河可修建玻璃栈道。

3. 游览交通工具设置

观光小船：设置观光小船，从白塔至翠翠岛向上游一直延伸至清水河大桥，进行清水人文风情带的游览。

景区观光车：从游客服务中心出发途径边城小镇风情区、香炉山山野涵养区、贵塘田园花海生态区，最终回到游客洪安老街文化区。

二、解说标识系统规划

1. 全景导游牌示

位置：景区入口处游客服务中心，各功能区主要景点项目。

用途：边城景区总体介绍，解说景区特色、游览线路及几大功能区的分布、主要分区块、旅游厕所、主要出入口、停车场、餐饮点、游客服务中心等位置的图上说明。

2. 分区导游牌示

位置：各功能区入口处。

用途：标识各功能区在景区的相对位置，突出该区域在边城景区的相对位置及主要功能、重点项目及相关的设施分布。

3. 景点说明牌示

位置：各景点处。

用途：用于详细介绍景点的相关信息，包括背景介绍、景点内容、科普内容等。不同区域的景点说明牌示可采取不同的风格，如边城小镇风情区可采取古朴的风格，清水江人文风情带可采取石制原生态介绍牌。

4. 服务指导牌示

位置：边城景区内服务设施及其周边、游客滞留集散区域。

用途：对近距离服务设施的引导，用于景区、景点的位置指示或服务设施的指示。

5. 警戒忠告牌

位置：水系节点、服务节点、观景台及其他易发生安全事故的区域等。

用途：警戒或忠告危险所在，禁止游客某些危险行为或不文明、不符合环境要求的行为举止。

6. 植物挂牌

位置：各重点植物。

用途：按照国家标准准确介绍植物。

三、智慧景区规划

1. 景区解说系统

功能：在游客中心放置边城景区数字导游二维码，游客通过扫码即可获得景区语音导游及景区介绍。

位置：游客服务中心、各功能区主要景点项目。

2. 景区电子商务系统

功能：建立景区官方网站及官方微信公众号，在网络实时提供景区最新的旅游信息（天气、最新活动）、景区介绍、景区导游等；同时针对拉拉渡、真人CS等付费项目，实现游客网上购票，到场直接扫码体验。

3. GPS车辆调度系统

功能：通过卫星自动获取景区内指定目标车辆的相关数据，实现数据的整理与分析，结合地理信息系统（GIS）在大屏幕上显示景区内观光车辆的地理位置，为车辆调度等方面的管理提供即时决策依据。

位置：边城景区管委会车辆调度室。

4. LED信息发布系统

功能：彩色LED屏集游客提示、天气预报、景区动态、法规宣传、游客公告、旅游知识宣传为一体，有效提升景区形象。

实施位置：游客服务中心、边城小镇风情区广场。

四、旅游服务设施规划

1. 旅游休憩系统规划

休憩系统现状：总体情况差，外观老旧，没有从旅游古镇的角度考虑观景亭、观景平台的设计。自然乡土的构筑特征不够突出，休憩座椅较少。

观景亭、风雨亭设计：主要以滨水、山坡、山顶三种类型为主，主要采用渝东南与湘西地方民居的建筑风格，采用穿斗式或吊脚楼风格，因地制宜，顺应地形和景观，融于山林。

主要规划位置：清水人文景观带、一脚踏三省、鸡鸣三省亭、拉拉渡、三不管岛、洪安老街背街白塔、九龙坡顶。

休憩座椅：在沿河步道、游览步道设置休憩座椅，在景点集中区域如文化广场、鸡鸣三省亭、翠翠岛、三不管岛等每隔五米设置座椅。

2. 停车场规划

服务对象：景区内停车场对象为景区内观光车及应急车辆，服务中心停车场主要应对自驾游游客。另有集中停车场（游客服务中心）、分散小型停车场、停靠点。

建设要求：主要采用砂土铺地，采用嵌草铺装停车场，一方面美化环境，另一方面提高绿化率。同时因地制宜，选择适合停车场的坡度；对停车场采用绿化遮阴，利用乔木、灌木、微地形等进行视觉遮蔽，以减少对周围自然景观的破坏。

五、基础设施规划

1. 环卫设施系统规划

1）旅游厕所

服务半径：人口密集区域（边城小镇风情区）旅游厕所服务半径为 300 ~ 500 米，九龙山山野涵养区、贵塘田园花海区及游客接待区旅游厕所服务半径为 700 ~ 900 米。

建设要求：干净整洁，无异味。厕所配备自动感应节能冲水、自动感应水龙头（冬季热水）、烘手器。设置第三卫生间，为亲子游客提供便利，景区内旅游厕所男女比例应为 2∶3。

2）垃圾桶

在主要景点、人口密集区域按标准配置垃圾桶，间距为 50 米/个，交通主干道间距 80 米/个，一般道路间距 100 ~ 120 米/个。按照各区域特色设置垃圾桶，洪安老街文化区、边城小镇风情区采用古色古香的垃圾桶外形，贵塘田园花海区采用田园风格的垃圾桶外形，九龙山山野涵养区采用环保型垃圾桶外形。

3）水域保洁

加强河道水面的卫生保洁工作，规划在游客服务区安排一处水域保洁管理及工作场所，占地 800 平方米，同时要求景区内河道水面每日打捞一次，打捞方式采用手工与机械相结合的方式。

4）生活垃圾转运站

规划在游客中心区、边城小镇风情区、九龙山山野涵养区以及贵塘田园花海区各建一座生活垃圾转运站，按 180 ~ 250 平方米/吨控制用地。

5）垃圾中转站

规划在贵塘田园花海区建一所垃圾中转站，占地 3000 平方米，每日转运生活垃圾 50～100 吨。

2. 给水系统规划

1）供给水源

边城景区现分别由洪安水厂和边城水厂供水，洪安水厂目前以洪安湖水作为供水水源，供水量和水质均不能满足城镇进一步发展的需要，而边城水厂由于水处理构筑物缺乏维护，滤池不能正常工作，水质达不到国家检测标准。

2）供水设施及管网规划

水厂规划：在目前洪安水厂的基础上进行技术改造和扩建，提高供水能力和水质。改建边城水厂位置，采用混凝、沉淀、过滤、消毒净水工艺，提高供水水质。

供水管网规划：根据规划用地布局和管网状况，确定景区内以环状干管加枝状配水管的管网系统。沿主要道路规划两条供水主干管，明确主要输水管和配水管功能，改造供水瓶颈，扩容、提高供水量。

3. 排水系统规划

1）排水体制

采用雨污分流的排水体制，污水集中收集后，统一汇入污水处理厂，经处理达标后，可排入自然水体。雨水就近汇流之后直接排入附近河道。为防御清水河洪水威胁，沿河修建防洪堤坝，在小溪出口建造排污泵站。

2）雨水管网规划

根据景区地理特点，利用地形和密布的河网，雨水管网规划按河道水流的流向划分排水区，尽可能在管线较短和埋深较小的情况下，让最大区域内的雨水以最短的距离自流排放附近水体，并尽可能不使用雨水泵站。

3）污水处理

根据洪安镇城镇总规划，洪安镇贵塘区域将新建污水厂，洪安镇区的污水将统一汇入该新建的污水处理厂进行处理。边城镇区域将在清水河东新建污水厂，将边城镇区污水统一汇入。污水处理采用二级处理以达到出水水质以及标准控制。污水达标后，统一排入清水河。

4. 电力系统规划

1）用电预测

近期采用 $0.8\times10^4\ \mathrm{kW/km^2}$ 的用电负荷密度，用电负荷为 $4.0\times10^4\ \mathrm{kW}$，按 65%负载率计，则总计算负荷为 $2.6\times10^4\ \mathrm{kW}$。远期采用 $1.2\times10^4\ \mathrm{kW/km^2}$ 的用电负荷密度，用电负荷为 $6.6\times10^4\ \mathrm{kW}$，则总计算负荷为 $4.3\times10^4\ \mathrm{kW}$。

2）用电规划

边城镇新设的 35 kV 变电站能够满足边城镇规划区域近、远期用电需求，规划拟采用新建的 35 kV 变电站作为主供电源，现有水电站并网供电。洪安镇规划区域电源来自秀山县变电所，110 kV 进线，进入位于镇区西南（镇西组团）镇内的 35 kV 变电站，并由该变电所引出 10 kV 线路 5 条供应规划镇区用电。

3）线网规划

规划采用双回路供电的环网方式，开环运行，提高供电的可靠性。规划供电线路连接后形成供电环路。景区内电力线铺设以地埋敷设为主，避免架空铺设。

5. 通信系统规划

规划远期在新镇组团新建一处通信局，并要求两处用电均接入独立的双路市电。远期光纤到小区、大楼接入率达 100%。每百人拥有固定电话主线数达 60 线。

在新镇组团规划通信局和广播电视局，设置无线基站、卫星地面站、模块局等信息基础设施。保障镇区 100%和镇域 95%以上地区的移动通信和寻呼用户在 99%的时间内可使用提供的移动通信和寻呼服务，在重点区域实现移动通信和集群信号室内外无缝覆盖。

新建地区宽带接入网覆盖率达 100%以上，人均带宽拥有量达到 512 kB 以上。实现边城景区 Wi-Fi 全覆盖。

六、综合防灾与安全规划

1. 防洪除涝规划

1）设计标准和工程等级

2020 年达到防御洪安河与清水江流域 40 年一遇的洪水标准，2023 年达到防御洪安河与清水江流域 50 年一遇的洪水标准。

镇域范围除涝设施达到 20 年一遇的标准，一日暴雨一日排出。

2）水面率

全面保持现有水域面积，并保持其容量不再减少，镇域水面率控制在 35%以上，镇区水面率保持在 10%以上。

3）古镇区防洪除涝规划

范围：东北至翠翠岛、南至“一脚踏三省”的周边范围，西至象鼻吸水景点，包括贵塘坝田园区域、景区整体沿清水河区域。

2. 消防规划

1）消防站布局

景区内根据接警起 5 分钟内到达责任最远点及 4 ~ 7 平方千米设一处不低于二级消防站的标准，洪安镇区需设 1 个二级消防站，站址位于游客服务中心旁，作为边城景区消防指挥中心，规划用地 4000 平方米左右。消防站还要建立完善的消防报警、通信、调度等有线和无线通信系统。

2）消防供水和消防栓配置

景区内消防水源为景区内河及景区给水网。消防栓沿道边铺设并靠近路口，消防栓间距不宜超过 120 米，保护半径不宜超过 150 米。在核心景区（边城小镇风情区），消防栓需提高密度，并保证有足够水压。

当景区内因路网密度限制无法达到消防栓或邻近河道取水点的服务半径时，应配备加长帆布消防水龙头以及其他传统灭火方法加以弥补，如水井、沙池等。

3）消防通道

景区内道路建设应该满足消防车通行要求，可使消防车达到每一处事发地，但因古街巷普遍狭窄，依然存在不少消防通道未及地区，所以古镇区内的居民、单位和游客的防火教育尤为重要。

4）建筑消防

景区内各类建筑应考虑防火要求，新建设区域按《建筑设计防火规范》控制的防火间距，同时利用河流、绿地、道路作为防火隔离带。

3. 抗震减灾规划

边城景区为6度设防地区。设防标准应执行《建筑抗震设防分类标准》（GB50223—95），新建工程抗震设防必须按《建筑抗震设计规范》（GBJ11—89）的要求进行设计。

规划在边城景区管委会下设抗震救灾指挥中心，在道路、广场、绿地等空间的规划布局时，充分考虑抗震疏散的要求。同时应考虑次生灾害造成的危害与影响。

4. 地质灾害规划

根据重庆市地质灾害发育规律、地质灾害易发区区划，结合生产力布局、经济发展和人口密度等因素，部署地质灾害的防治工作和重点防治区。平原区域以防治地面沉降、地裂缝为主；山区以防治泥石流、滑坡、崩塌和矿山地面塌陷灾害为主。

整体上来说，边城景区属于山区地貌特征，但是从更小的范围来区分，也可以细分为平坦区、山体区，平坦区主要指贵塘田园花海生态区；而山体区则指镇区坡地与九龙坡山脚建设用地范围。

针对项目特殊的地质情况，我们提出如下防治措施，对贵塘田园花海区首先加强管理，科学部署地下水开采井位的开采层位，通过高效的全自动检测网络，严密监测、严格控制地下水开采量，甚至必要的回灌、补充地下水，减缓地面沉降；对景区坡地及九龙坡地区，沿G319一侧山体区域，应加固山体、增强护坡。

第八章　旅游开发的保障体系规划

一、居住用地保障体系规划

1. 居住用地规划原则

（1）面向全面小康，坚持居住区规划建设的高标准、高起点，为居民创建优美、舒适、安全、方便、现代化的生活居住环境。

（2）在新镇区集中解决组织生活居住用地，按照居民生活的不同层次要求，分级配量各级公共服务设施，使生活居住区功能明确、建设有序、方便生活、便于管理。

（3）新镇区居民住宅区开发成小规模、多样化，以居住组团作为组织生活居民用地的基本单元，营造富有边城特色和临渝东南与湘西水乡特有的边城古镇生活居住环境。

（4）注重对生活居住区内绿化以及各级市政设施的配合，在古镇区应尽快改变现有居住公用设施配给不足的状况，以方便居民生活，提高住房品质。

2. 居住用地规划指标

规划近期 2017 年，居住用地 30.32 公顷，人均居住用地 758 平方米，镇区规划人口 4000 人。规划至 2023 年，居住用地 36.31 公顷，人均居住用地 30.25 平方米，2020 年镇区规划人口 12 000 人，户均一套标准房，新建地区各项设施配套到位，居住环境适宜。

3. 居住用地规划布局

居住用地分四大区布局，即边城小镇片区、洪安镇片区、香炉山山脚片区、贵塘坝田园片区的部分村寨区。其中边城小镇片区和洪安镇片区、贵塘坝片区的村寨区为现有的居住片区，香炉山山脚片区为发展的新居住片区。

边城小镇居住片区，建于 20 世纪 50、60 年代，建筑质量较差，空间结构布局缺少规划，环境很差，基础设施落后。近期对其局部地段进行改造与拆除处理，以更好地与周围环境协调一致，体现古镇特色。远期将它与古镇街区作为一个系统考虑，扩大古镇保护区面积，形成古镇特色的历史文物保护区。

香炉山山脚片区，为 20 世纪 90 年代末开始建设的居住片区，目前仍在继续建设之中。由于缺少从渝东南与湘西建筑特点开发，同时也未从古镇作为边城旅游历史文化古镇的角度考虑修建，目前已建建筑大多现代化建筑元素较多，没有加入渝东南与湘西本土的建筑特色，所以对该类住宅区的重点是改造和完善其空间景观，达到整体的融合一致。

洪安镇居住片区，主要沿清水江岸上开发，规模不是很大，建筑质量一般，多数为多层结构，内部环境较差，没有完善的基础设施，道路路面为土路，质量较差。规划考虑进行大部分拆除处理，局部新建的进行改造调整。

贵塘坝田园居住片区，由于多数是村民自发建设，没有进行统一的规划，空间布局随意，整体环境较差，建筑体量在 1 至 2 层不等，砖混与土木结构杂存，基础设施落后。从贵塘坝的田园花海整体定位发展，规划对其进行整体拆除，对现有居民点进行调整与重新布局，建筑造型与色彩体现生态田园的特点，同时加入本地区的建筑特色元素。

4. 开发控制

规划根据边城景区居住状况，分别采用四种模式对四个居住片区进行开发建设，既体现古镇风貌，同时又展示田园乡村的生活环境。在住宅设计和住宅区的规划与建设中，应充分利用地形植被和水系等资源，同时积极鼓励生态节能技术应用于社区建设。

边城小镇居住片区，以传统的吊脚楼院落式、坡屋顶、低层民居形式为主体，依据历史文化名镇保护规划的保护要求，或保护、或保留更新、或局部加扩建、或部分重建，以保持现有民居的布局为原则，建筑层数不超过 3 层，禁止 3 栋住宅以上同时拆除重建的人规模建设方式，原则上不再新建住宅，将维持传统布局作为古镇区住宅建设的重要原则，并适当放宽有关建设控制指标。

香炉山山脚片区，逐步改造 20 世纪 90 年代公寓式住宅区的设施和绿化环境，新建住宅区容积率控制在 1.2 以内，以院落式住宅为主，层数不超过 4 层，严格禁止小高层和高层住宅。

洪安镇居住片区，住宅区容积率控制在 1.2 以内，以 3 ~ 4 层为主，严格控制小高层住宅，严格禁止高层住宅。

贵塘坝田园居住片区，每个新建住宅区的建筑面积规模原则上不得超过 3 万平方米，容积率控制在 6 以内，以院落式住宅为主，层数不超过 4 层，严格禁止小高层和高层住宅。

二、空间控制保障体系规划

1. 空间范围

1）镇区建设区域

划定的可开发区域共有四类，分别是一般城镇建设区（即城镇建设用地）、一般集镇建设范围、中心村建设范围以及超低强度建设范围。

超低强度建设范围设置的主要目的是适应边城景区发展旅游度假产业的战略目标，同时考虑其东邻边城镇边城古镇，清水江自南向北一划而过，西北靠香炉山自然山体景区资源。

在超低强度开发范围中，容积率不得大于 0.2，建筑密度不得大于 15%，建筑高度不高于 2 层，檐口高度不超过 8 米，绿地率不得小于 65%。

2）生态保护区

划定生态保护区域和生态控制区域。生态保护区域包括所有的河湖水面，除超低强度开发范围以外的环河 50 米，以及现有的和规划的林地（包括苗圃）。生态控制区域为镇域范围内河渠水体、基本农田、果园等规划的非可开发用地，以及沿河的超低强度开发范围。

在生态保护区域内，禁止任何新的开发建设项目，除市政设施以外的已有生产、生活、服务设施应该逐步迁出。在生态控制区域内，除正常的村镇建设活动以外，禁止新的开发项目，特殊项目需严格审定。

3）自然景观控制区

划定沿清水江自然景观控制区域。环江河自然景观控制区域为环绕清水江除划定的超低强度建设区和现有的农村居民点外，200 米范围内禁止任何新的开发和建设项目，以保护珍贵的自然景观资源，防止自然河水面被建筑围绕。

2. 街巷空间保护

村镇的街道空间一般包括街道、巷道、弄道三种类型，它们是当地历史风貌的重要体现方式，在保护之中。除了维护原有街巷和河流格局不受破坏外，还应该从以下几方面进行保护整治。

1）空间尺度

街巷空间尺度一般是指街巷宽度与沿街建筑高度之间的比值。一般来说，街道的宽高比小于 1 而大于 1∶3，巷弄的宽高比则小于 1∶3。在保护与修复的过程中，维持街巷空间尺度，更好地保护古镇的特有氛围。

2）街巷立面

沿街建筑门窗按传统材料和式样修复。底层店面外应为六合门或四扇门。民宅外门宜为单扇门或双扇门，恢复部分沿街门面的木质柜台，外柱及壁柱应漆成栗色，墙面应用白色抹灰，木门窗应保持木色或栗色。必须保持建筑原有装饰，清除新增装饰。与历史风貌不相协调的临街建筑主要采取更新改建的改造方式，使传统街巷立面得到延伸。

三、绿地与水系保障体系规划

1. 面状绿地

1）公共绿地

镇区内规划建设二个镇级公园，分别位于边城小镇组团和贵塘坝组团。边城风情小镇的花灯边寨主题公园（镇内的一小山头）规划面积为 55 200 平方米，规划为一个集休闲、游乐、运动于一体的主题公园，为各组团的居民和外来游客提供休闲游憩空间。

2）开放林地

规划在镇区范围香炉山部分山体，即香炉山山体部分地区，作为镇区的开放式山体，为游客和当地居民提供登香炉山顶（有氧呼吸运动）和开展游览项目。

3）农田

作为同样具有生态与环保竹用以及旅游开发价值的一种特殊类型的“绿地”，规划在镇区北侧保留了较大面积的自然农田，意在与城镇其他绿地共同构成一个完整的生态绿地和绿地系统。

2. 线状绿地

1）公共绿地

规划在新建设区沿清水江岸结合水面安排了宽度不等且不小于 15 米的滨水公共绿带，形成绿化、步行道、小品、水面有机结合的滨河公共开放空间，作为旅游观光和居民日常休闲的场所。

2）防护绿地

规划在主要道路两侧以及红线内安排绿化景观带，主要道路的绿地率不小于 20%，规划在过境公路镇区段两侧设防护绿带，其中高速公路两侧各 50 米，主要公路两侧各 5 ~ 10 米。

在工业园区与居住用地之间设宽度不小于 80 米的防护绿地。

3. 点状绿地

点状绿化包括住宅区绿地、单位专用绿地和街头小绿地。住宅区内公共绿地不低于按 1.0 平方米/人的标准设置。单位内绿地率不低于 35%。街头小绿地根据景观规划设置。

4. 河网水系

规划保留现有除长度小于 30 米的尽端小河道以外的所有河道,保持并适当开掘恢复现有湖面水域面积，并将其纳入城镇生活与景观空间之中，保持城镇的生态系统，充分利用水体构筑西南边城水乡的风貌特征，同时亦作为农出水利、旅游水运、防洪除涝系统不可缺少的组成部分。

保护现有的全部河道和河道两侧的驳岸。严格控制现有河岸的界线，不得缩窄河道。对驳岸进行维修和对现为坡滩的河街段新建驳岸时，应采用传统石材和传统的堆砌方式。禁止污染河道，禁止任何开挖与填埋，禁止破坏河道两岸的环境，禁止砍伐河道两岸树木。

四、开发保护保障体系规划

1. 保护目标

保持边城景区现存的历史风貌，保护现有古镇区所留存的历史信息，保持传统的街巷、河道空间尺度与景观特征。

在保护古镇历史文化遗产的前提下有序更新，改善环境，提高居民生活质量。

发挥古镇优势，突出古镇特色，充分利用现存的历史、人文资源，发展城市文化，综合开发旅游资源，推动洪安镇、边城镇、贵塘坝的经济发展。

2. 保护原则

整体性原则：重视大量的文物古迹点的同时，重点保护构成水乡古镇整体空间环境和风貌特色，建筑群落、人文环境和自然环境。

协调性原则：对建筑、自然和人文景观的保护应包括它们的环境和相关要素，古镇区内改建和新建建筑，应遵循保护城市纹理的连续性和逻就性关系的原则，在建筑尺度、组合关系、色彩、形式等方面加以协调。

可持续性原则：从发展的角度认识保护的含义，处理好保护与更新改造之间的关系。小规模循序渐进，在整体保护的同时，重点保护、恢复和更新主要的特色地段，促进文化旅游事业的发展完善。

3. 古镇格局

边城景区为清水江、香炉山所环抱，形成了“山水环抱于外，一镇深锁其中”的古镇格局。镇内河道纵横，清水江把边城两古镇洪安镇（重庆市）、边城镇（湖南省）一分为二划江而治，洪安河从洪安古镇北侧蜿蜒而过，与东向来的清水江交汇，形成两个美丽的小岛：三不管岛、翠翠岛，它们以水为依托，以河道为骨架，依水成街，环水设镇，依水成路，榜水为园，水把民居、古街连在一起。沿河两岸，民居鳞次栉比，街巷逶迤，临岸是河，非船莫渡成了典型的“舟船、流水、人家”的西南边城水乡特色景观。洪安古街居于镇中偏北侧，临洪安河西岸，通过拉拉渡，洪安古街与边城古街连成一条商业长廊，由于历史情缘，两镇有着相似的城镇空间布局结构，共同构筑起边城古镇的古镇风貌。

4. 建筑高度控制

古镇区内的传统建筑以双坡顶屋面砖木混合结构为主。古街两侧的古建筑大多为二三层，除此没有更多的古建筑，从整体上看，古街保存了较好的传统建筑风貌。各级文物保护及控制单位、各级文保单位周围环境控制范围、主要历史建筑物及重要的河街两侧的建筑高度应保持现高，重要遗址周围建筑限高 3.3 米（檐口），一般传统建筑区内应保持现高或 6.2 米（檐口）限高，在古镇规划保护区界内除上述范围以外的其他地区，建筑限高为 9 米（檐口）。

5. 景观视廊控制

选择具有一定高度的视觉眺望点及重要景观节点，如三不管岛、河滨河小游园观景平台、中央绿心瞭望台、G319 入口景观节点，城市山体绿化制高点。为保证在一定区域内的视线可达性和各眺望点之间的通视性，控制各视觉眺望点和景观节点两侧 15 米的范围之内核各点之间宽为 30 米的视廊内新建建筑高度在 9 米以下。

第九章　可行性分析

一、投资匡算

1. 投资估算依据

《重庆市建筑工程计价定额》（2008）;《重庆市安装工程计价定额》（2008）;《重庆市装饰工程计价定额》（2008）;《重庆市仿古建筑及园林工程计价定额》（2008）;《重庆市房屋修缮工程计价定额》（2008）;《重庆森林工程总体规划》（2008 年）; 国家有关建设项目报资估算的规定。

2. 投资估算说明

本项目估算方法采用“直接估算法”。

建设项目的投资核算以国家建设工程概其为依据，并参照旅游业基本建设指标进行投资估算。

投资估算范围为规划区内的各项基础施建设、旅游项目建设及经营管理等费用，具体估算内容详见投资估算表。

由于本次边城景区旅游开发主要集中近期，远期开发以服务设施完善、生态保护以及营销为主，开发成本受开发内容、土地利用模式和商业运营模式等多种因素的极大影响，无法进行详细投资估算，其投资估算仅供参考。

3. 近期投资匡算（2019—2021）（表6）

表6　近期投资匡算

投资类别	所在分区	投资项目	投资额/万元	备　注
设景点景区建设	洪安老街文化区	水恋山门（景区大门）	300	新建工程
		游客服务中心	400	新建工程
		刘邓大军挺进大西南纪念馆	500	改建工程
		语录塔小商铺	20	改建工程
		边城私塾	600	新建工程
		红色广场	200	新建工程
		边城记忆老街	800	改建工程
设景点景区建设	贵塘田园花海生态区	四季花海区	1000	新建工程
		农事体验区	800	改建工程
		游览观赏区	800	改建工程
		花田人家（一期）	2000	新建工程
		刺葡萄长廊	200	新建工程
	香炉山山野涵养区	树屋、露营打造（一期）	1000	新建工程
		真人CS	200	新建工程
		禅文化体验区（一期）	500	新建工程
		禅居山庄	500	新建工程
		素食斋	200	新建工程
		露天舞台	100	新建工程
		凤栖茶庄	200	新建工程
	边城小镇风情区	边城美食街	800	新建工程
		边城风情区（一期）	1000	新建工程
		边城文化广场	800	改建工程
	边城小镇风情区	花灯边寨主题公园	800	改建工程
		边城新街	1000	改建工程
		特色民宿（一期）	2000	改建工程
	清水江人文风情带	拉拉渡	100	改建工程
		游船	300	新建工程
		翠翠岛《边城》主题展馆（一期）	500	新建工程
		三不管岛酒店	1000	改建工程

续表

投资类别	所在分区	投资项目	投资额/万元	备　注
基础设施建设	交通系统	G319 扩宽、贵塘主干道修建、白塔桥修建	3000	G319 工程为改建工程，贵塘干道新建
		沿河游览步道（一期）	2000	新建工程
		交通工具（观光小船、观光车）	800	新建工程
		停车场	800	新建工程
	智慧景区系统	LED 屏、电子导游、车辆调度系统引进	800	新建工程
基础设施建设	景区标识系统	景点指示牌、全导图、警戒忠告牌	500	新建工程
	环卫系统	旅游厕所、垃圾桶、垃圾中转站	3000	新建工程
	给排水系统	供水厂、污水处理厂、管道更换	800	新建工程
	电力系统	电路线网更改	500	改建工程
	通信系统	网络全覆盖、Wi-Fi 全覆盖、电信局	580	改建工程
	旅游休憩系统	观景台、座椅、风雨亭修建	1000	新建工程
	综合防灾与安全	防火、防涝、防震等	1000	保护工程
景区维护	森林防护、房屋保障		1000	保护性工程，每年 200
旅游营销	广告投入、节事开展		4000	重宣传
运营管理	工作人员开支、智慧景区运作、人才管理		2000	
其他	流动资金		800	
合计			43 400	

4. 远期投资匡算（2022—2023）（表 7）

表 7　远期投资匡算

投资类别	所在分区	投资项目	投资额/万元	备注
景区景点建设	贵塘田园花海生态区	花田人家（二期）	3000	内部设施提升
	香炉山山野涵养区	禅文化体验区（二期）	1000	精品禅居打造、禅意禅境深化打造
		树屋、露营（二期）	800	树屋安全性提升（重防火）、露营活动开发

续表

投资类别	所在分区	投资项目	投资额/万元	备注
景区景点建设	边城小镇风情区	边城风情街（二期）	800	商家引进入驻、商品升级、当地纪念品打造
		特色民宿（二期）	1000	精品民宿打造
基础设施建设	交通系统	游览步道（二期）	1000	步道升级、安全性提升
景区维护	环境保护、房屋修缮		1000	日常保护工程
旅游营销	广告投入、节事开展		2500	边城景区已有一定知名度，可减少广告投入资金
运营管理	景区运营、智慧景区运作、人才管理		2000	
合计			12 000	

5. 投资匡算结果

在完全落实近期规划内容，并完全处于自主投资的情况下，近期预计投资 4.34 亿元，其中洪安老街文化区总计投资 0.282 亿元，主要投资项目为边城记忆老街；贵塘田园花海区总计投资 0.58 亿元，主要投资项目为花田人家小别墅的修建一期工程，以及花海打造；边城小镇风情区总计投资 0.64 亿元，主要项目为边城风情街的打造，民宿改建；清水人文风情带总计投资 0.19 亿元，重点项目为三不管酒店的精品性打造；基础设施建设总计投资 1.478 亿元，主要投资项目为道路的修建改建，景区环卫系统的升级、景区防灾以及智慧景区系统的引进；远期投资在不计入房地产投资的情况下，远期预计投资 1.2 亿元，主要集中在花田人家、边城风情街等二期项目的打造，以及景区运营。

经估算，边城景区规划期间投资总额为 5.54 亿元。

二、经济效益分析

根据国内外研究成果和经验，结合重庆市、湖南省和边城景区的实际情况，本次经济效益分析包括直接旅游收入、纯利、总经济效益等，其中直接旅游收入按游客接待量与人均消费额计算；根据旅游乘数效应理论（旅游间接带动性，旅游乘数为 2～5，不同旅游发展时期乘数大小不等），旅游总效益近期按乘数 2 计，中期按乘数 4 计，旅游地产收入较大，远期按乘数 5 计；旅游直接纯利润和旅游总经济效益纯利润预测按照 60%的纯利润估计。游客接待量按照中等增速方案下的市场预测数据。若景区前期暂不定门票，景区内的独立收费旅游项目以及景区周转车、渡船等交通服务费，人均消费额保守按照 150 元/人/次计算；中期随着休闲度假等旅游功能的增强，人均消费额保守按照 200 元/人次；后期保守按照 250 元/人/次计算。经济效益情况如表 8 所示。

表 8　经济效益情况

分期	年份	游客接待量/（万人次）	直接旅游收入/万元	直接旅游收入累计/万元	直接纯利/万元	总经济效益/万元	总经济效益累计/万元	总经济效益纯利/万元	总经济效益累计纯利/万元
前期	2019	16.6	2490	2490	1494	4980	4980	2988	2988
	2020	28.3	4245	6735	2547	8490	13 470	5094	8082
中期	2021	42.4	8500	15 235	5100	34 000	47 470	20 400	28 482
	2022	61.2	12 240	27 475	7344	48 960	96 430	29 376	57 858
后期	2023	83.9	20 975	48 450	12 585	104 875	201 305	62 925	120 783

据静态收益预算，到 2020 年（前期期末），边城景区当年直接旅游收入可达到 4245 万元，旅游经济效益 8490 万元；直接旅游总收入累计可达到 6735 万元，年均旅游收入为 3367.5 万元；旅游总经济效益累计达到 13 470 万元，年均达 6735 万元。

到 2022 年（中期期末），边城景区当年直接旅游收入可达 12 240 万元，旅游经济效益可达 48 960 万元；直接旅游收入累计可达 27 475 万元，年均直接旅游收入为 6868.75 万元；旅游总经济效益累计可达 96 430 万元，年均 24 107.5 万元。

到 2023 年，边城景区当年直接旅游收入可达 20 975 万元，旅游经济效益可达 104 875 万元；直接旅游收入累计为 48 450 万元，年均旅游收入为 9690 万元；旅游总经济效益累计达 201 305 万元，年均 40 261 万元。

以上分析仅包括边城景区旅游业的经济效益，如果考虑到旅游发展对区域经济相关产业的拉动作用，包括房地产收入、农业产品附加值收入、商业带动收入、信息产业收入、物流收入、通信收入、加工业收入等，参照国内外的经验数据，景区开发所带来的经济效益将增大 3～5 倍，即到 2023 年，边城景区开发在区域经济中的贡献累计将达到近百亿元，从而全面带动区域经济的健康发展。

重庆816地下核工程景区发展规划

（2018—2027）

满　娇　周　娅　丁　元　杨娇梅　代成娇　易定银

第一章　规划总论

一、规划目的

本规划以构建“816核军工洞旅游景区”为目标，以816地下核工程的洞体旅游为主体，辅以816军工艺术区、一碗水烈士陵园等景点，通过对816核军工洞旅游景区的开发，提升816地下核工程在涪陵武陵山旅游度假区的体验性、趣味性和核心吸引力，完善涪陵旅游产品体系，使816核军工洞旅游景区成为全国知名的以核文化为主的爱国、和平、科普教育旅游区。

二、规划范围

规划景区位于重庆市涪陵区白涛街道，以东经107°50′9″～107°52′9″，北纬29°54′9″～29°55′5″区域为规划范围。东北距高冲堂与燕子岩的分界线700米，东南距高冲堂与煤炭沟的分界线500米，南面与新龙湾村的分界线相邻，西面以182县道向新龙湾村的盘山路为界，北面以182主县道为界，最西点以182支县道与白涛村同高冲堂的分界线为界。在距离街道200米的区域红线范围，总规划面积约225万平方米。整个规划范围包括816地下核工程、816地下核工程的游客中心、一碗水烈士陵园、军工艺术区等项目。

三、规划年限

本规划期限为2018—2027年，共10年，分为三个阶段。

近期：2018—2019年，为基础设施建设期；

中期：2020—2023年，为提档升级发展期；

远期：2024—2027年，为综合优化建设期。

四、规划原则

1. 保护原则

规划816核军工洞旅游景区首要的原则就是保护原则，因为816地下核工程属于遗址景区，在开发过程中确保资源的真实性和完整性不被破坏的基础上，实现景区的多种功能。同时，对于816地下核工程中核机密的地方，严格保护，不对外开放。

在开发一碗水烈士陵园的时候，要对为816地下核工程而牺牲的人群进行保护，因为他们在祖国需要的时候无私地奉献了自己。我们要传颂他们的英雄事迹，传承他们的爱国精神。

2. 突出景区特色原则

816地下核工程有自己独特的核文化资源，也是“三线”工程遗址。在开发816地下核工程作为景区的时候，要注意合理挖掘其特有的资源，加强景区吸引力，增强它的竞争力，丰富涪陵旅游产品的多样性。

3. 合作共赢原则

以合作共赢为基点，提升涪陵武陵山旅游度假区规模效益。武陵山旅游区产品高度富集，品级极佳，拥有武陵山大裂的谷峡谷风光（准 AAAAA）、森林公园的度假疗养（AAAA）、大木花谷的花卉观赏（AAAA）、816 地下核工程的奇幻探秘（准 AAAA）等，产品组合性、互补性极强。规划项目以 816 洞体旅游为核心产品，以一碗水烈士陵园、816 军工艺术区等项目为辅助。通过此规划，可以丰富大武陵山旅游区的产品线，提升大武陵山旅游的核心竞争力。

4. 市场拓展原则

以市场拓展为路径，满足不同群体消费需求。项目围绕核心产品开发的同时，积极拓展产品线长度和纵深度，以满足消费者的多元化需求。景区除了 816 地下核工程的洞体旅游，还涉及军工艺术区、烈士扫墓等活动，积极丰富产品线，拓展产品的吸引性。

5. 引导消费原则

以娱乐消费为内核，开发以体验项目为主的旅游产品。项目针对各个年龄段人群的消费取向和娱乐需求出发，满足游客探险、娱乐、休闲、科普等多方面的需求，以特色“洞体旅游”产品引领军工艺术区消费潮流。

6. 可持续发展原则

以可持续发展为根本，开发与保护并重。本规划充分考虑保护资源需求，防止资源环境的破坏，在处理旅游开发和生态保护时，采取保护发展并举原则。围绕重点项目、基础设施、景观绿化、生态保护、污水处理等方面做好可持续性开发规划。

五、规划任务

通过本规划，816 核军工洞旅游景区在建设初期建成国家 AAAA 级景区，中后期按照国家 AAAAA 级标准建设。树立 816 军工科普教育品牌，将其打造为涪陵武陵山旅游度假区的核心部分。本规划重点任务为：

（1）明确 816 核军工洞旅游景区的旅游发展定位。

（2）凝练 816 核军工洞旅游景区的核心竞争力。

（3）策划 816 核军工洞旅游景区的重点项目。

（4）全面提升 816 核军工洞旅游景区配套服务设施。

（5）制定各区域开发时序。

六、规划依据

1. 法律依据

《中华人民共和国城乡规划法》

《中华人民共和国城市规划法》

《中华人民共和国环境保护法》

《中华人民共和国土地管理法》
《中华人民共和国森林法》
《中华人民共和国水污染防治法》

2. 国家标准

《国家旅游局规划规范》
《中国旅游资源普查规范》
《旅游规划通则》(GB/T 18971—2003)
《旅游景区质量等级划分与评定》(GB/T17775—2003)
《旅游景区质量等级划分与评定》2016 修订版
《旅游资源分类、调查与评价》(GB/T 18971—2003)
《旅游厕所建设管理指南》(2015)

3. 政策、法规依据

《重庆市人民政府关于进一步促进消费的意见》(渝府发〔2015〕31 号)
《重庆市旅游发展总体规划(2015—2030)》(2015)
《重庆市渝东南地区旅游发展规划(2008—2020)》(2008)
《重庆市国民经济和社会发展第十三个五年计划纲要》(2016)
《重庆市涪陵区城市总体规划(2004—2020)》(2011 年修改)
《涪陵区综合交通规划修编》(2014)
《重庆市涪陵区山水园林城市规划》(2007)
《重庆市涪陵区旅游发展“十三五”规划》(2016)
《关于加快旅游产业发展的意见》(涪陵委发〔2014〕14 号)
《涪陵区白涛街道土地利用总体规划》(2012)

第二章 背景分析

一、旅游规划当地发展情况

1. 历史回顾

816 地下核工程历史演进如图 1 所示。

1)选址批复

20 世纪 60 年代，国家决定在大后方西南地区建一个核工厂，有关部门多次考察、论证后，在重庆涪陵白涛镇选址。为了保密，从此白涛的地名也随之从地图上消失。

2)秘密兴建

1967 年，一支神秘的特种兵部队秘密进驻涪陵深山，开挖地下核工厂。完成坑道施工任务，奉命撤离白涛。

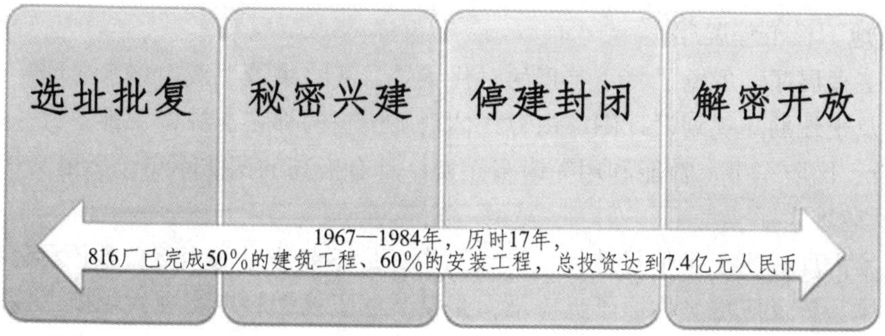

图 1　816 地下核工程历史演进示意图

3）停建封闭

1984 年 2 月，由于国际形势的变化，“816 工程”被封闭，始终没有正式投入过生产。后来，“816 工程”中的极小一部分洞体被中国核工业建峰化工总厂作为物资仓库加以利用。

4）解密开放

2002 年 4 月 8 日，国防科工委以科工密办〔2002〕14 号文同意对 816 工程解密。经过几年的酝酿筹备，2010 年 4 月底，建峰集团正式将 816 核军工洞体的部分区域开发成为旅游项目，从此这一世界第一大人工洞体、中国唯一解密核反应堆正式映入世人眼帘。

2014 年开始，建峰集团启动了特色景区建设的一期工程——对 101 工号主体部分进行提档升级。

项目内容：洞体 3 号洞、15 号隧道、101 主反应堆厂房、104 工号、主洞口的开发，游客接待中心，停车场，饭庄，公路，一碗水烈士陵园。

项目投资：816 军工洞体开发第一期投资规模为 520 万元人民币，其中项目建设费用投入 250 万元人民币，其他费用投入 270 万元人民币。随后，为了进一步完善升级景区设施，2015 年涪陵区政府对“816 工程”进行为期一年的全封闭打造。2016 年 9 月 25 日，休整一年后重新开门迎客。

2. 景区现已开发项目

1）核发电厂房

816 工程反应堆是一座生产和发电的两用堆。104 核发电厂房长 104.5 米、宽 25.0 米、高 31.2 米，建筑面积 9623.22 平方米，内设两台 8 万千瓦的汽轮发电机组及其辅助系统，一旦建成将是中国第一座利用核余热发电的核发电厂。

2）和平之盾

用沙盘按比例复原展示了，1964 年 10 月 16 日在新疆罗布泊我国第一颗原子弹试爆场景，1966 年我国第一枚核导弹发射并命中目标引爆成功的场景。

3）引水洞

引水洞是整个工程的供水系统。洞长 3 千米，输水管道长 2862.2 米，直径 3.5 米，储水量为 2.7 万立方米。采用八台源江 48-15 型水泵从乌江直接取水，取水高度可达 60 米，主要作为冷却用水，供给反应堆三回路使用。

4）816 地下核工程展厅

地下核工程展厅，展览了整个工程的时代背景、战略决策、跋山涉水选址、工程建设、奉命停建以及土地勘测规划设计图等内容，体现了工程的神秘、神奇、神圣为一体，聚合了“三线”建设、国防军事、核能利用等诸多元素，具有极高的国防军事、历史文化研究价值。

5）核反应堆大厅

核反应堆大厅相当于半个足球场大。在洞中，最不能错过的当然要数该洞体的核心——核反应堆大厅。核反应堆又称原子反应堆，是指装配了核燃料以实现大规模可控制裂变链式反应的装置。该大厅上下共有 9 层，高达 79.6 米，相当于 20 多层楼房的高度，大小接近半个标准足球场。

6）反应大锅

核反应堆大厅的底部，也就是 816 核军工洞内的三层，走过一个狭窄的回廊，穿过一个弯着腰才能进入的两寸多厚的铁门，有一个圆形锅状的池子。该池子的上口直径在 20 米左右，头顶的钢板上布满了圆形的窟窿，直径均在 10 厘米左右。周围的墙缝均用铜焊焊接合金板密封。

7）101 工号中央控制室

在 9 层的主控制室，安放着当时国内最先进的计算机机体，计算机控制台正对的 4 个直径约 2 米的圆形控制盘上，分别注满数百个小孔，核材料棒就是插进这些小孔，不过从未真正用于生产。在主控室另一端的严密系统插销盘上，分序号标注 2001 个小孔，这些小孔一面同主控室内的计算机相连，一面同核反应堆内的 2001 个核反应孔相连。

8）101 工号仪表室

本仪表室主要以自动电位计差为主，生产厂家为上海光华仪表厂，目前完整保存的还有 1034 块仪表。它主要用于测量工艺棒流量，当有故障出现时，自动电位计差指示灯将会显示红色。

816 地下核工程控制中心如图 2 所示。

图 2　816 地下核工程控制中心

9）堆工排风中心

堆工排风中心长 48.0 米、宽 15.6 米、高 21.4 米，建筑面积 3002.93 平方米，顶部接高度为地表以上 151.79 米、直径为 4 米的排风塔。

10）化学后处理厂房

化学后处理厂房长 169.4 米、宽 18 米、高 29.0 米，建筑面积 3045.07 平方米。主厂房按三区八个工段设计：一区布置有放射性设备、管道、仪表、阀门的高低设备室；二区为高低安装厅、检测廊、量槽间；三区为控制室、分析室、人行通道。放射性设备、管道经清洗去污达到允许标准后，检修人员可进入一区直接检修。

11）一碗水烈士陵园

在集中建设 816 地下核工程的这 17 年中，前后大约有 6 万人涌入白涛，投入到 816 工程的建设中。由于施工条件艰苦，在前期挖洞的这 8 年时间里，有近百名工程兵和建设者牺牲。如今，在距 816 洞体 3 千米的一碗水烈士陵园长眠着我们 76 位战友，其中 58 位战友因直接壮烈牺牲在 816 工程工地，所以墓碑上都刻有“烈士”的称号；还有 18 位战友是在 816 工程工区内得传染病或积劳成疾等不幸病逝的，所以在墓碑上只刻“同志”的称谓。

3. 景区基础设施现状

（1）景区设有游客中心，但只能满足基本的购票和休息等功能，而且游客中心有点小。若在旺季时不能满足人们的需要，容易造成拥挤的现象。

（2）景区内停车场少且管理混乱，造成车位不够、乱停等现象，造成景区拥堵。

（3）景区内标识系统缺失，或基本没有标识系统，容易导致游客迷路。

（4）洞内比较潮湿而且照明系统不完善，存在较多安全隐患。

（5）厕所设施与服务极不完善，景区内部厕所较少而且环境较差。

（6）景区全程只有导游讲解，缺乏信息化系统，不方便游客自行观看。

二、区位条件分析

1. 地理区位

涪陵区地处重庆市中东部，位于长江、乌江交汇处，有渝东门户之称。东邻丰都县，南接南川区、武隆区，西连巴南区，北靠长寿区、垫江县。东西宽 74.5 千米，南北长 70.8 千米，土地面积 2941.46 平方千米。

白涛镇资源丰富、商贸繁荣，历来是涪陵东南部重要的物资集散地，素有“千里乌江第一镇”的美称。白涛镇距离涪陵城 30 千米，是涪陵区的南大门，也是前往仙女山、武陵山大裂谷、武陵山森林公园、大木花谷等著名风景区的必经之地。重庆涪陵 816 地下核工程景区，紧邻涪陵白涛街道，地理位置十分优越。

2. 交通区位

涪陵区是重庆中部重要的交通枢纽。航空方面，涪陵距重庆江北机场仅 90 千米，距离正在修建的武隆仙女山机场 100 余千米。铁路方面，涪陵有涪陵火车站和涪陵北站两个站点，有渝利高铁、渝怀二线、渝怀铁路等，高铁可直达北京、上海、青岛、厦门、杭州、广州、深圳等大城市及沿线城市，高铁交通网络完整。高速公路方面，涪陵有渝涪高速、渝沪高速南线、南涪高速等，自驾车交通便捷。水运方面，涪陵地处长江乌江交汇处，拥有长江主航道、乌江航道的便利。

白涛镇有在建渝沪高速支线（梓白高速）与重庆主城直接连通（仅 90 余千米），有 G319 连接涪陵和武隆，有渝怀二线、渝怀铁路纵贯全镇，还有武白路、白焦路、白龙路、白天路、白梓路等，交通便利。816 地下核军工洞正处武陵山大裂谷、武陵山国家森林公园、大木花谷旅游的串联环线上，交通十分便利，可进入性强。梓白高速通车后，从主城到 816 地下核军工洞景区仅一个小时的车程。

3. 经济区位

涪陵作为重庆经济强区，依托长江经济带，立足成渝城市群核心城市，背靠重庆主城特大城市，有广阔的市场发展空间。涪陵处于长江经济带、乌江干流开发区、武陵山扶贫开发区的接合部，能带动武陵山等地经济发展，是重庆市定位的中心城市、一小时经济圈核心城市、渝东南部中心城市、成渝经济区东南部中心城市。近年来涪陵加快推进工业化、城镇化、旅游业、统筹城乡一体化进程，经济社会发展成效显著，已经站在新的历史起点，具备了厚积薄发、乘势而上的基础和条件。

4. 旅游区位

涪陵位于长江黄金旅游带和乌江画廊旅游带发展轴的交汇处，是新长江生态文明的重要节点，乌江画廊旅游的起点。涪陵位于渝东北、渝东南旅游的交汇处，具有极佳的旅游地缘优势和产品组合优势。在涪陵旅游“一心两带两区”的发展格局中，816 地下核军工洞景区位于“乌江文化体验带”和“山地避暑度假片区”的交界处。816 地下核军工洞地处武陵山大裂谷、武陵山国家森林公园、大木花谷旅游环道的串联线上，具有极强的产品组合性，能满足游客避暑（森林公园）、赏花（大木花谷）、观景（武陵山大裂谷、816 地下核工程）需求。

第三章　旅游资源分析与评价

一、旅游资源概况

816 地下核军工洞旅游景区位于涪陵区白涛街道，区内旅游资源以 816 地下核工程一碗水烈士陵园等人文旅游资源为主，辅以林地、乌江河段等自然旅游资源，“816 核军工洞旅游景区”将被打造为全国知名的以核文化为主的爱国、和平、科普教育基地。

二、旅游资源调查、分类

按照中华人民共和国国家质量监督检验检疫总局（2003 年）发布的国家标准《旅游资源

分类、调查与评价》（GB/T18972—2003）中的资源分类方法（8 个主类、31 个亚类、155 个基本类型三个层次），通过实地调研、网上资源分析、相关文献资源整理等方法，对重庆涪陵白涛街道 816 核军工洞旅游景区的旅游资源进行系统的调查和分类，如表 1 所示。

表 1　816 核军工洞旅游景区旅游资源分类

主　类	亚　类	基本类型	资源内容
A 地文景观	AB 沉积与构造	ABA 断层景观	悬崖绝壁
	AC 地质地貌过程行迹	AAC 峰丛	金子山
B 水域风光	BB 天然湖泊与池沼	BBA 观光游憩湖区	乌江河段
	BD 泉	BDA 冷泉	间歇泉水
C 生物景观	CA 树木	CAA 林地	麦子坪森林
	CB 草原与草地	CBA 草地	小耕坝
	CC 花卉地	CCA 草场花卉地	草甸、野生杜鹃
D 天象与气候景观	DA 光现象	DDA 日月星辰观光地	军工洞日出
	DB 天气与气候现象	DBE 物候景观	云雾
E 遗址遗迹	EB 社会经济活动文化遗址遗迹	EBD 废弃生产地	原热电厂、原电解勐厂
F 建筑与建设	FA 综合人文旅游地	FAE 文化活动场所	白涛老街、白涛码头、麦子坪生活区
		FAF 建设工程与生产地	化肥厂、热电厂、三聚氰胺厂
		FAI 军事观光地	816 地下核工程核工厂主洞、核反应堆大厅、核废料处理场、反应大锅、中央控制室、和平之盾、引水洞、101 工号仪表室、化学后处理厂房、毛洞与多层洞体系统、“废墟”系统、高层洞体系统、通风口与通风系统、排风塔、休息营房、建设营房、取水口及采石场
	FB 单体活动场馆	FBA 聚会接待大厅	接待大厅、农家乐
	FE 归葬地	FEA 陵区陵园	一碗水烈士陵园
		FCK 建筑小品	816 碑刻
	FD 居住与社区	FDC 特色街巷	白涛老街
	FF 交通建筑	FFC 港口渡口与码头	白涛码头
G 商品旅游	GA 地方旅游商品	GAA 菜品饮食	涪陵榨菜、老腊肉、特色鸭掌
		GAD 中药材及制品	白芨、党参
		GAE 传统工艺品	稻草工艺品
H 人文活动	HA 人事记录	HAB 事件	816 工程选址定点、秘密兴建、停建封闭、解密开放

数量统计：总共 8 个主类、17 个亚类、22 个基本类型。

三、旅游资源综合评价

1. 旅游资源类型、数量

从以上资料可知，816 核军工洞旅游景区旅游资源类型占全国的比例如表 2 所示。

表 2 816 核军工洞旅游景区旅游资源类型及占比

分类	主类	亚类	基本类型
816 核军工洞旅游景区	8	17	22
全国	8	31	155
比例	100%	54.8%	14.1%

2. 旅游资源综合评价

1）总体分析

地文景观类：资源较多，以山地为主，主要以山丘型旅游地类型为主。

水域风光类：以泉水、乌江河段为主。

生物景观类：种类繁多，以草甸、麦子坪森林等为代表的生物景观独具特色。

天象气候类：景区神秘而神圣，军工洞日出别具一格，旅游资源等级较高。

建筑与设施：816 地下工程有丰富的建筑设施，如核反应堆大厅、核废料处理场、反应大锅、中央控制室、和平之盾、引水洞、一碗水烈士陵园、816 碑刻。

旅游商品：商品资源比较丰富，有涪陵榨菜、特色鸭掌、白芨、党参等具代表性的一类旅游商品。

人文活动类：人文事件神秘而神奇，816 地下核工程从定点选址、秘密兴建、停建封闭直到解密开放。

2）“三三六”定性评价

（1）三大价值方面。

三大价值包括历史文化价值、艺术观赏价值和科学考察价值。“816 工程”是我国“三线建设”这段不能被磨灭历史的重要代表性工程。同时，作为曾经的核工厂实体，“816 工程”以旅游产品的形式对大众开放，无论在国内还是在世界上都是独一无二的，它还是一个不可多得的国防教育工程，所以历史文化价值深厚。洞内共有大小洞室 18 个，道路、导洞、支洞、隧道等 130 多条，各种建筑构造精致大气，富有艺术观光价值。“816 工程”历经定点选址、秘密兴建、停建封闭、解密开放几个阶段，期间有太多的故事有待考究，一碗水烈士陵园里的英雄背景值得我们考究学习，科学考察价值很大。

（2）三大效益方面。

三大效益是指经济效益、社会效益和环境效益。目前，已开放的旅游区域较少，付费体验项目欠缺，经济效益主要来源于门票的出售。“816 工程”是世界上独一无二的核工厂实体，具有极高的边防教育意义，政府也很注重工程的社会效益。环境效益，在建设打造为旅游开放区的过程中，在保护各建筑物原状的基础上，对一些有破损的建筑进行了恢复和修整，尤其注重环境保护、卫生保障等方面。建设初期，基础设施和服务设施都有待完善。

（3）六大开发条件方面。

六大开发条件指旅游资源的地理位置和交通条件，旅游资源的类型和地域组合条件，旅游资源的容量条件，旅游资源的客源市场条件，旅游开发投资条件和施工难易条件。

816 核军工洞旅游景区坐落于重庆市涪陵区白涛镇，依傍着乌江河段。交通较便利，陆上交通处于发展较快的二阶段，水上交通主要利用的是乌江的水域条件，航空方面的交通主要依靠的是重庆江北机场，接待远道而来的游客。816 军工艺术区属于人文旅游资源的建筑居多，在 816 景区内部，核反应堆大厅、核废料处理场、反应大锅、中央控制室等应有尽有；一碗水烈士陵园，地域组合条件较好。从旅游资源的容纳条件来看，由于 816 核军工洞旅游景区将并入武陵山旅游区，所以面积很大，旅游接待能力因而显著提升。从旅游客源市场来看，现阶段主要接待的是重庆本地及西南地区的游客，涪陵也在不断开发新的旅游市场，还将开发新疆、西藏等地的客源市场。从投资能力方面来看，涪陵每年在旅游产业上都有投资，尤其是对营销方面的投资，且投资的比重大。从施工难易条件方面来看，816 核军工洞旅游景区位于山中，施工难度较大，总体而言武隆的旅游开发条件还处于正在开发完善阶段。

3. 综合评价

816 核军工洞旅游景区人文旅游资源丰富，有“世界第一人工洞体” ——816 地下核工程，它是我国“三线建设”那段不能被磨灭历史的重要代表性工程，是一个不可多得的国防教育工程。独具特色，也是景区的核心吸引力，洞体内的各个已开发的项目更是具有独特的观赏价值和考察价值。自然旅游资源多样，各种动植物、林地、乌江河段等，形成了景区独特的旅游资源群，为打造宣传景区形象奠定了坚实的基础。

第四章　旅游市场分析

一、旅游市场发展趋势分析

个性化的旅游市场需求增多，家庭伙伴式旅游趋势明显；以康体保健、放松身心为动机的休闲度假旅游和商务会议旅游需求趋势增强；城市周边以及近城市之间的短距离旅游需求增长；自驾车旅游成为城市游客旅游的新方式，旅游方式变得多元化，随着私人汽车拥有量的增加和交通条件的改善，游客自驾车的出游比例加大；中国旅游已经从传统“走马观花”式的观光游向以文化为主题导向的“文化深度游”、“文化休闲游”转变，并出现了以世界遗产为核心主题的专项旅游产品，816 地下核工程旅游区势必会吸引更多的游客，带来更广阔的市场前景。

二、旅游市场现状分析

如表 3 所示：2012—2015 年涪陵区的接待游客总量不断上升，在 2016 年达到 1201.16 万人，同比增长 35.9%，其中入境游客在持续增长；近五年的旅游总收入不断攀升，2016 年总收入达到 72.11 亿元，同比增长 50.9%。涪陵区旅游业得到较快的发展，取得较大的成绩，在促进全区国民经济和社会发展中发挥了积极作用。

表 3　涪陵区近五年旅游接待情况

接待情况	2012	2013	2014	2015	2016
接待游客/万人	541.97	626.77	757.36	883.69	1201.16
同比增长/%	35.4	33.4	20.8	16.7	35.9
国内游客/万人	541.81	626.58	757.29	883.63	1201.08
入境游客/人次	1588	1912	667	602	803
旅游收入/亿元	17.02	31.05	38.92	47.8	72.11
同比增长	60.4	41.5	25.4	22.8	50.9

如表 4 所示：2016 年涪陵区黄金周旅游接待总量为 151.66 万人，旅游总收入为 9.156 亿元，仅占全年旅游收入的 12.70%，消费水平普遍较低，游客以本市和周边地区的观光游客为主，多以一日游为主；涪陵区旅游市场潜力巨大，主体是以近距离旅游、商务会议和休闲度假为旅游动机的游客。

表 4　2016 年涪陵区黄金周旅游接待情况

接待情况	劳动节	国庆节	2017 年春节	合计
接待人数/万人	42.49	87.94	21.23	151.66
同比增长/%	19.09	131.27	5.83	
旅游收入/亿元	2.566	5.31	1.28	9.156
同比增长/%	29.80	164.33	5.86	

三、客源市场特征

1. 涪陵客源市场特征

客源构成：国内游客占绝对优势，海外游客极少。国内游客又以本地游客为主，重庆市游客及其他省市游客为次。

年龄构成：以中青年为主，少年、老年旅游者比重较低。
性别构成：男女比例相对均衡。
职业构成：企业高层管理人员、商务白领、政要人物等比重最大。
旅游动机：以观光型、度假型旅游者为主。
消费结构：餐饮、交通费用、游览费以及购买旅游商品占主体地位。

2. 816 景区客源市场特征

客源构成：以国内游客为主，东部多西部少；国外游客以韩国为主。
年龄构成：以中老年为主。
性别构成：以男性游客为主，女性次之。
职业构成：以国内外专业的技术人员、退休人员、学生为主。
旅游动机：以观光型旅游者为主。
消费结构：消费主要包括门票和景区内部的观光车费用。

第五章　综合分析

一、SWOT 分析

1. 优势（S）

1）资源优势

该地在资源上具备排他性和不可替代性，816 作为已知的世界第一核军工巨洞，集神秘、神奇、神圣于一体，是具有特殊魅力和象征意义的三线建设遗产资源；这里具有丰富的人文旅游资源。816 洞体具有三方面的“原生态”体验价值：巨型核军工洞体的神秘、原始与奇异；重大、特殊的历史及其精神与情感的凝聚；洞里洞外、地上地下、历史与现今的对比与反差。该地旅游资源有核反应堆大厅、反应大锅、中央控制室、一碗水烈士陵园等，这些资源都非常珍奇，具有科普教育意义，丰富了文化旅游。

2）区位优势

涪陵区地处重庆市中东部，位于长江、乌江交汇处，有渝东门户之称。白涛镇距离涪陵城 30 千米，是涪陵区的南大门，也是前往仙女山、武陵山大裂谷、武陵山森林公园、大木花谷等著名风景区的必经之地。816 地下核工程景区紧邻涪陵白涛街道，地理位置十分优越。

3）交通优势

涪陵区是重庆中部重要的交通枢纽。航空、铁路、公路、水运交通都十分便利。白涛镇有在建渝沪高速支线（梓白高速）直接与重庆主城连通（仅 90 余千米），有 G319 连接涪陵和武隆，有渝怀二线、渝怀铁路纵贯全镇，还有武白路、白焦路、白龙路、白天路、白梓路等，交通便利。梓白高速通车后，从主城到 816 地下核军工洞景区仅一个小时的车程。

4）市场优势

涪陵作为重庆经济强区，依托长江经济带，立足成渝城市群核心城市，背靠重庆主城特大城市；涪陵属于重庆的都市功能拓展区，在重庆的一小时经济圈之内，是重庆重点发展的城市组团，是三峡库区和乌江流域物资集散中心。景区借势武陵山大旅游区和乌江画廊旅游通道，联合周边的人文、自然资源，借助涪陵大力推进乌江画廊沿线的开发和环武陵山旅游区的开发机遇，旅游市场前景十分广阔。

2. 劣势（W）

1）环境有待提升

景区停车场少且管理混乱；游客中心功能不完善，只有一些简单的食物饮品出售；景区内标识系统缺失甚至没有；洞内比较潮湿而且照明系统不完善，存在较多的安全隐患；厕所设施与服务极不完善，景区内部厕所较少而且环境较差。

2）管理水平不高

从景区现有管理结构看，景区管理和服务水平有待大幅提升，需聘请高素质的旅游经营管理人才、旅游服务人员；景区内的游览线路全程由景区讲解员讲解，但目前景区的讲解人员数量有限而且缺乏一定的专业基础知识，旅游服务质量和服务水平还有待提高。

3）项目建设单一

目前景区已开发项目单调，基本上是传统的“走马观花”的形式，没有可以休闲娱乐的项目，不仅对游客没有多大的吸引力，而且很难延长游客的逗留时间。这样不利于景区自身的竞争力，而且来过的游客也不会有再次到来的欲望，很容易被市场淘汰。

3. 机遇（O）

1）国家《“十三五”旅游业发展规划》

国务院印发的《“十三五”旅游业发展规划》要求，必须创新发展理念，转变发展思路，加快从景点旅游发展模式向全域旅游发展模式转变，促进旅游发展阶段演进，实现旅游业发展战略提升，“十三五”期间，创建 500 个左右全域旅游示范区。全面提升以 A 级景区为代表的观光旅游产品，着力加强 AAA 级以上景区建设，优化 AAAAA 级景区布局。重点支持中西部地区观光旅游产品精品化发展。强化 A 级景区复核和退出机制，实现高等级景区退出机制常态化。促进旅游与文化融合发展。培育以文物保护单位、博物馆、非物质文化遗产保护利用设施和实践活动为支撑的体验旅游、研学旅行和传统村落休闲旅游。扶持旅游与文化创意产品开发、数字文化产业相融合。

2）成渝城市群建设规划获批

2016 年 3 月《成渝城市群发展规划》获批，加快成渝城市群发展，有利于探索新型城镇化和农业现代化互促共进的新路径，对推进西部大开发和长江经济带建设等重大战略契合互动、释放中西部地区巨大内需潜力、拓展经济增长新空间具有重要意义。该规划强化以重庆、成都辐射带动作用为基础，以创新驱动、保护生态环境和夯实产业基础为支撑，建设引领西部开发开放的城市群，形成大中小城市和小城镇协同发展格局。2015 年 10 月《成渝城市群城际铁路网规划（2015—2020 年）》获批，进一步强化成渝城市群的互联互通效率。成渝城市群建设将进一步刺激区域旅游的发展，为涪陵旅游带来庞大的旅游消费群体。

3）“十三五”旅游强区建设

《重庆市涪陵区旅游业发展“十三五”规划》提出，以武陵山大裂谷打造国家 AAAAA 级景区为引领，推动 7 大引擎项目、7 大示范项目、17 个重点项目和 11 个储备项目，实现涪陵旅游产业规模化发展。2016 年 4 月涪陵区召开全区旅游工作会，确定在“十三五”期间，将涪陵建设成为重庆旅游强区。涪陵将成为继工业强区、经济强区之后的旅游强区，迎来难得的发展机遇，816 景区可以搭上这班“顺风车”。

4）武陵山国家旅游度假区建设

“十三五”期间，涪陵将武陵山旅游度假区打造成为国家级旅游度假区，将武陵山大裂谷打造成为国家 AAAAA 级旅游景区，将形成 A 级景区高度密集（1 个 AAAAA 级景区，3 个 AAAA 级景区）的山地避暑度假区。武陵山国家旅游度假区和武陵山大裂谷景区的顶级号召能力，将极大地提升该区域旅游的招徕能力。816 景区作为区域核心产品的重要组成部分，将获得难得的发展机遇，以及巨大的旅游市场前景。

4. 挑战（T）

1）周边区县旅游发展迅速

随着旅游业在全国范围内的兴起，重庆周边区县也大力发展旅游业，如武隆仙女山、南川金佛山、江津四面山、大足石刻、酉阳桃花源、丰都鬼城、云阳龙缸等。这些旅游景区发展迅速，各具特色，有很强的竞争力。对大武陵山旅游区发展形成强大的挑战，进而影响 816 景区的游客流量。

2）景区基础设施投资不足

从景区基础设施建设看，目前景区只有洞内的一些观光项目，刺激游客额外消费项目严重不足。景区基础设施建设并不完善，接待能力偏弱。从产品结构看，旅游产业链条短，旅游消费结构不合理，尤其是“娱乐”发展十分缓慢，旅游购物和娱乐项目消费很少。同时，旅游服务质量和水平还有待提高。

3）开发难度大，景区承载能力有限

景区属于洞体内旅游资源，山体面积巨大，而且由于其资源的特殊性，处理开发难度大，投资成本高；同时作为曾经的核工厂实体，景区涉及一些机密，所以需要在保护的基础上开发；开发工程浩大，避免造成生态破坏，技术性要求高；由于当时的特殊形势，没有太多史料记载当时的烈士事迹，在开发时信息的收集方面有困难；由于该地的地形及其资源的特殊性影响，景区承载能力也有限。

二、竞合分析

1. 竞争分析

重庆由于自身较强的工业实力和优越的地理位置，成了全国“三线建设”的重点地区。重庆地区的“三线建设”大致经历了 1964 年至 1966 年的建设高潮、1967 年至 1969 年的基本停顿和70年代的恢复续建三个阶段。在此期间，大批沿海企事业单位迁渝，来渝或在渝新建项目数百个，留下了丰富的“三线建设”资源。示例如表5所示。

表5　816地下核工程与重庆金佛山天星小镇（三线酒店）对比

竞争分析	重庆金佛山天星小镇（三线酒店）	816地下核工程
特色	这里由“三线建设”时期天兴仪表厂原址改造而成，5栋20世纪70年代初的职工宿舍楼没有做大的结构性更改，只是恢复加固，原来的职工宿舍变成了酒店房间，当年的供销社、邮局、粮店、老食堂都得到了重现	该洞体总建筑面积10.4万平方米，总长约20千米，共有大型洞18个，道路、导洞、支洞、隧道、竖井更是多达130多条。核反应堆大厅是洞内最大的洞室，高达79.6米，总共上下9层。该洞是世界上最大的人工洞体，可抵抗100万吨TNT当量氢弹的空中爆炸，被誉为“人工奇迹”
结论	相比较而言：816地下核工程无论在国内还是在世界上都是独一无二的，更具有科普价值、爱国教育意义，是我国“三线建设”这段历史的重要代表性工程	

2. 合作分析

从综合分析来看，本项目可以与武陵山大裂谷（AAAA）、武陵山国家森林公园（AAAA）、大木花谷（AAAA）进行有效的产品组合，形成良好的合作关系。

涪陵武陵山区旅游资源富集度极高，聚集了2个国家AAAA级景区，1个国家准AAAAA级景区，且核心旅游产品的组合性极强。本项目以“人文奇观”为核心产品，补齐武陵山人文旅游特色，进一步增强武陵山旅游的核心竞争力。因此，本项目需要与武陵山大裂谷、武陵山森林公园、大木花谷形成良好的合作关系，共同打造大武陵山精品旅游度假环线。示例如表6所示。

表6　涪陵武陵山区旅游景区对比

合作分析	武陵山大裂谷	武陵山森林公园	大木花谷	816地下核工程
级别	准AAAAA级景区	AAAA级景区	AAAA级景区	准AAAA级景区
核心产品	自然奇观、住宿接待	森林旅游、疗养度假	花卉欣赏、农家乐接待	人文奇观、科普探秘

第六章　旅游发展定位

一、总体定位

依托地下核工洞体，以816地下核军工洞的打造为核心项目，同时辅以816军工艺术区、一碗水烈士陵园，旨在通过对816军工旅游的开发，完善816周边旅游产品体系，提升其吸引力和市场竞争力，形成国内知名的以核工业文化遗址展示和爱国主义和平教育相结合的旅游景区。

二、目标定位

近期目标：创建国家AAAA级景区，建设爱国主义教育基地。

中期目标：打造国内首个以核工业展示为核心的“三线建设”遗址型AAAAA级景区。

远期目标：打造816军工洞体旅游、军工艺术区、一碗水烈士陵园等旅游产品，塑造816旅游品牌，形成国内首个集核工业遗址展示为核心的“三线建设”工程、“三线”年代艺术复兴和爱国和平教育于一体的旅游景区。

三、市场定位

1. 涪陵客源市场定位

1）境内市场

一级客源市场：渝成都市圈。

二级客源市场：周边省份（市）、长三角、珠三角市场。

三级客源市场：全国其他省市。

2）境外市场

一级客源市场：东亚（中国港澳台地区、日本、韩国为主）、东南亚（新加坡、马来西亚）。

二级客源市场：北美洲（美国为主）、欧洲（法国、英国、加拿大为主）。

三级客源市场：大洋洲及其他机会市场。

2. 816核军工洞旅游景区市场定位

核心客源：以武陵山大裂谷、武陵山森林公园、大木花谷为主的大武陵山旅游区的游客为核心招徕对象。

核心市场：以重庆都市核心区、都市拓展区和部分城市发展新区为一级客源市场。

基础市场：以成渝经济区城市群与川渝周边省及沿海发达省市为重点拓展的二级客源市场。

机会市场：以东北区域省市及西北地区省市为可以拓展的机会客源市场。

细分市场：

（1）按年龄将市场分为儿童市场、青年市场、中年市场、老年市场。

（2）按职业将市场分为学生市场、教师市场、政府人员市场、科研人员市场等。

（3）按组织形式可将市场分为个体旅游市场、自驾游市场、单位组团市场、旅行社组团市场。

四、功能定位

1. 爱国主义和平教育基地

通过816核军工洞内部关于核发展的历史背景、战术运用、泄露危害等的科普，理解和平来之不易，反思战争对人类社会的危害及和平发展的重要性和必要性。通过一碗水烈士陵园铭记历史、缅怀先烈，明白“三线建设”的历史意义，学习先烈“无私奉献”的民族精神，感受共和国“备战备荒”的时代记忆。

2.“三线”记忆艺术区

采用“军工＋艺术”结合的模式，通过20世纪七八十年代风格的创意小店、文化餐饮、办公管理、景观小品、住宿接待等建筑设施，打造满足游客餐饮、休闲、娱乐的综合接待街区。

五、形象定位

1. 旅游口号设计

宣传口号：世界第一大人工洞体——816。

2. 816核军工洞旅游景区形象标志

这个旅游标徽（图3）外围由齿轮和橄榄枝组成。

图3　816地下核工程形象标识示意图

三个齿轮代表“三线建设”，展现20世纪七八十年代为了国防安全而进行的“三线建设”工程，也表示当时那些建设人员像齿轮一样为祖国安全而无私奉献；橄榄枝代表和平，也正是因为当时我国独自研究出了核武器，以核治核，在国际上对和平的推进有了更多的话语权，因此用橄榄枝表达对世界和平的美好愿景。正因为齿轮和橄榄枝构成的外围保护了中国，才有了内部的青山绿水。

标徽的内部由红太阳、武陵山、乌江构成。

红色的太阳表示爱国和朝气蓬勃。那抹鲜亮的中国红像太阳一样永远炽热、兴旺发达，照耀他人，造福人类。同时也表示对生活要有阳光般的心态、明亮，充满自信，为社会的和谐发展献出自己的力量。

山代表武陵山，水代表乌江，这样的设计表明了816核军工洞旅游景区的地理位置，乌江的流动形态抽象地构成了816三个数字，代表了816核军工洞旅游景区。青山不改，绿水长流，表现景区良好的发展趋势。

第七章　旅游区域规划

一、空间结构

空间结构：“一核三区”（图 4）。
一核：以核洞体旅游区为核心。
三区：以 816 军工艺术区、一碗水烈士陵园、816 综合服务区为辅助发展项目。

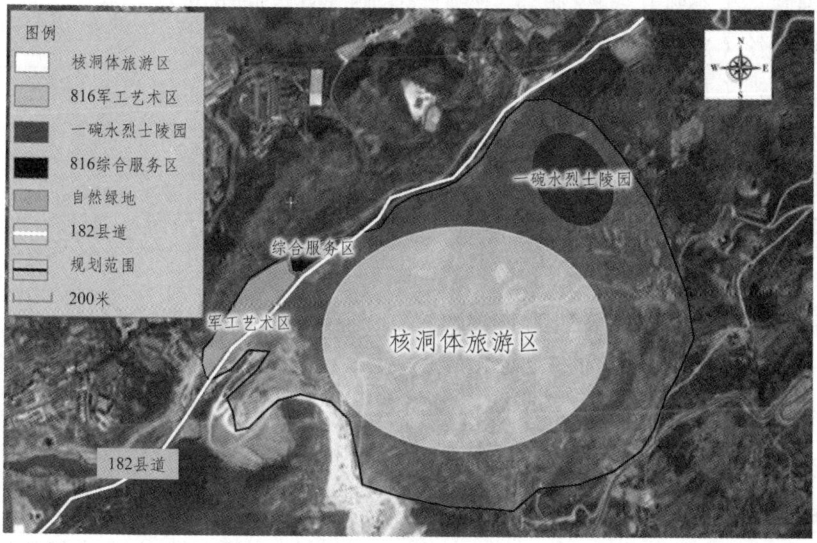

图 4　景区空间布局

二、功能分区与规划项目

1. 核洞遗址——核洞体旅游区

主要定位：以历史再现、爱国教育、和平教育、科技体验为主要内容的核主题体验公园。
主要功能：历史回顾、爱国教育、和平教育、科普教育、科技体验。
规划要点：
1）“三线”年代
以中国·816 地下核军工洞特定的“三线建设”历史背景为依托，以展现“三线”历史、时代精神和激发爱国情怀为主旨，在现有核洞遗址的基础上，设计核洞工程游览、816 历史展厅、老电影放映、场景再现等具体项目。
2）科技当下
以激发爱国思想、倡导和平理念为宗旨，以核文化科普教育、和平主义教育、科技体验为目的，综合运用声光电效果，打造灯光炫目、科技感十足的洞体内效果，并设计核文化主题馆、军事科技馆、VR 体验、洞体闯关等具体体验项目。

3）炫酷未来

以游客参与、体验、互动为目的，通过运用虚拟现实技术、计算机图形技术、传感器技术等多种科学技术，在多维信息空间上创建一个虚拟信息环境，设计太空飞行体验、脱口秀剧场、动感影院、互动光影秀等项目，带给游客真实、刺激的旅游体验。

2.“三线”记忆——816 军工艺术街

主要定位：以 20 世纪 50、60 年代的复古风格为基础，采用“军工 + 艺术”结合的模式，打造满足游客餐饮、住宿、休闲等需求的主题文化街区。

主要功能：旅游接待、休闲娱乐。

规划要点（业态分布概况）：

（1）休闲娱乐（35%）：创意店铺、水吧、书吧、复古照相馆。

（2）文化餐饮（20%）：特色餐饮。

（3）办公管理（10%）：企业办公。

（4）艺术创意（20%）：创意街区、景观小品、舞台演绎。

（5）接待住宿（15%）：主题酒店。

3. 缅怀先烈——一碗水烈士陵园

主要定位：纪念革命先烈的烈士陵园。

主要功能：纪念烈士、缅怀历史、爱国教育。

规划要点：陵园修整、革命烈士纪念碑、语录墙、浮雕长廊、扫墓活动。

4. 综合服务——816 综合服务区

主要定位：主要游客接待区域。

主要功能：游客集散、购票服务、生态停车等。

规划要点：游客中心、景区大门、景区标志建筑、生态停车场、AAA 级旅游厕所。

景区功能分区图如图 5 所示。

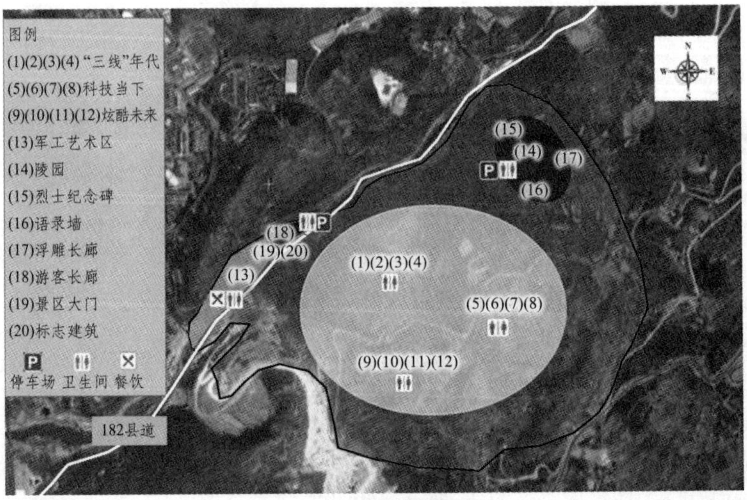

图 5 景区功能分区图

第八章　旅游产品规划

一、产品体系（表 7）

表 7　旅游产品体系表

<table>
<tr><td rowspan="7">816 核军工洞旅游区</td><td rowspan="3">核心主导产品</td><td>“三线”年代</td><td>核洞游览
老电影放映
816 历史展厅
场景再现</td></tr>
<tr><td>科技当下</td><td>核文化主题馆：核知识普及、模拟核爆、和平主题
军事科技馆
VR 体验
洞体闯关</td></tr>
<tr><td>炫酷未来</td><td>太空旅行体验
脱口秀剧场
动感影院
互动光影秀</td></tr>
<tr><td rowspan="2">支撑辅助产品</td><td>816 军工艺术区</td><td>休闲娱乐：创意店铺、水吧、书吧、复古照相馆
文化餐饮：特色餐饮
办公管理：企业办公
艺术创意：创意街区、景观小品、舞台演绎
接待住宿：主题酒店</td></tr>
<tr><td>一碗水烈士陵园</td><td>陵园修整
革命烈士纪念碑
语录墙
浮雕长廊
扫墓活动</td></tr>
<tr><td>配套产品</td><td>816 综合服务区</td><td>游客中心
景区大门
景区标志建筑
生态停车场
3A 级旅游厕所</td></tr>
</table>

二、具体产品设计

1. 核心主导产品：核洞体旅游区

1）“三线”年代

（1）核洞游览（图 6）。

核洞游览主要指对核洞体内部景观，包括空间、建筑、遗存设施等的参观游览，让游客能直观了解世界第一大人工核洞体，并在这充满历史印记的环境中，回望“三线”年代，引申爱国情怀。

图 6　816 地下核工程洞口实景图

采用导游实地讲解和电子导游自助游览两种模式。导游实地讲解主要针对团客，由景区讲解员带领团客进行游览体验；电子导游主要针对散客，可在电子讲解器的帮助下自行游览体验景区，同时在电子讲解器上设置定位系统，可进行实时定位。

（2）老电影放映（图 7）。

816 核军工洞内，到处充满着“三线”年代的印记，在这种特定的历史环境中，更容易触发人们的感情。因此为了更好地营造一个充满回忆的环境氛围，设置一个老电影院放映区，并采取悬挂幕布放映电影的方式，播放一系列经典的电影，勾起人们对“三线”年代的记忆。

图 7　816 地下核工程珍贵资料

主要针对人群：中老年人。

（3）816 历史展厅（图 8）。

“三线建设”是中国发展历程中一段历史不可磨灭的记忆。816 地下核工程遗址是“三线建设”一个极具典型的案例，曾是中国第二套核反应堆，现在以“世界上已知最大的人工洞体、全球解密的最大核军事工程”而著称。816 历史展厅主要从三个方面进行集中展示：

建设历史：展示 816 工程的历史背景、定点选址、工程建设、解密开放等建设历史，通过图片、内容、实物的综合展示，使游客可在这里走进 816 工程的“前世今生”。

沙盘模型：制作 816 核军工洞旅游区沙盘模型及洞体立体架构模型，让游客进一步了解 816 景区。

遗存物品：对“三线”年代建设核洞体时的使用工具、军装物品等的实物展示。

图 8　816 地下核工程博物馆展品

（4）场景再现。

通过对原有资源的修复再造及对核文化的延伸，对“三线”年代的历史场景进行一定程度的再现，主要包括：

和平之盾：104 大厅的“和平之盾”，展示中国第一颗原子弹发射的场景。

核反应堆锅底：101 区域的核反应锅底，模拟核原料的反应绿光，并搭建玻璃廊道，参观者从锅底上方穿行而过，可身临其境地感受锅底 50 年的沉积。

汽轮发电工作模拟：在 104 大厅墙体上，通过对声光电的处理运用，在墙体上投影展示核裂变的过程，以及利用核余热发电的过程（图 9）。

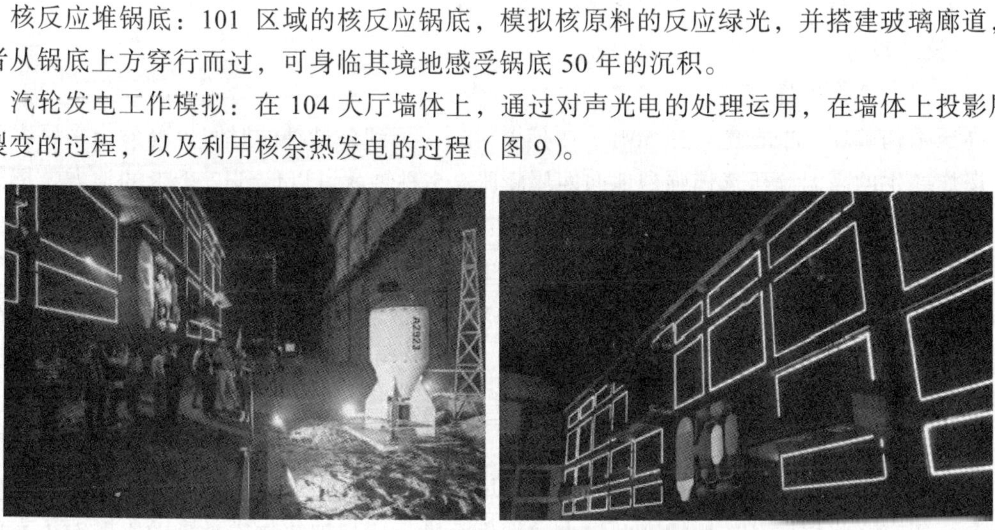

图 9　816 地下核工程声光意向图

2）科技当下

（1）核文化主题馆。

以核文化的科普教育和呼吁当今时代和平与发展主题为目的，以核知识普及、模拟核爆、引申和平主题三个环节为主要表达内容，通过文字图片对历史资料的集中展示、模型展示、参与体验等方式打造核文化主题馆。

① 核知识普及。

通过文字图片展示、模型展示的方式，对全球核能发展史、核的运用（核武器、核电站）、核的危害三个方面进行系统的展示。

a）核能发展史。

核能（或称原子能）是通过核反应从原子核释放的能量，符合爱因斯坦的质能方程 $E=mc^2$，其中 E 表示能量，m 表示质量，c 表示光速。核能可通过核裂变、核聚变、核衰变三种核反应之一释放。

1945 年 8 月 6 日和 8 月 9 日，美国将两颗原子弹先后投在了日本的广岛和长崎。

1954 年苏联建成了世界上第一座商用核电站——奥布灵斯克核电站。

从此，人类开始将核能运用于军事、能源、工业、航天等领域。美国、俄罗斯、英国、法国、中国、日本、以色列等国相继展开核能应用研究。

b）核的用途。

核武器：核武器是指包括氢弹、原子弹、中子弹、三相弹、反物质弹等在内的与核反应有关的巨大杀伤性武器。核武器制造过程包括核燃料、起爆装置、核试验、投掷技术。当前世界上拥有核武器的国家有美国、俄罗斯、英国、法国、中国、印度、巴基斯坦、以色列、朝鲜。

核电站：核电站（nuclear power plant）是利用核裂变（Nuclear Fission）或核聚变（Nuclear Fusion）反应所释放的能量产生电能的发电站。核电站一般分为利用原子核裂变生产蒸汽的核岛（包括反应堆装置和一回路系统）和利用蒸汽发电的常规岛（包括汽轮发电机系统）两部分，使用的燃料一般是放射性重金属——铀、钚。

c）核的危害。

核武器的杀伤破坏：

高压杀伤破坏：冲击波（占 50%）在核爆时，在不到一秒钟的时间里释放出来巨大的能量，爆炸产生的高温高压气体强烈地向四周膨胀，5 秒钟就可以传到 2 千米的地方，摧毁一切它可以推倒的东西（主要是建筑），大量的人员直接死于高压的挤压或间接死于房屋的倒塌。

高温杀伤破坏：光辐射（占 35%）核爆时的火球发光可以持续几秒钟，使周围的空气温度高达几十万摄氏度，火球发射的光辐射包括 X 射线、紫外线、红外线和可见光。如此高的温度辐射，会把大部分物体烧焦、熔化、致死，甚至导致周围缺氧，人员不死也会烧伤皮肤、毁坏视力、灼伤呼吸道等。

核污染：

核污染主要指核物质泄露后的遗留物对环境的破坏，包括核辐射、原子尘埃等本身引起的污染，还有这些物质对环境污染后带来的次生污染，比如被核物质污染的水源对人畜的伤害。核污染来源主要有核武器实验、使用，核电站泄露，工业或医疗上使用的核物质遗失、核武器爆炸、热辐射伤害、核辐射伤害、放射性存留等。

② 模拟核爆。

实验室物理模拟核爆：在洞体内设置实验室，采用无危害的物理元素，在专业人员的指导下模拟核爆，并能让游客参与体验。

电脑仿真模拟核爆：运用计算机技术，在电脑上进行核爆炸真实场景的展示，让人们更加真实地感受核爆的威力。

③ 和平主题。

通过对核危害的进一步强调，以及对全球范围内因核武器而遭受灾难的几起事件的详细说明，如日本广岛原子弹事件、美国比基尼岛事件、切尔诺贝利核灾难，让人们明白核武器有其毁灭性的一面，更让人们明白当前我们所处的和平生活局面是多么难能可贵，引申出和平主题。

（2）军事科技馆。

军事科技馆（图 10）设置冷兵器时代、单兵利器、陆战霸主、海战之神、空中战鹰、顶级威慑六个专题版块，介绍从冷兵器时代到现代核武器时代的世界军事发展历程及代表性兵器模型。

设置“名馆一览”版块，对世界几大著名军事博物馆进行系统介绍。在简练的文字介绍中佐以大量形象生动的军事图片以及模型的展示，让游客在享受阅读乐趣的同时获得宏观的视觉感受。

图 10　军事科技体验意向图

（3）VR 体验。

816 军工洞体内闲置房间较多，选择一间通达度较好的房间（足够大且便于进出，位于主干道上，临近出口）进行分区设计，隔成多个小的 VR 体验活动区域，配备相应的工作人员，配备价格和可供体验的 VR 项目，明确显示项目价格和优惠措施。

主要的 VR 体验项目：请专门的人员设计一款以 816 洞体为背景的枪战 VR 体验、核洞探秘等，背景包括游客从开始到结束会游览的地方，如核反应堆、中央控制室以及狭窄的楼道等。让游客在最后体验的同时，重新回顾先前参观过的景象，加强印象。

项目分区：依据虚拟视屏的恐怖程度划分为玩乐区、刺激区、恐怖区。

分区依据：充分迎合不同人的特性，将人流进行划分。

项目体验：

主要项目设计背景如图 11 所示。

图 11　816 地下核工程 VR 体验意向图

项目针对人群：中青年人群。

3）炫酷未来

（1）太空飞行体验。

① 项目概况。

太空飞行体验区是将国际最流行的 RIDE 游览方式，与 3D 立体电影、仿真布景、特技表演等游乐技术巧妙结合，并结合场地面积打造的小型室内模拟太空飞行体验项目。

游客乘坐太空车，置身于虚实景结合的太空舱体主题故事环节中，结合故事情节突然舱门打开，游客乘坐太空车仿佛穿梭于主题剧情中，整个动感轨道系统会在设计规定的瞬间变换车辆运作方式，产生如摆动、颠簸等动作，逼真模拟爬升、坠落等效果，让游客经历一场惊心动魄的太空危险之旅。

② 项目参数（表 8）。

表 8　太空飞行体验项目参数表

占地面积/m^2	160
屏幕个数/个	1、机器人 1
项目高度/m	6
容纳人数/人	20
放映时间/min	15
场次间隔/min	10

（1）脱口秀剧场。

① 项目概况。

脱口秀剧场是主要针对儿童设计的项目，是一个用高科技打造的最新型交互式游乐剧场项目。人们可以在观影过程中，与影片中的卡通主人公一起聊天和玩耍。

项目由超大屏幕影视剧场衍生而成，在保留超大屏幕同步影音播放、人机虚拟交互技术的优势基础上，根据影片的剧情，营造一个与主题环境配套的真实互动环境（图12、图13）。

图12　脱口秀剧场意向图

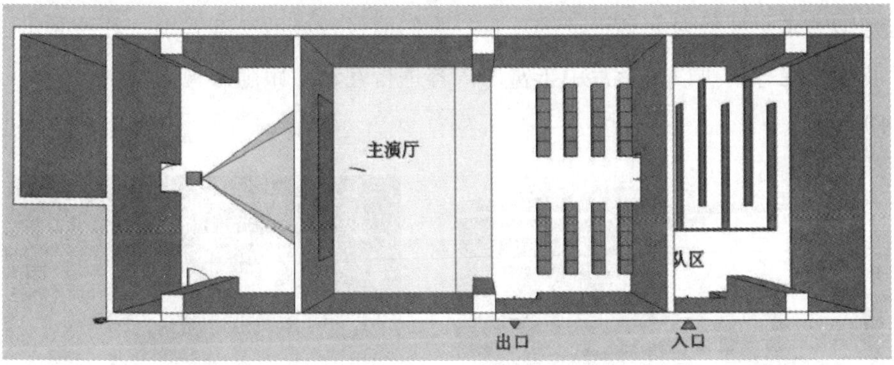

图13　脱口秀剧场布局意向图

② 项目参数（表9）。

表9　脱口秀表演项目参数表

占地面积/m²	168
项目高度/m	10
容纳人数/人	40
放映时间/min	30
场次间隔/min	15

（2）动感影院。

① 项目概况。

动感影院是在传统的立体影院基础上发展而来的，相比其他类型影院，具有主题突出、科技含量高、效果逼真、画面冲击性强等特点和优势。整个系统在计算机的控制下，运动座椅随影片情节上下颠簸、左斜右摇、前扑后仰，还可根据影片的情景精心设计出烟雾、雨、光电、气泡等效果，逼真地再现飞机升降、水上冲浪、高山滑雪等高难动作，使游客能够获得视觉、听觉、触觉、嗅觉等全方位的感受。

② 项目参数（表 10）。

表 10　动感影院项目参数表

占地面积/m²	200
项目高度/m	12
容纳人数/人	50
放映时间/min	80 ~ 120
场次间隔/min	20

（3）互动光影秀。

① 项目概况。

互动光影秀是主要针对儿童设计的项目。人们通过特有的交互式别、红外采集、灯光感应处理、肢体捕捉等，可以与影片中丰富的内容进行互动，跟随影视人物做出造型等互动游戏（图 14）。

图 14　互动光影秀意向图

② 项目参数（表 11）。

表 11　互动光影秀参数表

占地面积/m²	200
项目高度/m	10
容纳人数/人	80
放映时间/min	15
场次间隔/min	10

2. 支撑辅助产品：816 艺术街、一碗水烈士陵园

1）816 军工艺术区

816 军工艺术区为全新打造的主要辅助项目，采用“军工 + 艺术”结合的模式，建设为 20 世纪风格的主题街区，并具有满足游客餐饮、住宿、休闲、娱乐等服务功能。

（1）休闲娱乐。

① 创意小店。

20 世纪风格的复古创意店铺，主要出售以 816 景区为主的武陵山旅游度假区各景区的旅游商品。军工主题艺术区如图 15 所示。

图 15　军工主题艺术区意向图

② 水吧。

水吧是为年轻人提供的休闲场所，提供各种时尚饮品、咖啡、茶饮等，环境温馨，有休闲沙发卡座，并附带提供各种简单娱乐工具和图书杂志。水吧的功能定位在于给年轻人提供一个可以休闲放松心情的私人空间。复古水吧如图 16 所示。

图 16　复古水吧意向图

③ 书吧。

书吧是近些年在一些城市流行起来的一种读书场所，综合图书馆、书店、茶馆或咖啡馆的特点，人们可以在喝茶、喝咖啡、聊天的时候翻翻时尚杂志、流行小说，在舒缓的音乐中放松身心。

④ 复古照相馆。

设计一家跨界于当代艺术与商业的复古照相馆，还原不同时代老照相馆中的布景和道具，专注拍摄老照片风格复古摄影，重拾过去人们在老照相馆中拍摄时的仪式感和对自己肖像的正视态度。

（2）接待住宿。

功能：能够满足游客住宿需求。

风格：20 世纪复古风格的特色主题酒店（图 17）。

图 17　特色住宿意向图

2）一碗水烈士陵园

（1）陵园修整。

816 工程自 1967 年开始到 1984 年结束，动用资金超 7 亿元，动用人员达 6 亿多人。很多革命烈士都牺牲在了该工程的建设中，现有 76 名烈士都安睡在一碗水烈士陵园（图 18）。作为后人，我们不能忘记他们，亦不能忘记这种自愿为党和人民奉献一切的精神。因此在保留烈士陵园原貌的基础上，对其进行修复提升，76 名烈士将流芳百世。

图 18　烈士陵园意向图

（2）革命烈士纪念碑。

革命烈士纪念碑由基座、台阶和石碑三部分组成，碑高 11 米，塔身东面刻有“革命烈士永垂不朽”，西面浮雕红旗和五角星组成的图案，南面刻“816 地下核工程”，北面刻“1967—1984”表示 816 建设及停建年份，基座四周刻有题字、建碑说明及 76 位烈士姓名。

（3）浮雕长廊。

浮雕长廊（图 19）以展现“三线”年代“艰苦创业，团结协作，开拓创新，无私奉献”的精神为目的，以 816 核军工洞的建设过程为主要展示内容，以浮雕的形式重现千万人民艰苦卓绝的建设历史。

图 19　烈士陵园浮雕意向图

3. 配套产品：816 综合服务区

1）游客中心

游客中心的建筑形式要充分体现 816 军工特色，其建筑色彩、体量、风格等应巧妙地融入自然环境中，保持与自然景观的协调一致性，与 816 的初衷相符合。游客中心主要包括服务设施、管理设施两大类。服务设施包括接待服务、信息咨询、医疗卫生和其他辅助设施。管理设施包括安全管理、人员管理、档案管理、应急管理旅游景区设施管理。

2）景区大门

设立标志性景区大门，突出景区主题形象。816 地下核工程大门如图 20 所示。

图 20　816 地下核工程大门意向图

3）标志性建筑

标志性建筑是该旅游风景区的名片，是旅游区所有建筑的主角。标志性建筑除了外形具有创新性、独特性外，在功能上应该具有超前性和包容性。标志性建筑不仅要体现地理区域优势，建筑本身还应该是出类拔萃、独树一帜的；建筑风格和景观打造以军事建筑为主体，如核导弹模型，突出景区主题形象。

4）生态停车场

生态停车场是一种具备环保、低碳功能的停车场，是一种高绿化、高承载的停车场。它使用寿命比较长，绿化面积大于混凝土的面积，能达到高绿化的效果，同时具有超强的透水性能，保持地面干爽。生态停车场将专用停车空间与绿化空间有机结合，使汽车享有“脚踩绿草毯，头顶遮阳帽”的待遇。

5）AAA 级旅游厕所

在综合服务区建设一个符合国家现行的公厕建设相关标准的 AAA 级旅游厕所（图 21）。外观造型风格应体现地域文化，与周边环境和建筑相协调；色调应体现地域文化，融于周边环境；厕所入口根据当地气候特点设计，应注意隐私保护，热带地区可采用开放式入口，应考虑保温需求，宜设置过渡空间。厕所设大门时，门扇与门框应防夹手；材质坚固耐用，与厕所建筑风格一致。

图 21　厕所内景意向图

第九章　旅游市场营销

一、营销思路

以旅游市场分析为依据，以市场定位及游客实际需求为基础，开发 816 军工洞体旅游、军工艺术区、烈士陵园等旅游产品。依托现有知名度，通过高层次的营销企划和多种有效的营销手段，提升景区的知名度和美誉度，打造旅游品牌。

二、营销定位

1. 树立“816 军工科普教育”旅游品牌

以打造“816 军工科普教育”为总体目标，打造核军工洞游览体验、军工艺术区、烈士陵园等旅游项目。分步骤实施从“世界第一大人工核洞体”到“816 军工科普教育”的品牌内涵的扩张。

2. 精准锁定消费市场与群体

大武陵山旅游区是高品级景区富集地，包括武陵山大裂谷的奇观、武陵山森林公园的避暑、大木花谷的赏花等，均具有强大的独立招徕能力。816 地下核工程景区背靠大武陵山旅游区，地处通往大武陵山旅游区的交通要道旁，良好的交通区位优势，让其可以采取独立营销和联合营销相结合的营销方式，联合武陵山旅游区的其他景区组合营销，并以武陵山旅游区的游客为主要目标市场，精准锁定消费市场与群体。

3. 主打“洞体旅游”概念

816 地下核工程的营销建设，应以地下核军工洞的旅游体验为主旨，突出其独特性与唯一性，同时辅以军工艺术区等旅游项目，丰富其产品体系，使其成为大武陵山旅游的亮点和核心吸引力之一，成为武陵山旅游的必玩景区。

三、营销策略

1. 团客优先的渠道营销

在景区发展先导期，以渠道营销为核心，积极和重庆多家旅行社合作，依靠旅行社市场组织能力，吸引大批的团客，形成规模消费。同时，积极开展旅游节点营销，在涪陵及武陵山旅游交通节点，以大型户外广告牌、旅游交通标示牌等方式，对自驾游游客进行 816 景区宣传营销。

2. 散客优先的攀附营销

在景区快速发展期，以组合营销（攀附营销）为重点策略，积极开展同武陵山大裂谷、武陵山森林公园、大木花谷等景区展开合作客源共享、利益均沾的组合营销，重点吸引自驾游游客和过夜游客。同时，辅以交通节点营销。

3. 品牌先导的网络营销

在景区发展成熟期，816 地下核工程、核军工洞旅游景区宣传营销产生效应，应及时转向网络营销为主，以组合营销、交通节点营销为辅，重点吸引自驾游游客和过夜游客。

四、营销方式

通过全方位的媒体推广、多层次的互动营销、多元化的平面媒介为景区构建立体式的营销模式。

1. 旅游网站建设

旅游网站是旅游地利用网络与潜在顾客进行旅游地综合形象沟通的体现，它包括旅游网站页面设计、网站服务设计、网站信息反馈设计等。例如，旅游动态（旅游资讯、景区动态、专题活动、景区公告、媒体报道）、旅游指南（旅游推荐、旅游天气、在线地图、旅游地图、在线订票）、旅游服务（美食、住宿、线路、购物）。

“在线留言”“关于我们”“论坛”把 816 景区网站和其他知名网站进行友情链接，到各大搜索引擎中注册、登记。

2. 硬广告推广

精准广告：积极发挥传统媒体推广的优势，在特定区域内，精准投放广告。以车广告（车站广告、车体广告、车载广告）、楼宇广告（楼宇平面广告、楼宇电视广告）和纸质广告（杂志、报纸、宣传册）等为主进行推广。

渠道广告：利用旅行社门店、酒店床头、游客中心，大量投放 816 景区宣传册，扩大渠道广告效应。

交通广告：在涪陵交通节点，特别在白涛镇、武陵山乡、大木乡交通节点投放广告，针对大武陵山游客展开广告攻势。

新媒体广告：通过委托专业公司，针对青年群体展开微信、论坛、微博、博客等方面的宣传营销。

3. 互动营销

公关营销：利用节庆节事活动、地方新闻、旅行社推介、社区校园、口碑营销等方式，展开互动营销。

礼物营销：利用旅游网站、论坛博客、微博微信、邮件营销等渠道，推送折扣门票、折扣餐饮、优惠住宿等景区礼物，吸引消费者。

客户管理营销：利用注册会员信息，定期推送近期电子期刊、发放会员福利、会员专享折扣等，吸引重复消费群。

团体组织营销：816 核军工洞旅游景区是一个爱国科普教育基地，可以与学校、政府单位等事业单位合作组织推广。

第十章　景区基础设施建设

一、交通规划

游览道路根据游览需要及地形地貌，分设为两类道路：

一级路宽 7.0 米，主要利用原林区公路进行改造为丘陵三级水泥路面。游览环线均属一级路，主要通行汽车、电瓶车、观光车等。从接待中心到军工洞主厂房，以观光车为主。其他景点徒步观光，让游人充分体会到 816 地下核工程的神奇氛围，又不致破坏景观。

二级路宽 1.5 ~ 3.5 米，为水泥路面。从接待中心到一碗水烈士陵园。

二、标识系统规划

目前整个景区内的标示系统虽比较完善，但仍需提升。

全面提升景区标示系统，设置全景导游牌示、分区导游牌示、交通指示牌示、服务导引牌示、警戒忠告牌示等五大种类牌示，建立完善的解说标示系统。

1. 全景导游牌示

位置：游客接待中心以及功能分区内部景区门口或核心部分。

用途：816 核军工洞旅游区总体介绍、解说景区特色、景区游览线路及几大功能区的分布、公共厕所、公用电话、主要出入口、停车场，还有一些必备设施如各银行的 ATM 机、安全通道等位置的说明。

2. 分区导游牌示

位置：各个功能区的出入显眼处。

用途：说明每个功能区的主要特色和核心景点处，突出其主要功能、重点项目及相关设施的分布。

3. 交通指示牌示

位置：各景区主干游览线路处、休憩处、各个道路岔口。

用途：对服务设施和其他功能版块的位置进行导引和指示。

4. 服务导引牌示

位置：景区内各大基础设施分布处以及游客集散中心和游览密集地。

用途：对景区设施的基础导引，用于景区、景点的位置指示，或服务设施名称的标示。

5. 警戒忠告牌示

位置：水系节点、悬崖边上、道路两旁、服务节点及易发生安全事故的其他节点区域等。

用途：分为室内忠告牌和室外忠告牌。其目的在于告知相关景区的危险和意外，禁止游客的不良行为，防止意外发生。

三、旅游设施配套

1. 旅游住宿设施规划

816 核军工洞旅游区以客源市场为导向，根据游客消费需求、消费类型，打造出特色军工科考住宅区和休闲度假住宅区等不同类型的住宿设施，满足游客的需要。

2. 旅游餐饮设施规划

以 816 核工程为依托，建设各种风格的农家乐、饭店，挖掘具有涪陵特色的地方菜肴，宣传当地特色食品。通过五星级酒店提高景区的档次，提供各种高端的服务以及满足游客的不同需求的佳肴美味。另外提供以商业街为主的各种特色饭店和特色饮食，如德克士、麦当劳、江湖名菜等。

3. 旅游购物设施规划

要以“大集中、小分散”为指导，遵循以布局选择人流集中处，建筑格调与风景相一致、规模适度控制的原则。建设一条以游客游览为主、住宅居民为辅的商业区，引进数家大型品牌，在白涛老街等重要项目地区建设小型购物点，方便购买旅游纪念品、土特产、日用品等，满足游客不同的购物需求。

四、基础设施规划

1. 电力

为了保护军工洞原生环境，规划在军工洞内及外围保护区的照明、取暖、饮食等实行电气化。由于用电负荷大，现有的 10 kV 输电线路不能满足要求，要以 10 kV 的输电线路连接各景点，各景点设 10 kV 的用户变压器，可以保证本区供电。

考虑到照明、电热以及其他生活用电，人均综合用电负荷按 1.2 kW 规划，固定床位按 1500 人计算，加上其他设施用地，总用电负荷约为 3000 kW。尽管高峰旅游人数可达 4000 人，但是考虑到用电负荷的同时利用率因素，最终按 3000 kW 负荷规划。

电力线分片敷设。由白果乡至活龙口按架空线铺设，加大电桩密度，以抵御冬季雪冰对电线的损害；由活龙口到园区其他片区采用埋地铺设。应规范设计施工。

2. 通信

现景区已有电信线路与县城相通，同时在景区内已建成电信交换中心，增加了线路对数，其中包括 119、110 专线，增设了无线电话网络，能保证游客的国际、国内通信通畅。今后除在标准客房设直拨电话外，景区综合服务接待中心可根据接待规模按 2 部/百人设置公用电话。景区设电视转播中心，统一闭路电视系统，以光纤线路向各景点传播电视信号，电信电视埋地敷设。

在完善固定电话网建设的同时，电信部门应加快 ATM/IP 网为核心的宽带多媒体通信网建设，为用户提供语言、数据、图像等宽带接入技术的多媒体服务，逐步实现网络的宽带化、综合化和智能化。原则上规划区内所有电线路均采用地理方式进行布置，各类通信（电信、移动通信、广播电视等）电缆与通信管道同沟埋设。

3. 排水

排水体制采用雨污分流制。不能任其直接流入乌江。

大部分雨水可根据地形散排，最终汇流入水体或城市雨水管网中。

污水的排放要严格执行国家规范，杜绝无组织排放，污水经排污系统进行收集，防止流入水体中。在规划区内各分散的居住点的污水可作为种植肥料利用，其余通过设置生化池处理后分别接至水磨滩村污水管网和李渡城区污水管网，最后通过规划范围外的污水处理厂处理。

污水及雨水干管沿道路布置，尽可能使污水及雨水管道的坡降与地面坡度一致，以减少管道的埋深。污水及雨水管在变坡、转弯等处都应设置检查井，并确保管道埋深不小于 1.0 米。污水及雨水干管均选用钢筋混凝土管。

4. 给水

816 核军工洞旅游景区目前供水设施还不完善，部分区域仅有供水设施，其水源取于乌江，中间相距较远，不能满足发展旅游的需要。而保证用水是旅游区发展的重要条件之一。由于小镇面积较大，虽然年降雨量达 1400 毫米左右，但地质构造造成地表积水较少，并未形成大的湖泊。目前虽无水文勘测资料，但经现场踏勘，规划景点均发现有露头无压泉水，其水质优良，接近矿泉指标。

由于景区面积较大，集中供水管网线长，造价高，且水源的水量不足，若采用统一供水，难以实施，所以供水采用就近就地供水为主。

为保证供水，具体采取以下措施：

（1）保护好现有水源，对泉水露口 20 米以内设有水源保护区，严禁人为制造污染。

（2）根据地形情况修蓄水池或高位水池，水池应按两格以上修建，以保证清洗水池时能正常供水。水沟均应设池盖，以防污染；水池外应设防护围栏，以防污染和用水安全。

（3）视用水实际，如有必要应增设给水消毒设施。

（4）应按正规要求敷设给水管道。

5. 供热

冬天为服务设施供热，是目前园区内面临的一个突出问题。根据景区各功能片区总体分散局部相对集中的特点，景区内供热采用集中制。在集中接待游客的接待区实施燃油锅炉系统集中供热，在建筑物的结构上，采用北方特点的有利保暖的设计方式。供热量按每平方米耗热 110W 计算。

6. 燃气

规划方案是燃气管网接至涪陵区管网。规划考虑生活和餐饮主要采用电和天然气。

燃气管网采用中压供气方式，燃气管路分别引涪陵区的天然气中压管网。在各建筑内设中低压调压箱，用低压管网供到各用气点。

燃气管道沿道路暗敷设，埋深不小于 0.7 米。

7. 环境卫生

厕所建设：在景区入口服务区、游客集散中心、景区沿途和游客密集度高的区域设置（流动）厕所，一般公厕之间的距离为 500 ~ 1000 米，以步行 10 分钟为宜。

固体废弃物：采取严格的卫生环境管理措施，以专业的管理人员进行监督和管理，制定完善的卫生管理制度。在景区入口服务区、景区沿途和游客密集度高的区域配备足够的垃圾桶，其间隔 50 ~ 80 米，要求它们对生态环境影响小、造价低并坚固耐用，并建设垃圾收集点和转运站，但是需要保证不影响景区的整体形象和风貌。

环境卫生维护：增设秩序巡警员，负责监管内部人员车辆停放、各景区乱推乱放现象等，保证场地无乱堆、乱放、乱建现象。对出现剥落现象的建筑物及时进行粉刷、修复，保证建筑物外观美观。同时安排专业的环卫工人轮班打扫景区卫生，保证景区的清洁、干净。

8. 防灾

防地质灾害：在景区建设过程中，选择合适的建设用地，避开灾害多发地带，且对相应坡体加设防护带，维持旅游区的生态平衡，减少和降低地质灾害的发生。建立完善的地质灾害预警预防系统，尤其是每年汛期针对山区易发生的滑坡、崩塌、泥石流等灾害。

消防：景区内消防的重点是景区林地集中的区域及景区内各主要建筑，各项建设严格执行国家颁布的消防规范、防火等级，健全消防设施。在工程规划建设时，保留消防通道和建筑物的防火间距；旅游区管理机构应成立防火消防安全委员会，选定责任人，落实日常防火监督检查工作；对内部员工进行消防知识和技能培训。

紧急救护：在旅游集散中心和主要景点设医疗急救点，根据游客量配备足够的医疗设备、救助运输工具，建立和省、市、县的大型医院的紧急救护机制，要求直接与游客接触的一线员工掌握最基本的救护方法。

第十一章　景区信息化建设

一、信息化建设的目标定位

随着互联网技术的发展，特别是大数据、云技术在旅游业中的应用，旅游景区的信息化建设越来越被重视，在新修订的《旅游景区质量等级划分与评定》国家标准中，已将旅游景区的信息化作为一级指标被提出，分值占比达到 7%。以经济适用为基本原则，按照精品 AAAA 级景区对景区信息服务要求的标准，进行规划设计。满足景区顾客管理、安全生产、营销展示、信息推送等需求。

二、建设内容

1. 游客体验

游客体验主要包括：信息发布、触摸屏查询、数字导览、无线 Wi-Fi、数字广播、门户网站。

2. 运用管理

运用管理主要包括：网络系统、卫星有线电视、园区安防监控、森林防火、电子门禁、无线对讲、票务管理、智能停车。

3. 市场应用

市场应用主要包括：网站市场营销系统、客户关系管理系统。

三、主要建设

1. 完善信息化基础

以“互联网 + 旅游”模式为指导，引入先进的互联网技术，建设景区信息系统的基础层，包括基础网络（无线通信、有线通信、广域网、局域网）、数据中心、安全中心、“3S”平台（GIS 地理信息系统、GPS 全球定位系统、RS 遥感卫星）等设施。

（1）宽带网络方面，景区应接入速度 100M 以上的宽带网络，为信息化建设提供快速反应的网络环境。

（2）移动通信信号全覆盖，要求景区范围内游客可到达区域，均能接收国内主流营运商提供的手机 4G 信号，包括缆车、电瓶车、景区大巴等交通工具经过的区域。

（3）景区能提供免费的 Wi-Fi 信号，方便游客在游览过程中使用手机、便携电脑等终端连接上网，为智能化游览和支付奠定基础。

（4）景区内信息化基础数据采集完备，如旅游景点、餐饮点、住宿点、治安点、厕所等旅游服务设施的基础数据，通过景区网站、旅游 APP、微信等平台进行发布，并在百度、高德等常用的导航地图上有准确标注，方便游客查询。

（5）加强景区自媒体建设，建设以服务游客为主的景区资讯网站，建立 816 景区微信公众号、旅游 APP、官方微博、淘宝旗舰店等平台，实现在线咨询、预定、支付等功能。

2. 加强信息化管理

以完备的信息化设施设备为基础，建立包括旅游景区视频监控、游客流量监测、预警报警和运行监控等内容的管理系统。

（1）景区视频监控全覆盖，要求在游客可到达区域，全面铺设安全监控网络和视频探头，包括电瓶车、景区大巴等交通设施经过的区域。

（2）建立游客流量和游客密度检测系统，通过在景区出入口安装人流计数器，结合景区承载量对人流进行监控，同时对洞体中游客滞留热点地区人口密度进行监控，游客超限时自动报警以疏散人流。

（3）加强景区运行监测和风险预警，根据景区实际需求，建设景区数字化电子商务系统、门禁票务系统、办公自动化、GPS 车辆调度系统、多媒体展示系统、LED 信息发布系统、虚拟网上游览系统、景区 CRM（客户关系管理）、景区 ERP（资源规划）、环境监测系统、地理信息系统和卫星遥感系统、灾害监测系统等。

（4）实现景区大数据实时共享，如游客流量、监控、门禁等信息系统的数据，与旅游、公安等主管部门实时对接，实现数据共享。

3. 提升信息化服务

景区应建立快速的信息化服务系统，向游客提供多样化信息发布服务，提供自助导游服务，建立以服务游客为宗旨的门户网站等。

（1）多渠道信息发布系统，在景区内人流集中的重要节点安装触摸屏和信息发布 LED 大屏；通过微博、微信、旅游 APP 等自媒体发布景区旅游资讯；可设立景区短信，向游客提供信息服务。

（2）智能导游导览系统，提供建立在无线通信、GPS 定位、移动互联等技术基础上的自动导游功能。如建立以红外线监测触发技术为基础的电子导游系统，游客到达景点时开启智能语音导览系统，开发旅游 APP 客户端智能导览服务，给游客提供及时方便的针对性导览服务。

4. 注重电子商务

通过自有系统或第三方平台建立电子商务系统，提供在线预订和线下支撑服务。

（1）建立在线预订功能，景区可通过自有直销分销系统，景区 APP、微信等移动终端交易平台，以及携程、去哪儿等第三方交易平台，实现在线预订功能，包括景区门票、餐饮住宿、交通车票、旅游商品等预订和支付。

（2）完善线下支持系统，包括建立支持二代身份证、二维码等信息凭证的门禁和验票系统；景区能提供银联刷卡消费，以及支付宝、微信支付、苹果支付等移动端支付系统，建立客户关系管理系统。

（3）开拓网络营销渠道，通过自建官网，提供预订支付功能；与驴妈妈、途牛、携程等第三方商家合作，扩大电子商务覆盖面，拓展门票销售业务和网络营销宣传渠道。

四、通信网络布置

结合规划区内的建筑布局，规划在接待服务中心设置弱电监控中心，在人流集中区设置电信交接箱。在逐渐完善固定电话网建设的同时，电信部门应加快以 ATM/IP 网为核心的宽带多媒体通信网建设，为用户提供数据、图像等宽带接入技术的多媒体服务，逐步实现网络的宽带化、综合化和智能化。原则上规划区内所有电线路均采用地理形式进行布置，各类通信（电信、移动通信、广播电视等）电缆和通信管道合沟埋设。

第十二章　建设时序

一、项目的建设时序

景区投资建设，需要分阶段、分步骤、滚动化实施。816 景区需要按照“统筹安排、合理布局、优选项目、分期实施、滚动发展”的指导思想，结合不同阶段的目标，根据市场需求情况，确定不同时期的发展重点。

本规划期限为 2018—2027 年，共 10 年，分为三个阶段。

近期：2018—2019 年，为基础设施建设期；

中期：2020—2023 年，为提档升级发展期；

远期：2024—2027 年，为综合优化建设期。

1. 近期

近期（2018—2019 年）必须完成的项目：

（1）“三线”年代：核洞游览、老电影放映、816 历史展厅、场景再现。

（2）科技当下：核试验模拟展示、军事科技馆、VR 体验、洞体闯关。

2. 中期

中期（2020—2023 年）为提档升级发展期，主要完成的建设项目为：

（1）景区大门：修筑以 816 洞体为核心元素的非跨越式景区大门。

（2）旅游服务设施：重建游客接待中心、停车场、厕所及相关服务设施。

（3）景区标识系统：完善景区标示标牌系统，规范景区运营管理制度。

（4）标志性建筑：修建符合“三线建设”的一个标志性建筑体。

3. 远期

远期（2024—2027 年）为综合优化建设期，主要完成的建设项目为：

（1）816 军工艺术区：休闲娱乐、文化餐饮、办公管理、艺术创意、住宿接待等设施。

（2）一碗水烈士陵园：重新规整陵园墓地，重建陵园烈士纪念碑、语录墙、浮雕长廊，并且为了方便人们纪念烈士，开通了 816 军工艺术区到一碗水烈士陵园的专项电瓶车。

（3）炫酷未来：太空飞行体验、脱口秀剧场、动感影院、互动光影秀。

二、投资估算

本项目总投资约为 2.148 亿元（表 12）。

备注：该投资不含资本化利率、项目管理费用、营销费用及相关税费。

表 12　投资估算一览

区域		项目	投资概算/万元	建设时序		
				近期	中期	远期
洞体旅游区	“三线”年代	核洞观光	30	√		
		老电影放映区	50	√		
		816 历史展厅	500	√		
		场景再现	100	√		
	科技当下	核实验模拟展示	500	√		
		军事科技馆	400	√		
		洞体闯关	100	√		
		VR 体验	400	√		
	炫酷未来	太空飞行体验	300	√		
		动感影院	400	√		
		脱口秀剧场	200	√		
		互动光影秀	50	√		

续表

区域		项目	投资概算/万元	建设时序		
				近期	中期	远期
洞体开发建设			1000		√	
一碗水烈士陵园		观光直达小车	200			√
		烈士纪念塔	150			√
		语录墙	150			√
		烈士陵园修整	300			√
		浮雕长廊	50			
综合服务区		游客中心	2000		√	
		停车场	1500		√	
		景区大门	100		√	
		AAA 级旅游厕所	300		√	
		标志建筑	200		√	
816 军工艺术区	休闲娱乐设施	创意小店、水吧、书吧、复古照相馆	1000			√
	文化餐饮设施	餐饮接待	1500			√
	办公管理设施	企业办公	3000			√
	艺术创意设施	创意街区、景观小品、舞台演绎	2000			√
	接待住宿设施	酒店、客栈	5000			√
总计：21 480						

第十三章　生态环境保护

一、生态现状

1. 水环境现状

816 景区靠近武陵峡，临近一条天然河谷，生活用水充足；距离乌江有一定距离。规划区内水体污染源主要来自旅游活动产生的生活污水。

2. 大气环境现状

白涛历来为工业小镇，816 景区临近化工业等工业重地，大气污染指数较高。规划区的大气污染源主要来自旅游交通设施的尾气和生活设施排放的废气。

3. 土壤环境现状

规划区内山体部分属于典型的喀斯特地貌，大部分区域存在土壤裸露问题，植被稀疏且难以生存，易造成水土流失。

4. 植被环境现状

植被在调节气候、涵养水土、净化城空气等方面发挥着重要的生态作用。816 景区周围除武陵峡景区拥有一定的森林，其他地方大多处于裸露状态，生态植被景观缺乏。

二、生态保护原则

（1）坚持生态环境保护与生态环境建设并举。

（2）坚持污染防治与生态环境保护并重。

（3）坚持统筹兼顾，综合决策，合理开发。

（4）坚持谁开发谁保护，谁破坏谁恢复。

三、生态保护措施

1. 水环境保护措施

（1）推广节水意识，从根本上节约用水。

（2）提高水的利用技术，最大限度地循环利用水资源。

（3）水污染处理：根据地形与功能分区的布层，分成各个片区进行处理，统一接入白涛街道排污系统。

（4）加强对武陵峡以及乌江的保护力度。

2. 大气环境保护措施

对旅游交通设施尾气的治理：

（1）扩大停车场面积，集中停放外来车辆，修建生态停车场。

（2）景区洞体内部不允许外来车辆的进入。

（3）对于经常出入景区其他地方的车辆，要安装尾气处理装置，以减少尾气的排放。

（4）在景区内部，采用环保型的交通设施。

对生活设施废气的治理：

（1）改变能源结构，采用沼气、电能等清洁能源。

（2）在旅游区内禁止当地居民在露天焚烧秸秆、枯枝落史、生活垃圾等，防止对大气造成污染。

（3）对规划区内的服务设施配备油烟净化装置，积极防治油烟污染，确保油烟的排放达到《饮食和油烟排放标准》要求。

3. 土壤环境保护措施

（1）进行全面规划，因地施治。

（2）改善土壤物理性质，提高土地生产力等效果。

（3）充分发挥自然修复能力，加强生态脆弱地区的水土保持，制止毁林开荒和人为造成的水土流失。

（4）道路沿线区域易受到游客践踏，导致土壤裸露，降低视觉景观，在道路沿线种植耐践踏的草本或种植灌木，防止游客进入践踏。

4. 植被环境保护措施

（1）根据坡度、海拔高度和植物性质，按照生态环境的原则，因地制宜地安排植被种植。

（2）在乔木林下套种低矮灌木花草，在增加物种多样性、稳定植被生态系统的同时，可提高景观质量，丰富景观立体感。

（3）在洞体内部，增加喜阴类植物的种养。

第十四章　保障体系规划

一、政策保障

1. 产业政策

（1）政府积极推进。2016 年 4 月涪陵区召开全区旅游工作会，确定在“十三五”期间将涪陵建设成为重庆旅游强区，山地避暑度假（大武陵山区）将作为优先发展区域予以支持。

（2）相关部门积极引导。旅游局、国土资源局等政府相关职能部门对符合规划的旅游项目应给予大力扶持，旅游行业主管部门应加强对项目建设的指导和跟踪协调。

（3）优惠政策配套。涪陵旅游资金投入、经营环境及宣传促销等方面给予规模以上企业诸多的优惠政策。

2. 投资政策

（1）灵活运用投资政策。充分发挥政府主导作用，通过信息发布、政策优惠、政府先期投入等形式，创造良好的旅游投资环境，吸引民间资本参与投资建设。

（2）股份制改造。积极推进企业的现代企业制度改造，通过地方政府资源入股、民间筹资入股等形式开发旅游项目。通过资产重组方式组建旅游股份公司。

积极培育多元化的旅游市场主体，建立公司科学合理的旅游投融资机制。

3. 土地政策

优先保证旅游发展与环境保护用地，当旅游开发用地与其他建设用地发生冲突时，应当利用土地置换、有偿出让等多种形式满足旅游发展用地的需要。

二、人力资源保障

旅游业是对人力资源的质量要求比较高的产业部门。高素质的旅游人才及良好的社会环境对于旅游区的发展至关重要。旅游规划的实施，在很大程度上依赖于旅游人才的供给，人才开发是旅游业竞争取胜的关键。

（1）人力资源建设目标。优先培养专职导游、服务人员等一线操作人员，引进优秀的旅游区管理和企业经营人才，初步建立一支业务技能熟练、管理水平高的旅游企业人才队伍。

（2）加大企业经理的培养和引进力度。建立一支既有管理理论又有管理实践，既掌握现代企业管理知识又富有开拓创新精神的旅游管理队伍。

（3）多渠道招贤纳才，构建结构合理的管理运营团队。完善各种培训机制和用人制度，建立一支多层次的、结构优化的旅游人才队伍，拥有高质量的旅游服务专业队伍。

（4）人才培养。有计划地选派旅游部门人员到旅游院校培训和学习。聘请专家教授做报告和专题讲座，组织在岗旅游从业人员参加旅游局组织的专业技能培训班。

（5）在岗培训。做好旅游从业人员岗位培训，按照“就业前培训、换岗前培训、上岗后培训”的原则，做好在职从业人员的培训，主要是导游客员、讲解员、饭店服务人员、部门经理的培训工作。不断开展岗位练兵、技术比武、优质服务竞赛，提高从业人员的整体素质。

三、技术保障

1. 技术资源层面

对于旅游产业而言，它本身隶属于信息与服务密集型综合产业，因此借助电子信息技术来发展旅游业是行业发展的必然趋势。近年来，随着云计算技术、信息网络技术、人工智能技术及虚拟网络技术等的日趋成熟，我国旅游信息化建设取得长足发展，旅游在线服务市场初具规模、全覆盖式旅游宣传营销格局基本形成、旅游电子政务稳步推进、景区虚拟体验技术日益完善，旅游信息技术的发展对旅游业支撑保障作用明显增强。

2. 技术应用层面

将先进的技术手段与旅游要素进行结合，以智能化技术为核心，实现旅游信息技术在以下方面的应用：推进旅游电子支付运用，增加新手段；推进可穿戴技术应用，提升新体验；推动人工智能应用，培育新业态；推动计算机仿真技术应用，增强新功能；推动社交网络应用，构建新空间；推进旅游大数据运用，引领新驱动；推进旅游云计算运用，夯实新基础等。使游客能借助旅游信息技术所提供的服务，实现在线咨询、购买，并享受到旅游过程中的一切服务内容，包括售后服务，进而整体的体验性被随之强化，并迎合当前人们的消费习惯与体验需求。

3. 技术人才层面

旅游信息技术离不开旅游信息化建设和管理专业人才的支持。具体来讲，旅游信息技术需要能够建设信息化应用技术平台的专业信息技术人才和能够利用该技术平台，他们通过对旅游信息资源的计划、组织、实施、控制来开展各项旅游活动。旅游信息化的人才培养目标可分为以下几类：

（1）旅游信息技术人员：包括研究技术、制造设备（包括硬、软件）等各类工作人员。

（2）旅游信息系统的开发人员：在旅游餐饮领域中引进信息技术，建成特定应用系统的人员。

（3）旅游信息系统的管理维护运行人员：应用系统投入使用之后的管理、更新及维护人员。

（4）旅游信息系统集成人员：进行系统集成、网络服务、分布式处理服务的有关人员。

（5）旅游信息管理的从业人员：主要是利用已有信息技术平台开展旅游业务的各类工作人员。

四、危机管理体系

建立风景区统一的减灾防灾管理机构和体系，负责灾情预报、防灾规划、指挥协调、制度建立与执行、统计评估、宣传教育等职能。进行必要的各类危机处理演习或演练，提高处理这些危机事件的应急能力。

建立风景区综合减灾防灾工作体系，制定各类危机事件的预案，做好“测”“报”“防”“抗”“救”和“援”这六大工作环节。一旦危机发生，应立即启动危机预案。同时在危机过程中，应特别注意游客安全信息的及时、准确掌握，并做到实时更新，并与危机事件受害者的家属保持热线。

继续发挥并加强景区危机处理过程中的新闻发言人机制，及时公布各种信息和处理方式、对策，确保社会公众及时了解事件的真实情况。

第十五章　可行性分析

一、项目背景分析

1. 受益范围分析

816 核军工洞景区位于重庆市涪陵区白涛镇武陵山旅游度假片区。开发此项目，第一受益的为涪陵白涛镇居民，景区增加了就业岗位，增强了其旅游收入，利于白涛生态环境的改善、单一的工业重镇的局面的扭转；第二受益的为涪陵区，凭借 816 景区资源的特殊性，强力打造武陵山旅游度假片区，从而提高涪陵区的整体旅游竞争力；第三受益的为全国旅游者，特别是青少年，816 旅游资源具有独特性且具有非常高的科普教育意义，不管是在游览观光还是教育上都具有典型意义。

2. 市场需求分析

我国旅游资源大多为自然风景，而具有历史意义与教育意义的旅游资源相对较少，816

旅游景区刚好是后者，具有丰富的科普教育意义，符合国家对新型旅游资源的要求，具有深刻的发展潜力。而且 816 景区位于西部地区，符合国家对“西部大开发”的政策支持。

二、必要性分析

1. 意义

《重庆市涪陵区旅游发展“十三五”规划》指出：涪陵区将大力打造乡村旅游产品，通过旅游产品带动旅游经济的发展，实现产业的转型。816 景区作为乡村旅游的产品之一，作为涪陵区规划的武陵山度假区的一部分，非常具有开发的必要性。再者，816 核军工洞在资源方面具有稀缺性，蕴含丰富的历史，对于后代的教育具有典型性，也具有开发的必要性。

2. 作用

816 景区的开发对于涪陵、重庆乃至全国具有重要作用，具体如下：

涪陵：完善涪陵旅游产品体系，增强涪陵旅游经济的整体竞争力；有助于推动涪陵区的工业结构调整与转型；增强就业，带动 816 景区附近的相关产业的发展，增加旅游收入；带动基础设施的完善，全面提升白涛的生态环境与人文环境。

重庆：完善重庆的旅游产品，重庆现有旅游产品多为山水观光游，缺乏历史性，816 景区正好弥补其空缺；增强重庆旅游的知名度。

全国：“三线”遗址，利于让更多的人见证历史、缅怀先烈、不忘过去；核工业基地，是一个大型的爱国、友好的科普教育基地。

3. 同类产品分析

816 景区属于“三线”工程遗址，1964—1980 年，国家在“三线”地区共审批 1100 多个中大型建设项目，与 816 景区相似的洞体资源主要为湖南 6501——中国地下长城，该地是湘鄂赣的中心，古代属于兵家必争之地。中国地下长城地质条件好，有天然的花岗岩，有水有山便于隐蔽。6501 地下工程有 3 层，对外开放的仅为 1 层。现主要作为洞体旅游景区对外开放。但相较于 816 景区，其资源的典型性不够，至今没有明确其建设意义，在深层次的文化教育宣传上不具有明显意义。

三、可行性分析

1. 政策条件分析

重庆“十三五”规划中强调大力打造全域旅游，816 景区作为涪陵的特色旅游资源，对于涪陵全域旅游的打造意义重大；涪陵“十三五”规划中倡导大力打造乡村旅游，816 景区位于涪陵武陵山度假片区，对于涪陵乡村旅游的打造意义重大；2018 年，国家大力倡导特色小镇的打造，816 核军工洞旅游景区的开发与打造利于后期白涛镇基础设施的完善。

2. 技术分析

规划产品项目所需要的技术，均为市场成熟技术，不涉及高难度、超标准施工建设问题，无超规模构建或需要特殊定制建筑构件。投资方在实施项目方的选择空间较大，产品供应序列丰富、可比对性强。

3. 投资预算分析

1）资金来源（表 13）

表 13　资金来源表

资金来源	资金额数/万元
政府（涪陵政府）	1500
企业	500
社会个人以及机构	500
总计	2500

2）资金总额及投入计划

本项目预计总投资为 2.148 亿元。建设项目分为三期，一期工程主要打造洞体旅游，优先开发优势资源，预计投入 5000 万元；二期工程主要打造综合服务厅，包括游客中心、停车场等，配套良好的基础设施，预计投入 4500 万元；三期工程主要着力打造 816 艺术街区以及完善一碗水烈士陵园，预计投入 1.34 亿元。

4. 预期效益分析

1）经济效益

目前 816 景区经济收益主要靠门票拉动，全年总收入较低，打造完成后，“优质的洞体旅游 + 独特的 816 艺术街区 + 一碗水烈士陵园”可以更多地实现游客在吃住行游购娱方面的需求，同时提高景区经济效益，大力拉动经济增长。

2）社会效益

816 景区致力于打造成一个爱国、和平的科普教育基地，借助其独特的旅游资源，将对青少年起到典型的教育作用；816 景区的打造将在一定范围内改善当地的生态环境，完善白涛的基础设施。